Christian Schlieder

Autodesk® Inventor® 2019
DYNAMISCHE SIMULATION

Viele praktische Übungen am
Konstruktionsobjekt RADLADER

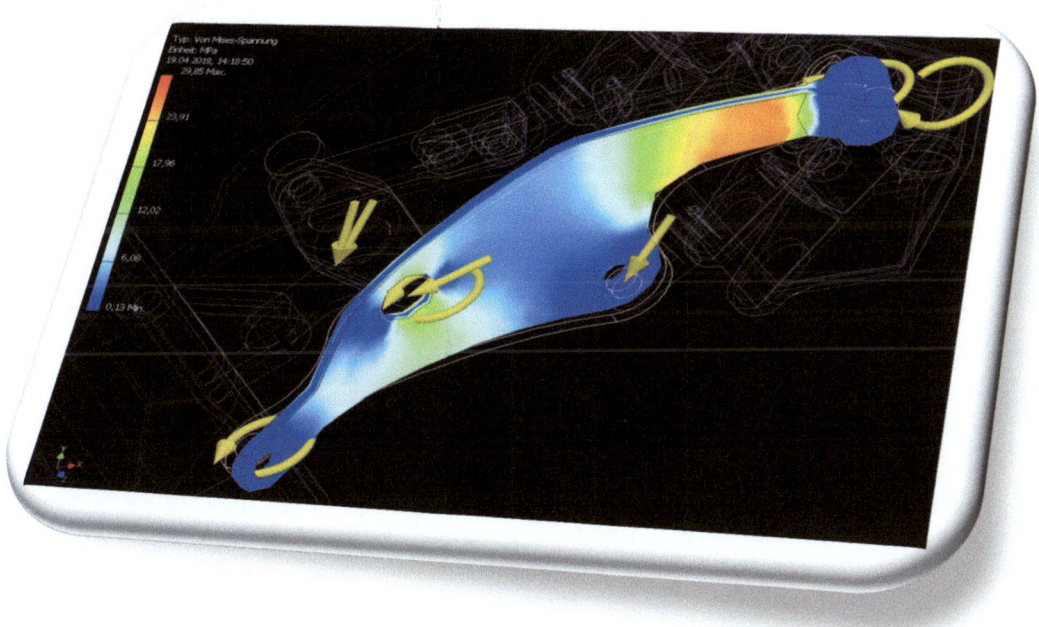

Weiterführende Literatur

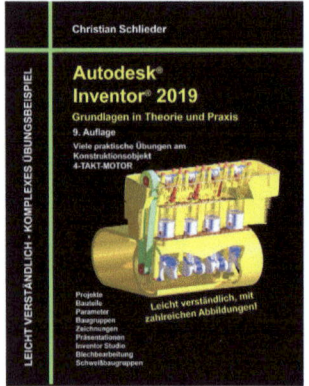

Autodesk® Inventor® 2019
Grundlagen in
Theorie und Praxis

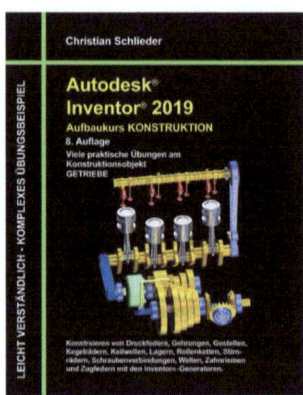

Autodesk® Inventor® 2019
Aufbaukurs
Konstruktion

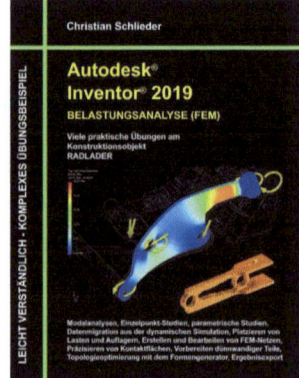

Autodesk® Inventor® 2019
Belastungsanalyse
(FEM)

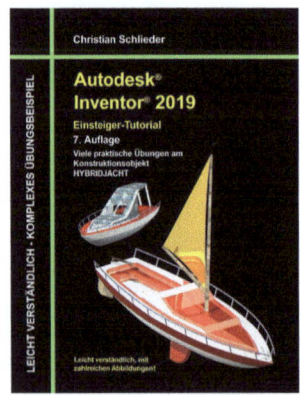

Autodesk® Inventor® 2019
Einsteiger-Tutorial
Hybridjacht

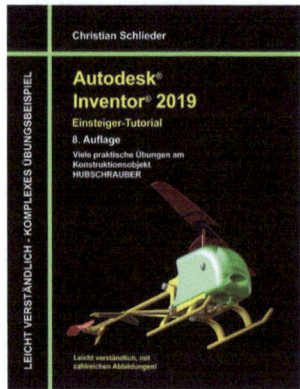

Autodesk® Inventor® 2019
Einsteiger-Tutorial
Hubschrauber

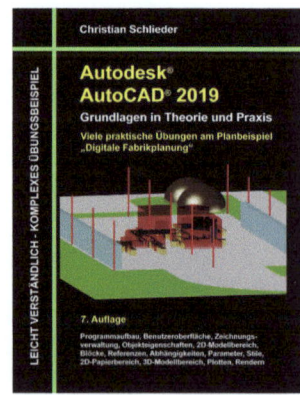

Autodesk® AutoCAD® 2019
Grundlagen in
Theorie und Praxis

http://www.cad-trainings.de/html/Literatur.html

Alle im Buch enthaltenen Informationen wurden nach bestem Wissen und Gewissen geprüft.

Da Fehler nicht ausgeschlossen werden können, übernehmen Autor und Verlag weder Verantwortungen, Verpflichtungen oder Garantien jeglicher Art, noch Haftung für die Benutzung der bereitgestellten Informationen. Autor und Verlag übernehmen keine Gewähr dafür, dass die beschriebenen Vorgehensweisen oder Verfahren frei von Rechten Dritter sind.

Das Werk ist urheberrechtlich geschützt. Übersetzung, Nachdruck, Vervielfältigung, sonstige Verarbeitung des Buches oder von Teilen daraus sind ohne Genehmigung des Autors nicht erlaubt.

Autodesk® Inventor® 2019 ist ein eingetragenes Markenzeichen von Autodesk, Inc. und/ oder seiner Tochtergesellschaften und/ oder der Tochterunternehmen in den USA und anderen Ländern.

© 2018 Christian Schlieder

ISBN

978-3-7528-7755-7

IMPRESSUM

Dipl.- Ing. Christian Schlieder
www.cad-trainings.de
Fax: +49 (0) 3212 - 1122290

HERSTELLUNG UND VERLAG

BoD - Books on Demand, Norderstedt
www.BoD.de

INHALTSVERZEICHNIS

1 Grundlegendes zum Buch

Dieses Buch ist ein Aufbaukurs für Fortgeschrittene, die mit den Grundlagen von *Autodesk® Inventor® 2019* bereits vertraut sind. Es wird empfohlen, vor der Arbeit mit diesem Buch das Grundlagenbuch:

> *Autodesk® Inventor® 2019 – Grundlagen in Theorie und Praxis*

vollständig durchzuarbeiten, in dem die vorausgesetzten Grundlagen zum Programm vermittelt werden.

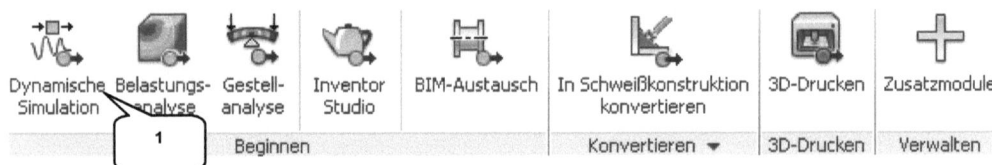

Autodesk® Inventor® 2019 bietet für Baugruppen den speziellen Bereich der *Dynamischen Simulation* (1). Baugruppen können hier um weitere Umgebungsvariablen (wie z. B. Dämpfung, Steifigkeit, Reibungskoeffizient) ergänzt und mit zusätzlichen externen Kräften oder Drehmomenten beaufschlagt werden, was eine Analyse der Baugruppe unter realistischen Bedingungen ermöglicht. Die Berechnungsergebnisse können in den Bereich der Finiten-Elemente-Methode (FEM) exportiert und dort einer statischen Analyse oder einer Modalanalyse unterzogen werden.

Die folgenden Befehle der Dynamischen Simulation werden behandelt:

> *Gelenke einfügen*
> *Abhängigkeiten ableiten*
> *Status des Mechanismus prüfen*
> *Kräfte erzeugen*
> *Drehmomente erzeugen*
> *Ausgabediagramm darstellen*
> *Dynamische Bewegungen*

> *Unbekannte Kraft ermitteln*
> *Spuren darstellen*
> *Filme publizieren*
> *Simulationseinstellungen*
> *Simulationswiedergabe*
> *Exportieren nach FEM*

Das vorliegende Übungsbeispiel bietet genügend Möglichkeiten, die Befehlsketten sporadisch zu verlassen und eigene Versuche zu starten, was dem Anwender auch empfohlen wird. Sollte die Konstellation der Baugruppe dabei zerstört werden, kann ersatzweise die im Downloadordner enthaltene Kopie der Baugruppe verwendet werden.

2 Installation von Autodesk® Inventor® 2019

2.1 Systemanforderungen

Die folgenden von Autodesk® empfohlenen Systemanforderungen gelten für Bauteile und Baugruppen mit weniger als 1000 Bauteilen:

Betriebssystem	64 Bit-Version von Microsoft® Windows® 10 Anniversary Update (Version 1607 oder höher) 64-Bit-Version von Microsoft Windows 8.1 64-Bit-Version von Microsoft Windows 7 SP1 mit Update KB4019990
CPU-Typ	Empfohlen: 3 GHz oder mehr, mindestens 4 Kerne Mindestens: 2,5 GHz oder mehr
Arbeitsspeicher	Mindestens: 8 GB RAM Empfohlen: 20 GB Ram oder mehr
Festplatte	Installationsprogramm sowie vollständige Installation: 40 GB
Grafikkarte	Empfohlen: 4 GB GPU mit einer Bandbreite von 106 Gbit/s und kompatibel mit DirectX 11 Mindestens: 1 GB GPU mit einer Bandbreite von 29 Gbit/s und kompatibel mit DirectX 11
Bildschirmauflösung	Empfohlen: 3840 x 2160 (4K); bevorzugte Skalierung: 100 %, 125 %, 150 % oder 200 % Mindestens: 1280 x 1024 (1080 p)
Zeigegerät	Kompatibel mit Microsoft-Maus (3DConnexion-3D-Maus optional)
Netzwerk	Internetverbindung für die Webinstallation mit der Autodesk® Desktop-App, die Autodesk®-Funktion für die Zusammenarbeit, die .NET-Installation, Webdownloads und die Lizenzierung. Network License Manager unterstützt Windows Server® 2016, 2012, 2012 R2, 2008 R2 und die oben aufgeführten Betriebssysteme.
Tabellenkalkulation	Vollständige lokale Installation von Microsoft® Excel 2010, 2013 oder 2016 für iFeatures, iParts, iAssemblies, globale Stücklisten, Bauteillisten, Revisionstabellen, tabellenbasierte Konstruktionen und Studio-Animationen von Positionsdarstellungen. Die 64-Bit-Version von Microsoft Office ist erforderlich, um Access 2007-, dBase IV-, Text- und CSV-Formate zu exportieren. Abonnenten von Office 365 müssen sicherstellen, dass Microsoft Excel 2016 lokal installiert ist. Windows Excel Starter®, OpenOffice® und browserbasierte Anwendungen von Office 365 werden nicht unterstützt.
Browser	Google Chrome™ oder gleichwertig

.NET Framework	.NET Framework Version 4.7 oder höher. Die Installation von Windows-Updates ist aktiviert.
Virtualisierung	Citrix® XenApp™ 7.6, Citrix® XenDesktop™ 7.6 (erfordert Inventor-Netzwerklizenzierung).

Die folgenden zusätzlichen von Autodesk® empfohlenen Systemanforderungen gelten für Bauteile und Baugruppen mit mehr als 1000 Bauteilen:

CPU-Typ	Empfohlen: 3,3 GHz oder mehr, mindestens 4 Kerne
Arbeitsspeicher	Empfohlen: 24 GB RAM oder mehr
Grafik	Empfohlen: 4 GB GPU mit einer Bandbreite von 106 Gbit/s und kompatibel mit DirectX 11

2.2 Für Anwender von Autodesk® Inventor® 2019 auf Macintosh

Sie können Autodesk® Inventor® Professional auf einem Mac®-Computer auf einer Windows-Partition installieren. Das System muss Apple Boot Camp® zum Verwalten einer Konfiguration mit zwei Betriebssystemen verwenden und die folgenden Mindestsystemanforderungen erfüllen:

Betriebssystem	Mindestens: Mac OS™ X 10.13.x
	Empfohlen: Mac OS™ X 10. 12.x
Parallels	Parallels Desktop 13 oder höher
CPU-Typ	Mindestens: Intel® Core 2 Duo (3 GHz oder höher)
Arbeitsspeicher	Mindestens: 8 GB RAM
	Empfohlen: 16 GB Ram oder mehr
Partitionsgröße	Mindestens: 100 GB freier Festplattenspeicher
	Empfohlen: 250 GB freier Festplattenspeicher oder mehr
Betriebssystem	64 Bit-Version von Microsoft® Windows® 10 Anniversary Update (Version 1607 oder höher)
	64-Bit-Version von Microsoft Windows 8.1
	64-Bit-Version von Microsoft Windows 7 SP1 mit Update KB4019990

2.3 Download des Programms

Sollten Sie die Software nicht bereits besitzen, haben Sie die folgenden Möglichkeiten, Autodesk®-Produkte unter den folgenden Links herunterzuladen:

Autodesk® *Store*	Wenn Sie die Programmversion kaufen möchten: ➢ http://www.autodesk.com/
Autodesk®- *Konto*	Als Subscription-Kunde bei Ihrem Autodesk® Konto: ➢ https://accounts.autodesk.com/
Education *Community*	Als Mitglied der Education Community: ➢ http://www.autodesk.com/education/free-software/all
Kostenlose *Testversionen*	Als kostenlose Testversion mit 30 Tagen Laufzeit: ➢ http://www.autodesk.com/free-trials

Unter dem folgenden Link finden Sie weitere Informationen zu kostenlosen Programmversionen von Autodesk® für Studenten und Lehrkräfte:

> ➢ *http://help.autodesk.com/view/INVNTOR/2019/DEU/?guid=GUID-32F591DA-32BF-42F2-8FAC-DF215412D1C3*

2.4 Installationsvoraussetzungen

Zugriffsrechte

Sie müssen über lokale Benutzer-Administratorrechte verfügen.

> ➢ *Systemsteuerung > Benutzerkonten > Benutzerkonten verwalten*

System-Updates/ Antivirenprogramm

Vor der Installation von Autodesk® Inventor® 2019 sollten eventuell noch ausstehende Updates von Windows® durchgeführt werden. Starten Sie den Rechner danach neu. Antivirenprogramme müssen während der Installation eventuell vorübergehend deaktiviert werden.

Language Packs

Prüfen Sie vor der Installation von Autodesk® Inventor® 2019, ob die heruntergeladene Programmversion in der richtigen Sprache vorhanden ist. Eventuell muss vorab ein Sprachpaket heruntergeladen und installiert werden.

Seriennummer/ Produktschlüssel

Vor der Installation sollten Seriennummer und Produktschlüssel in Erfahrung gebracht werden. Diese werden bereits während der Installation benötigt (Ausnahme: kostenlose 30-Tage-Testversion). Weitere Informationen zum Thema finden Sie unter dem Link:

> *https://knowledge.autodesk.com/de/customer-service/download-install/activate/find-serial-number-product-key/sn-education-community/serial-number-educational-institutions*

Beenden anderer Programme

Beenden Sie alle anderen Programme vor der Installation von Autodesk® Inventor® 2019.

2.5   Installation von Autodesk® Inventor® 2019

Stellen Sie vor der Installation von Autodesk® Inventor® 2019 sicher, dass alle Teile des Programms vollständig vorhanden sind. Wurden diese vollständig heruntergeladen (Schritt entfällt, wenn die Software auf DVD vorhanden ist), kann mit der Installation begonnen werden. Sollte das Installationsprogramm noch nicht geöffnet sein, starten Sie dieses. Sie finden es für gewöhnlich im Pfad:

> *C:\Autodesk\Inventor_2019_...\Setup.exe*

Nachdem Sie die Lizenzvereinbarung gelesen und akzeptiert haben, muss im Dropdown-Menü mit den Produktsprachen einer der folgenden Schritte durchgeführt werden:

1) Wählen Sie eine Sprache aus.
2) Wählen Sie unter Lizenztyp die Option *Einzelplatz*.
3) Geben Sie Seriennummer und Produktschlüssel ein (falls erforderlich).
4) Bestimmen Sie den Installationspfad (dieser Pfad darf maximal 260 Zeichen lang sein).
5) Übernehmen Sie die vorgegebene Konfiguration oder passen Sie die Installation an (weitere Informationen zur Konfiguration finden Sie in der Produktdokumentation).
6) Klicken Sie auf *Installieren*.
7) Nach der Installation: Klicken Sie auf *Fertigstellen*.

2.6   Aktivierung von Autodesk® Inventor® 2019

Online aktivieren und registrieren

Sobald Autodesk® Inventor® 2019 das erste Mal gestartet wurden, startet auch automatisch der Aktivierungsvorgang. Sollte der PC über eine bestehende Internetverbindung verfügen, führen Sie die folgenden Schritte aus:

1) Achten Sie darauf, dass Ihre Firewall oder Antivirenprogramme den Datenaustausch zwischen Autodesk® Inventor® 2019 und dem Server von Autodesk® nicht unterbrechen.
2) Starten Sie Autodesk® Inventor® 2019.
3) Stimmen Sie den Datenschutzrichtlinien zu.
4) Klicken Sie auf *Aktivieren*.
5) Geben Sie den Produktschlüssel ein, wenn Sie dazu aufgefordert werden sollten. Melden Sie sich an und registrieren Sie das Produkt.

Autodesk® überprüft jetzt die Berechtigungsinformationen, wie z. B. Ihre Seriennummer. Wenn Sie die Aktivierungsaufforderung sehen und keine Verbindung mit dem Internet herstellen können, ist die Aktivierung manuell vorzunehmen.

Manuelles Aktivieren und Registrieren (offline)

Sollte der PC über keine bestehende Internetverbindung verfügen, führen Sie die folgenden Schritte aus:

1) Starten Sie Autodesk® Inventor® 2019.
2) Stimmen Sie den Datenschutzrichtlinien zu.
3) Klicken Sie auf *Aktivieren*.
4) Wählen Sie Aktivierungscode *Mit einer Offlinemethode anfordern*.
5) Klicken Sie auf *Weiter*.
6) Notieren Sie die Aktivierungsinformationen, die auf dem Bildschirm angezeigt werden, einschließlich der URL.
7) Starten Sie ein Gerät mit einer bestehenden Internetverbindung.
8) Öffnen Sie die URL aus Punkt (6). Melden Sie sich an und registrieren Sie das Produkt.
9) Notieren Sie den Aktivierungscode.
10) Starten Sie Autodesk® Inventor® 2019.
11) Klicken Sie auf *Aktivieren*.
12) Wählen Sie die Option *Ich habe einen Aktivierungscode von Autodesk*.
13) Kopieren Sie den Aktivierungscode, und fügen Sie ihn in das erste Feld ein, um automatisch die anderen Felder auszufüllen.
14) Klicken Sie auf *Weiter*.

Weitere Informationen zu Installation und Aktivierung erhalten Sie unter dem folgenden Link:

➢ *https://knowledge.autodesk.com/customer-service/download-install*

3   Programmaufbau und Programmoberfläche

3.1   Programmaufbau

Nach dem Start von Autodesk® Inventor® 2019 öffnet sich das Programm mit der folgenden **Benutzeroberfläche**:

1) Hauptmenü
2) Schnellzugriff-Werkzeuge
3) Multifunktionsleiste
4) InfoCenter
5) Neue Dateien erstellen
6) Projektverwaltung
7) Zuletzt verwend. Dokumente

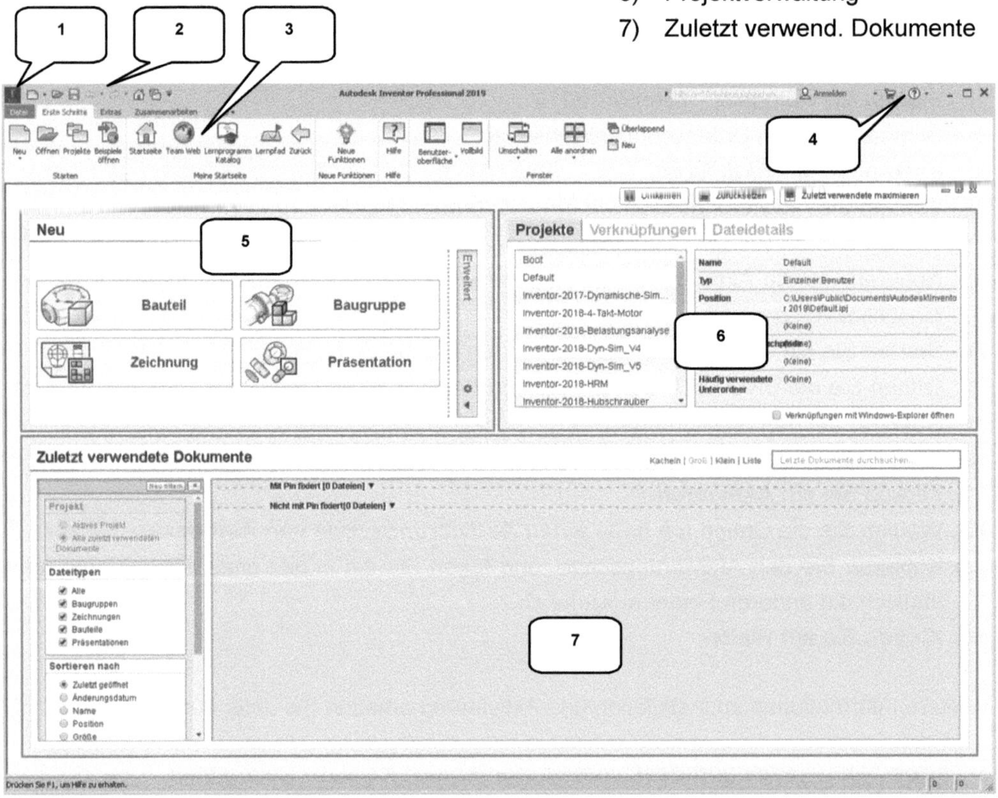

3.2   Hauptmenü

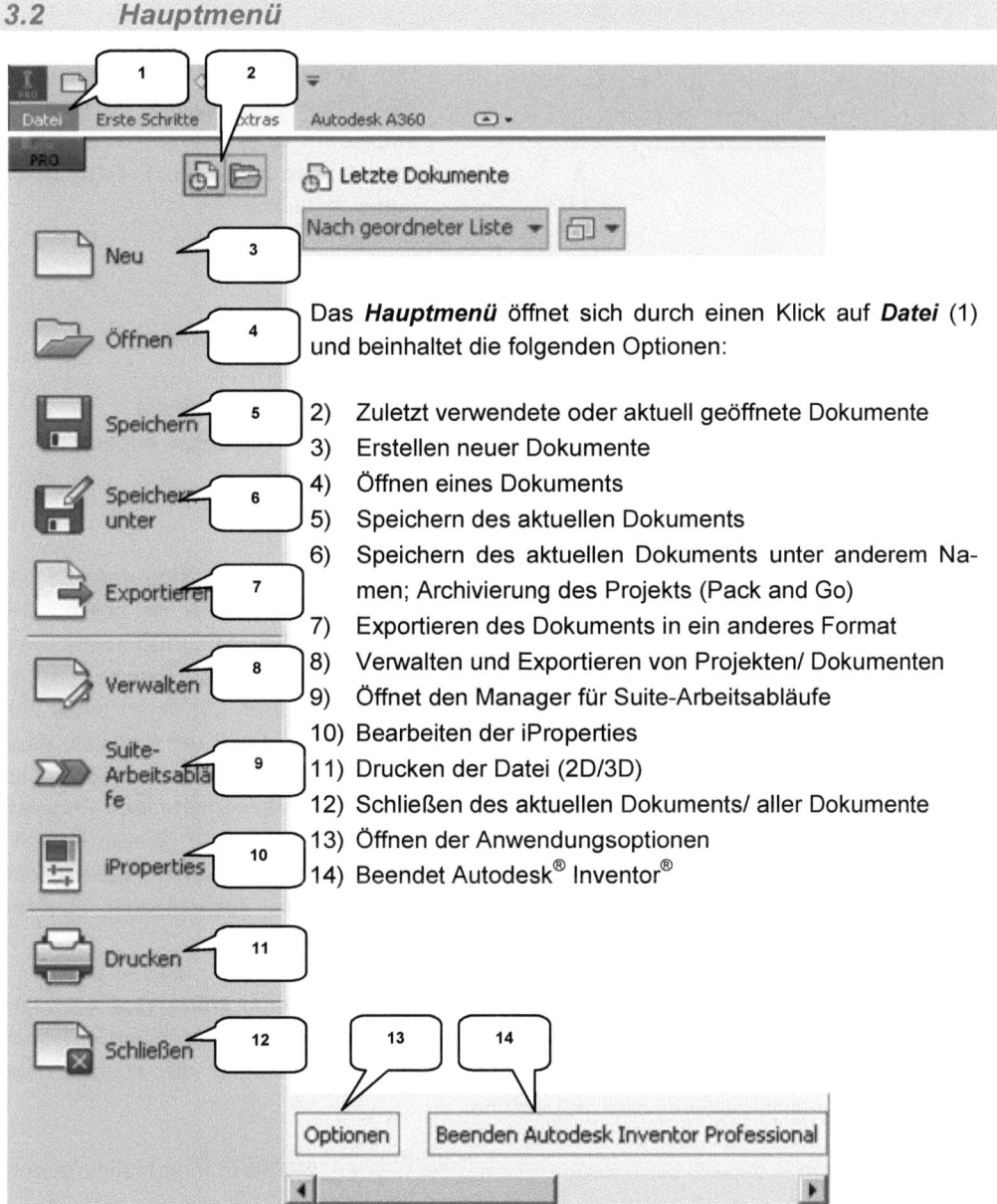

Das **Hauptmenü** öffnet sich durch einen Klick auf **Datei** (1) und beinhaltet die folgenden Optionen:

2) Zuletzt verwendete oder aktuell geöffnete Dokumente
3) Erstellen neuer Dokumente
4) Öffnen eines Dokuments
5) Speichern des aktuellen Dokuments
6) Speichern des aktuellen Dokuments unter anderem Namen; Archivierung des Projekts (Pack and Go)
7) Exportieren des Dokuments in ein anderes Format
8) Verwalten und Exportieren von Projekten/ Dokumenten
9) Öffnet den Manager für Suite-Arbeitsabläufe
10) Bearbeiten der iProperties
11) Drucken der Datei (2D/3D)
12) Schließen des aktuellen Dokuments/ aller Dokumente
13) Öffnen der Anwendungsoptionen
14) Beendet Autodesk® Inventor®

HINWEIS: Die jeweiligen Befehle können mit einem Klick der linken Maustaste auf die nebenstehenden Dreiecke noch erweitert werden.

3.3 Schnellzugriff-Werkzeuge

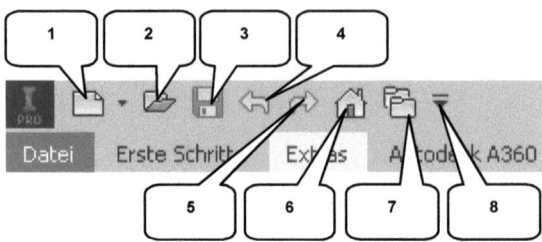

Die **Schnellzugriff-Werkzeuge** sind einige häufig verwendete Befehle, die einzeln ein- oder ausgeblendet werden können. Die folgenden Befehle befinden sich darin:

1) Erstellen eines neuen Dokuments
2) Öffnen eines vorhandenen Dokuments
3) Speichern des Dokuments
4) Einen Arbeitsschritt zurück

5) Einen Arbeitsschritt vorwärts
6) Aktiviert die Startseite
7) Öffnet die Projektverwaltung
8) Schnellzugriff-Werkzeuge anpassen

3.4 Multifunktionsleiste

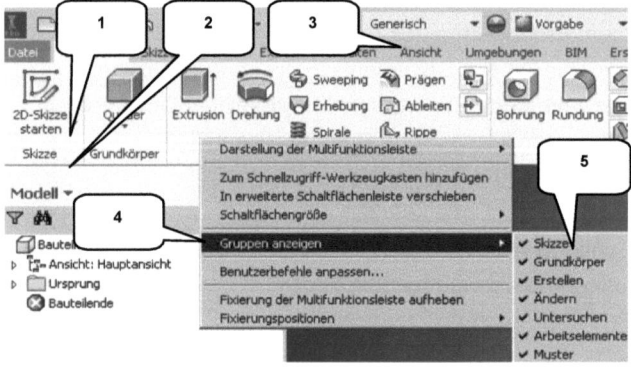

Die **Multifunktionsleiste** (1) befindet sich im oberen Bereich des Programms und enthält verschiedene Befehlsgruppen (2), deren Inhalt entsprechend der Auswahl einer der verfügbaren Registerkarten (3) variiert. Jede Registerkarte enthält diverse Befehlsgruppen, welche beliebig ein- oder ausgeblendet werden können.

Um Befehlsgruppen ein- oder auszublenden, muss mit der **rechten Maustaste** auf einen beliebigen Punkt im Bereich der Multifunktionsleiste (1) geklickt und die Option **Gruppen anzeigen** (4) gewählt werden. In der erweiterten Auswahl (5), können die einzelnen Befehlsgruppen danach aktiviert/deaktiviert werden.

HINWEIS: Sollten in diesem Buch Befehle verwendet werden, die Sie in Ihrer Multifunktionsleiste im entsprechenden Arbeitsbereich nicht finden können, kontrollieren Sie bitte, ob die entsprechende Befehlsgruppe aktiviert ist.

3.5   Browser

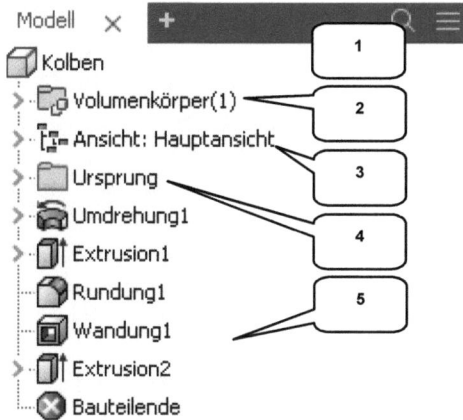

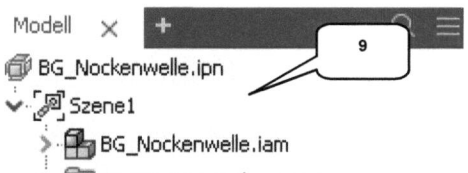

Der **Browser** (1) spiegelt den grundlegenden Aufbau eines Objekts wieder der je Arbeitsbereich inhaltlich variiert.

> ### Bauteil-Browser

Im **Bauteil-Browser** befinden sich z. B. der Ordner **Volumenkörper** (2) (er listet die einzelnen Volumenkörper eines Bauteils auf), der Ordner **Ansicht** (3) (er beinhaltet die Ansichten eines Bauteils) sowie der Ordner **Ursprung** (4) (er listet die Hauptachsen und -ebenen des Bauteils auf). Weiterhin werden alle bereits am Bauteil vorgenommenen **Arbeitsschritte** (5) chronologisch aufgelistet und können hier bearbeitet werden.

> ### Baugruppen-Browser

Im **Baugruppen-Browser** befinden sich der Ordner **Beziehungen** (6) (mit allen in der Baugruppe besetzten Verbindungen/ Abhängigkeiten), der Ordner **Darstellungen** (7) (mit den Ansichten, Positionen und Detailgenauigkeiten der Baugruppe) und der Ordner **Ursprung** (8). Natürlich werden auch alle in der Baugruppe vorhandenen Komponenten (Bauteile/ Normteile) aufgelistet.

> ### Präsentations-Browser

Der **Präsentations-Browser** enthält den Ordner **Szene** (9). Darin werden die Präsentationsdrehbücher der animierten Baugruppen und die zugehörigen Pfade abgelegt.

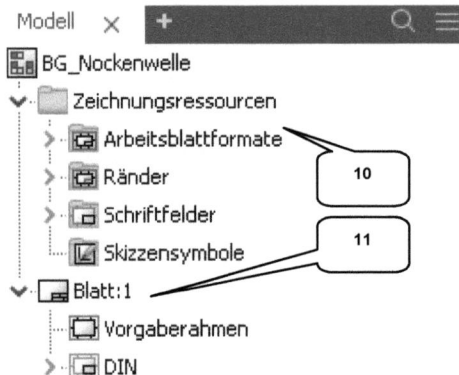

> ### Zeichnungs-Browser

Im **Zeichnungs-Browser** gibt es den Ordner **Zeichnungsressourcen** (10) (mit allen vordefinierten Arbeitsblattformaten, Rändern, Schriftfeldern und Symbolen) und je Zeichnung einen Ordner **Blatt** (11). Jedes Zeichnungsblatt beinhaltet die dem Blatt zugeordneten Arbeitsblattformate, Ränder, Schriftfelder und Symbole sowie dargestellten Ansichten mit den darin abgebildeten Komponenten.

3.6 Arbeitsbereich
3.6.1 Startbildschirm

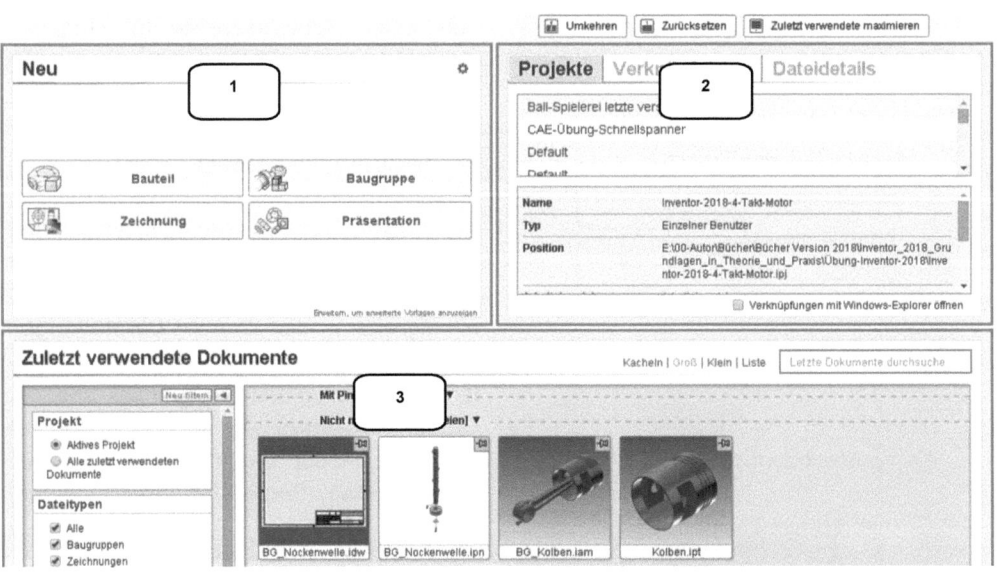

Nach dem Start des Programms wird dem Benutzer ein **Startbildschirm** mit den folgenden Inhalten angeboten:

1) Erstellen eines neuen Dokuments
2) Projektverwaltung
3) Öffnen eines bereits vorhandenen Dokuments

4   Die ersten Schritte

4.1   Programmhilfe und neue Funktionen

Im Register *Erste Schritte* (Befehlsgruppe *Hilfe*) befindet sich der Befehl 🔲 Hilfe (1). Ein Klick darauf öffnet im Arbeitsbereich die Online-Hilfe, sofern ein Internetzugang vorhanden ist (ggf. müssen die Einstellungen der Firewall des PCs bearbeitet werden)[1].

Hier können Sie entweder in der *Inhaltsübersicht* (2) aus einem der angebotenen Themengebiete auswählen, oder bestimmte Befehle oder Begriffe *suchen* (3). Im *Ausgabebereich* (4) werden die Ergebnisse dann angezeigt.

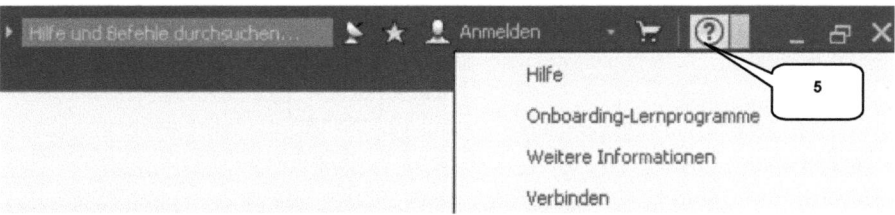

---

[1] Alternativ kann die Programmhilfe auch über den Button 🔲 (5) in der oberen Programmleiste gestartet werden.

4.2 Videos und Lernprogramme

Startet man den Befehl ⬗ **Lernpfad** (1), so öffnet sich eine interaktive Lernumgebung (2) in der schrittweise der Umgang mit der Software erlernt und mit diversen Übungen gefestigt werden kann.

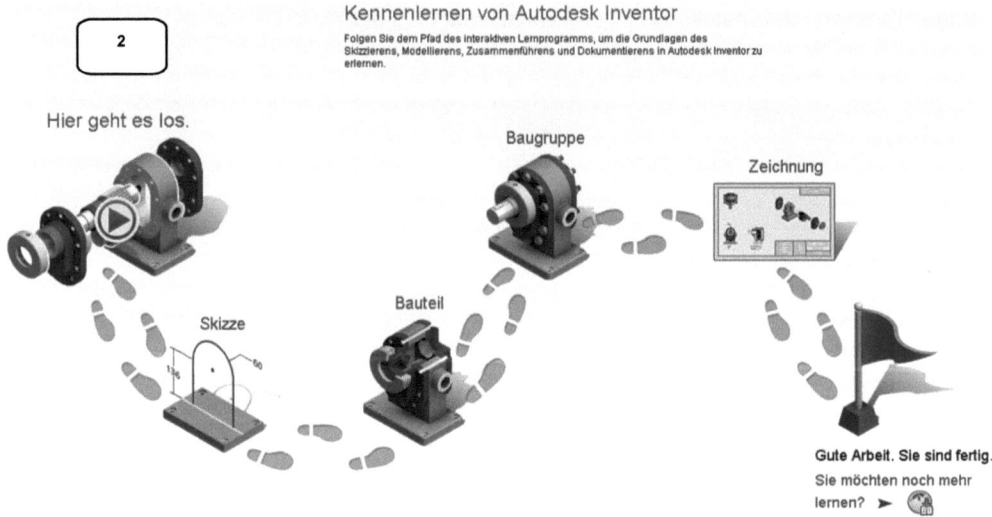

Mit dem Befehl ⬗ **Lernprogramm Katalog** (3) öffnet sich im Arbeitsbereich eine Übersicht weiterer Lernprogramme (4).

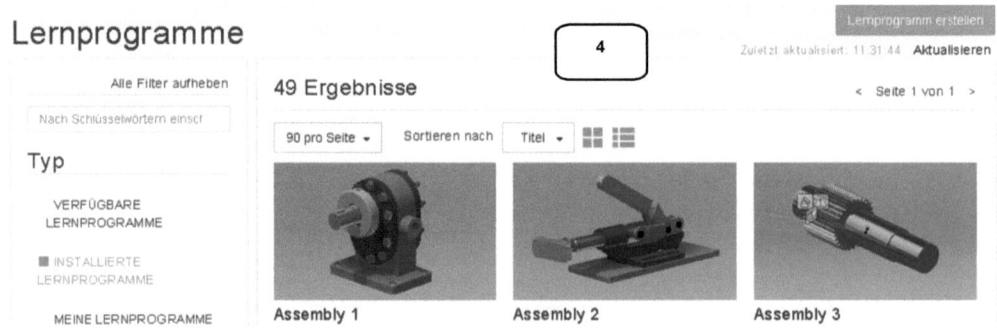

4.3 Zusatzmodule (empfohlene Einstellungen)

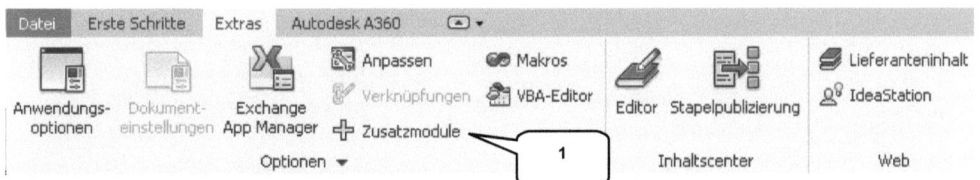

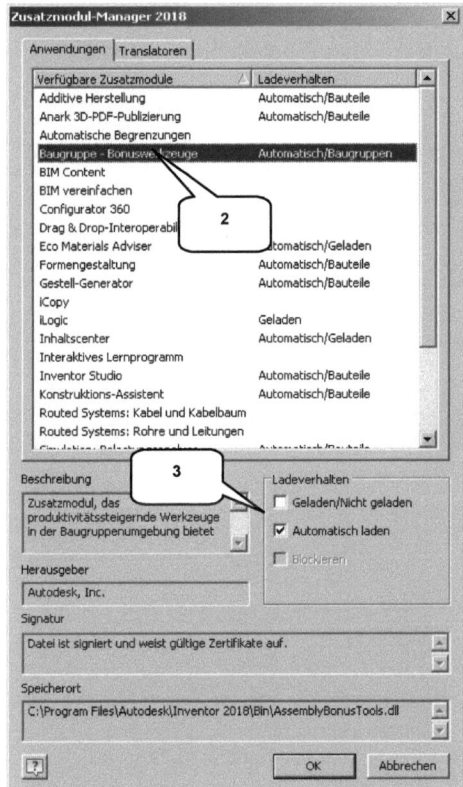

In der Befehlsgruppe **Optionen** (Register **Extras**) befindet sich der Befehl ✚ **Zusatzmodule** (1) welcher den **Zusatzmodul-Manager** öffnet. Damit können die automatisch beim Programmstart zusätzlich zu den Standardeinstellungen zu aktivierenden Programm-Module festgelegt werden.

Um ein Modul automatisch laden zu lassen, muss dieses in der **Liste** (2) aktiviert werden, um anschließend die beiden Haken im Bereich **Ladeverhalten** (3) zu setzen. Andernfalls sind die Haken zu entfernen.

Die Aktivierung der folgenden Module wird empfohlen:

- ➢ Additive Herstellung
- ➢ Automatische Begrenzungen
- ➢ Baugruppe - Bonuswerkzeuge
- ➢ BIM-Austausch
- ➢ BIM-Vereinfachen
- ➢ Gestell-Generator
- ➢ iCopy
- ➢ iLogic
- ➢ Inhaltscenter
- ➢ Inventor Studio
- ➢ Konstruktions-Assistent
- ➢ Simulation: Belastungsanalyse
- ➢ Simulation: Dynamische Simulation
- ➢ Simulation: Gestellanalyse

HINWEIS: Je nach Programmversion (Inventor® 2019 oder Inventor® Professional 2019) können einige der Module unter Umständen nicht verwendet werden. Bitte beachten Sie, dass eine generelle Aktivierung aller Module die Leistungsfähigkeit Ihres PCs negativ beeinträchtigen kann.

4.4 Anwendungsoptionen (empfohlene Einstellungen)

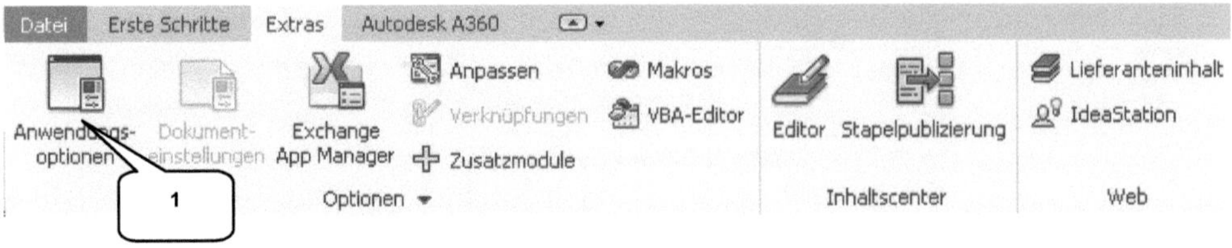

Mit dem Befehl **Anwendungsoptionen** (1) werden die Grundeinstellungen des Programms festgelegt. Er sollte jetzt geöffnet und die folgenden Einstellungen kontrolliert werden:

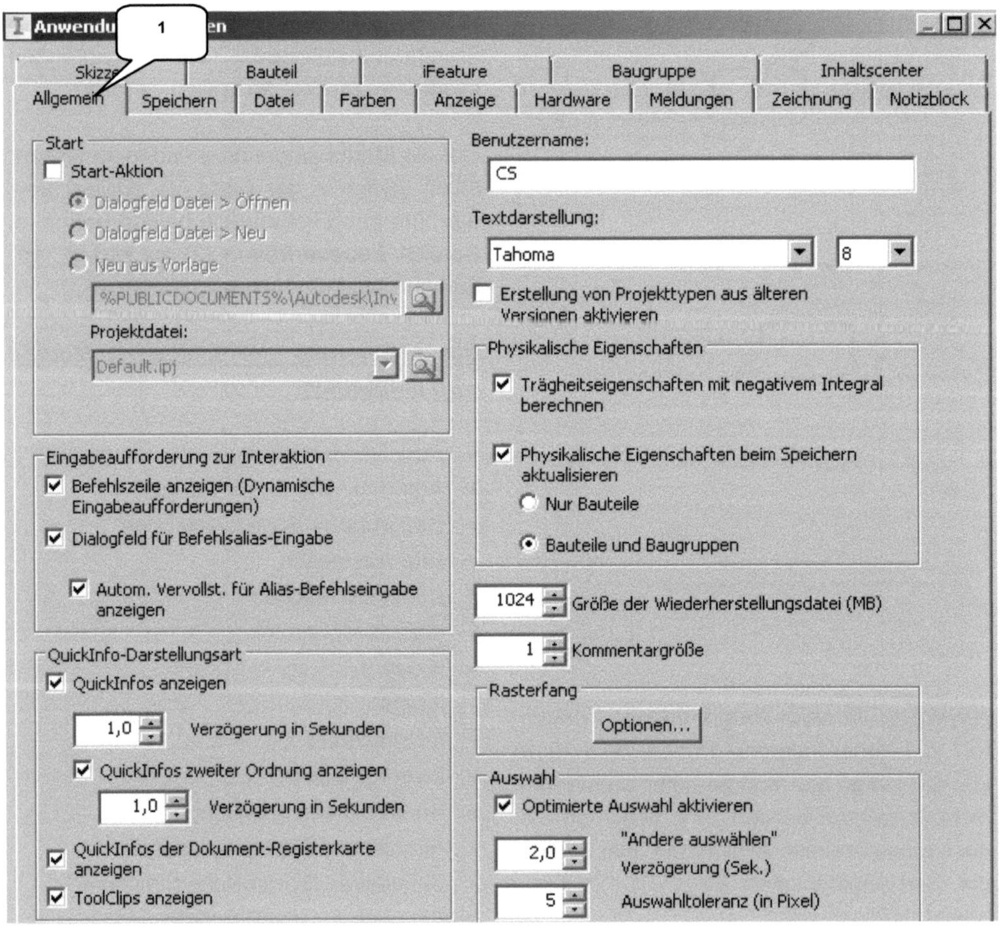

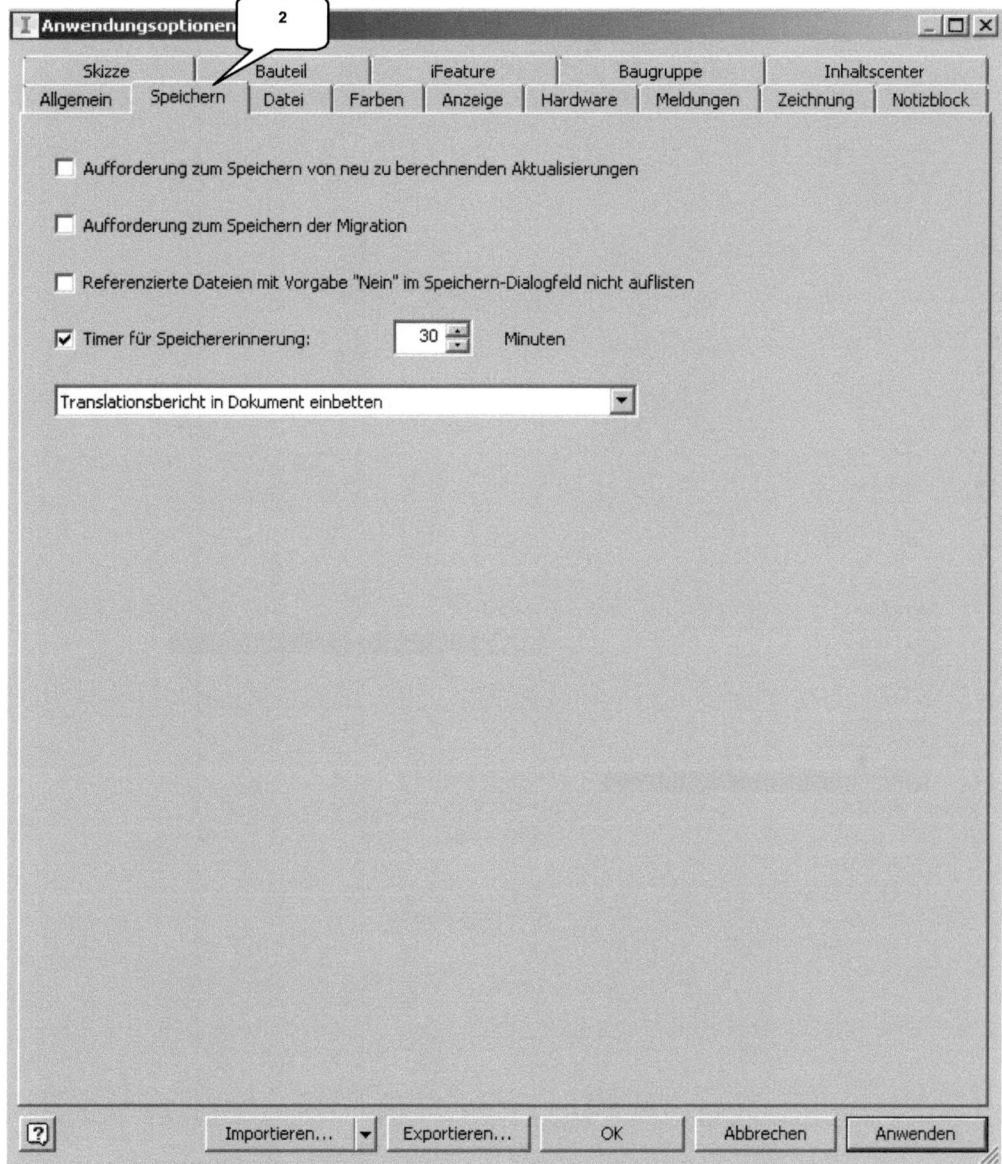

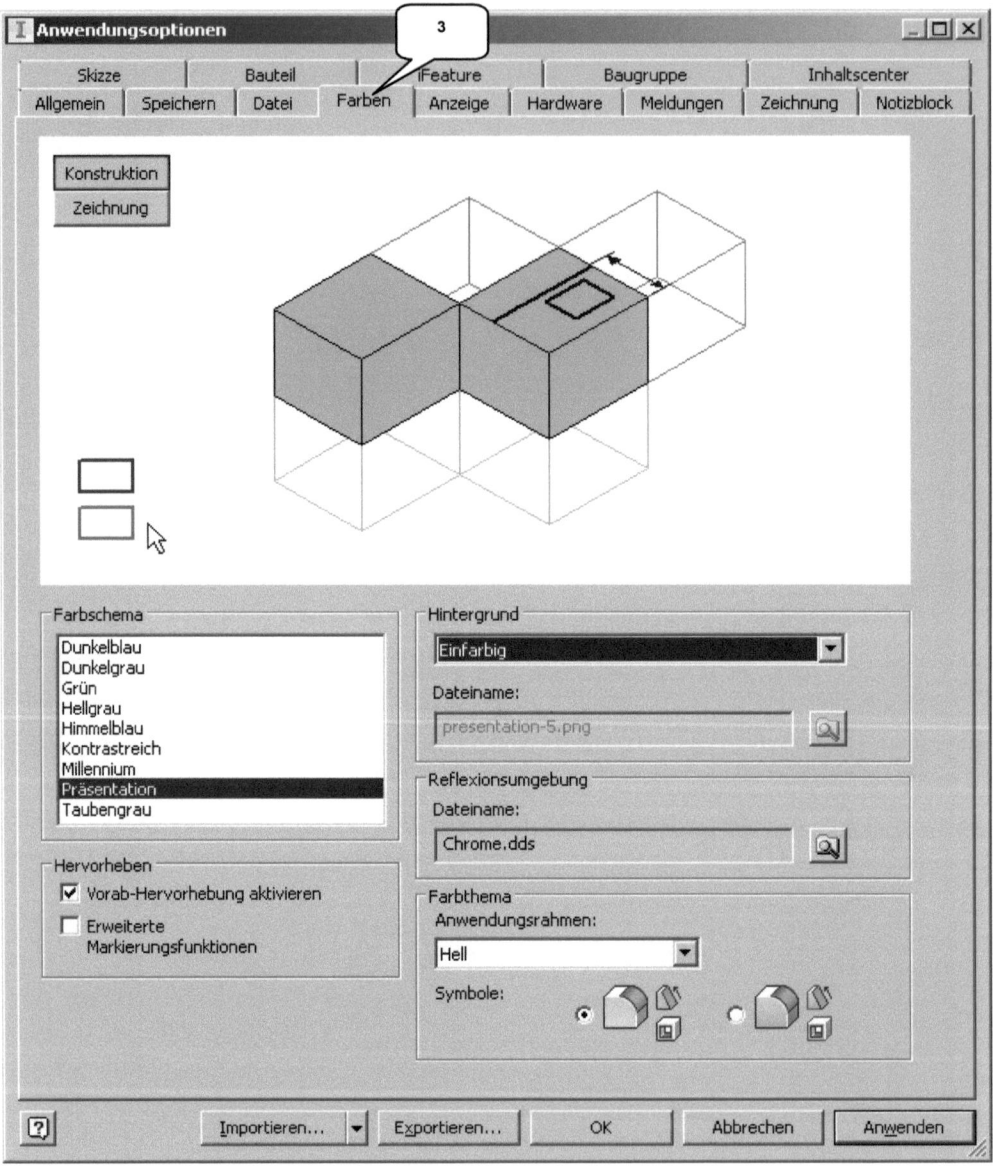

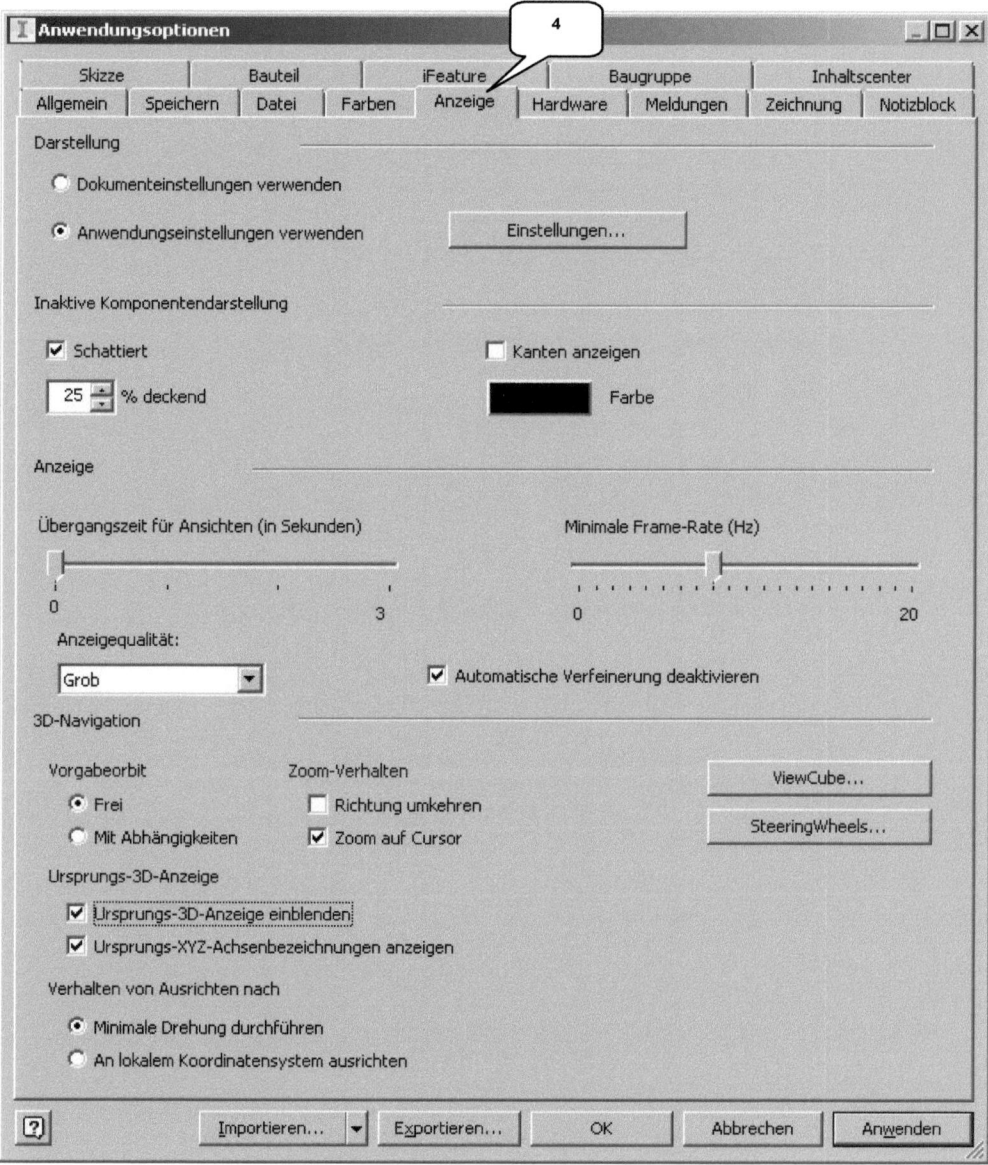

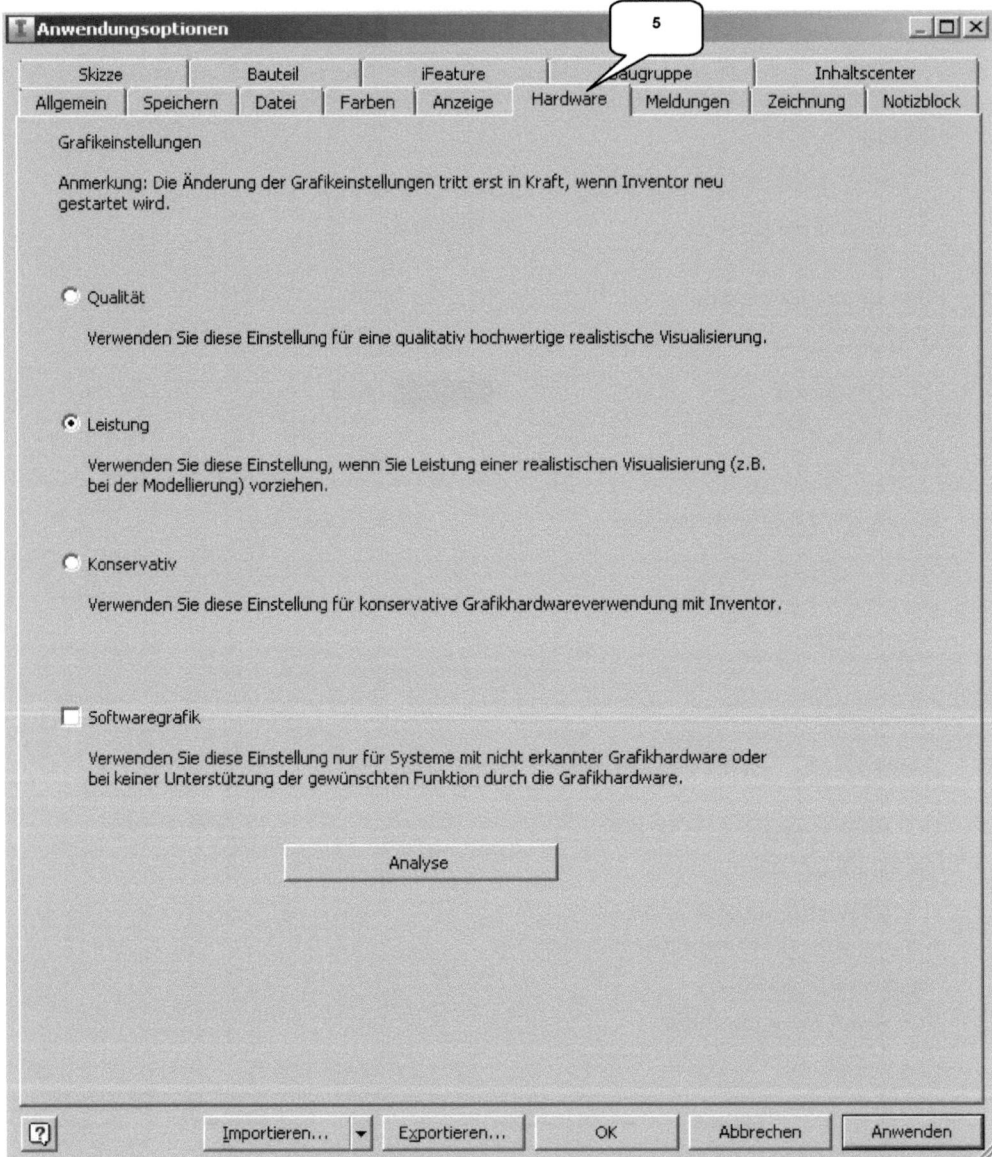

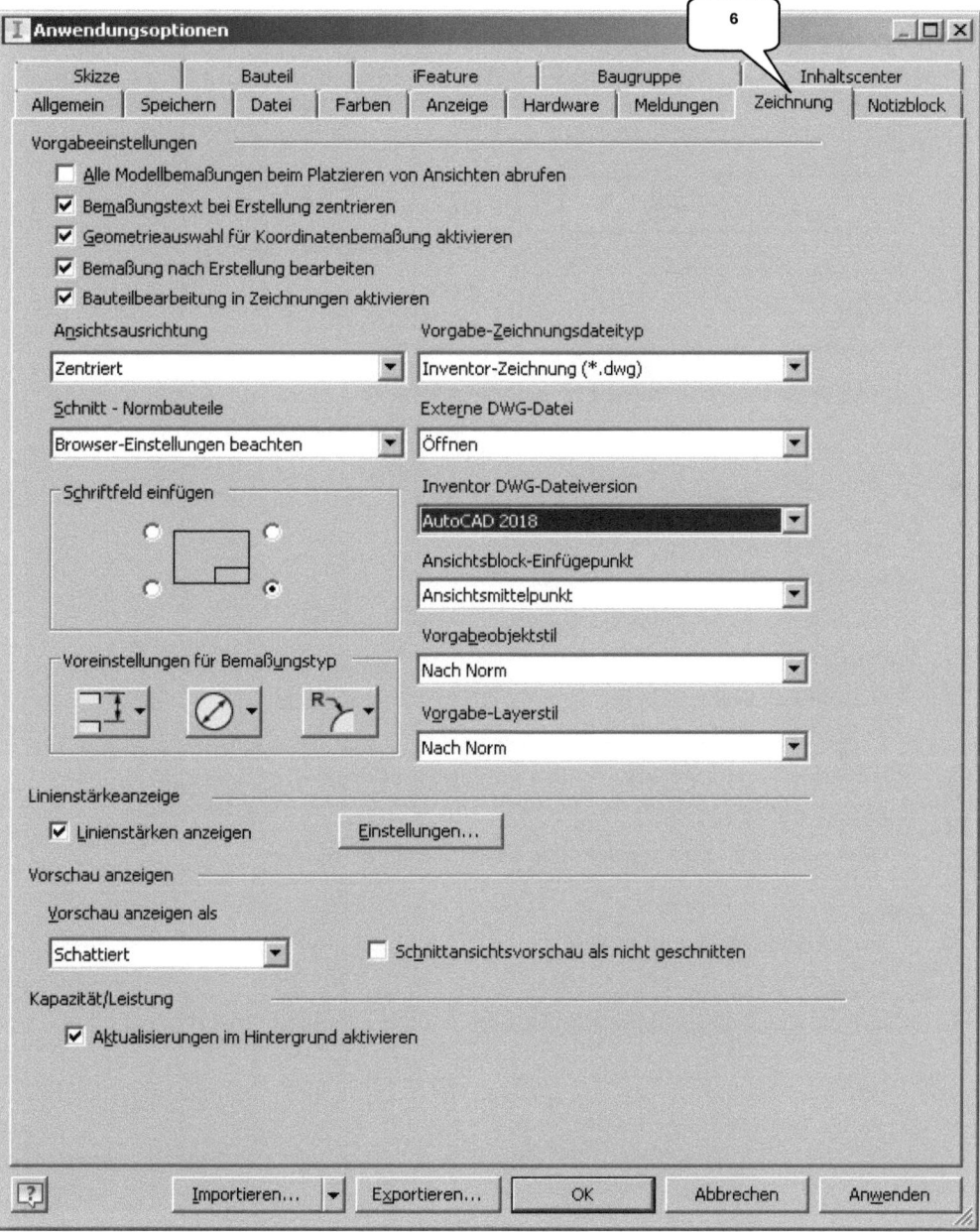

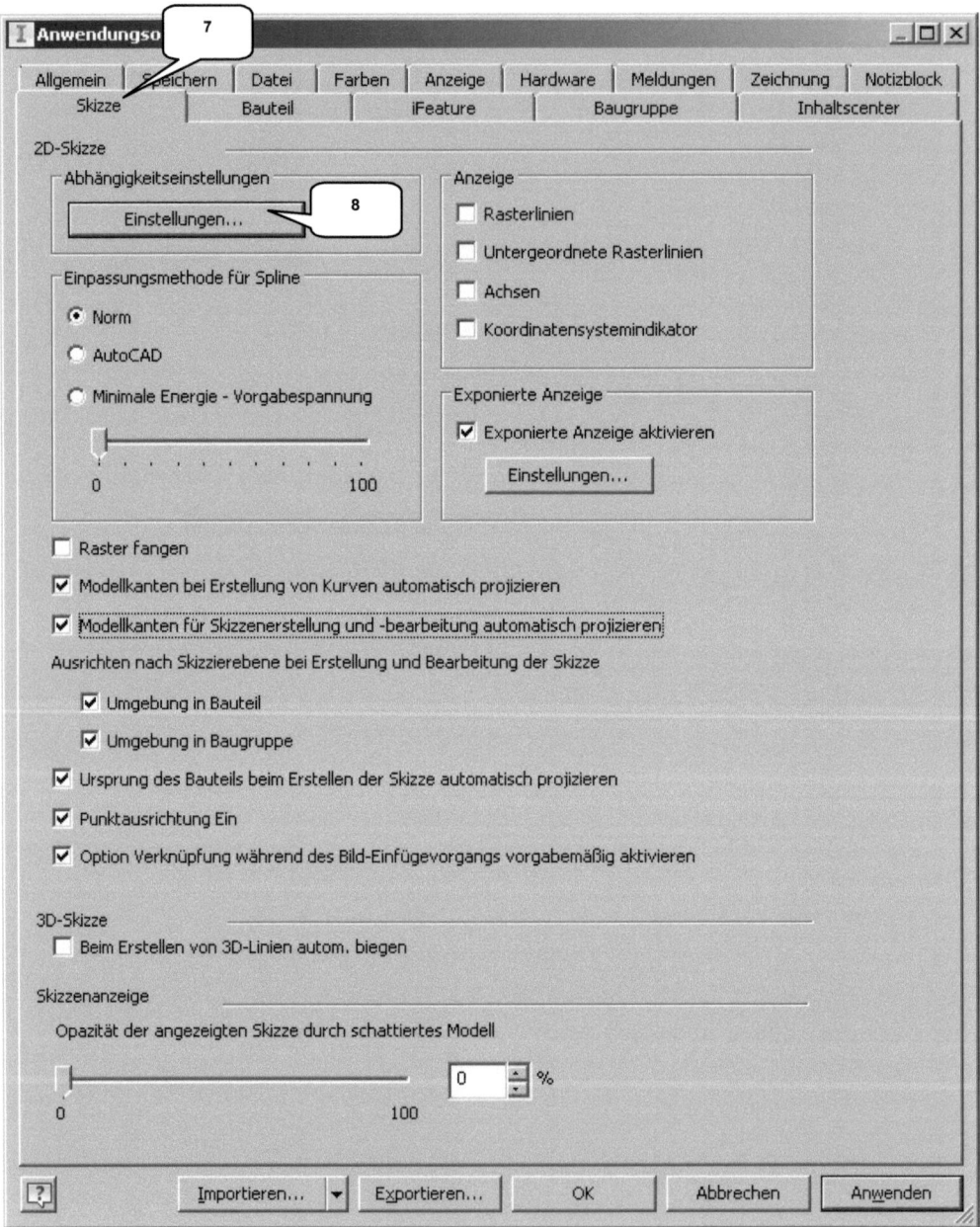

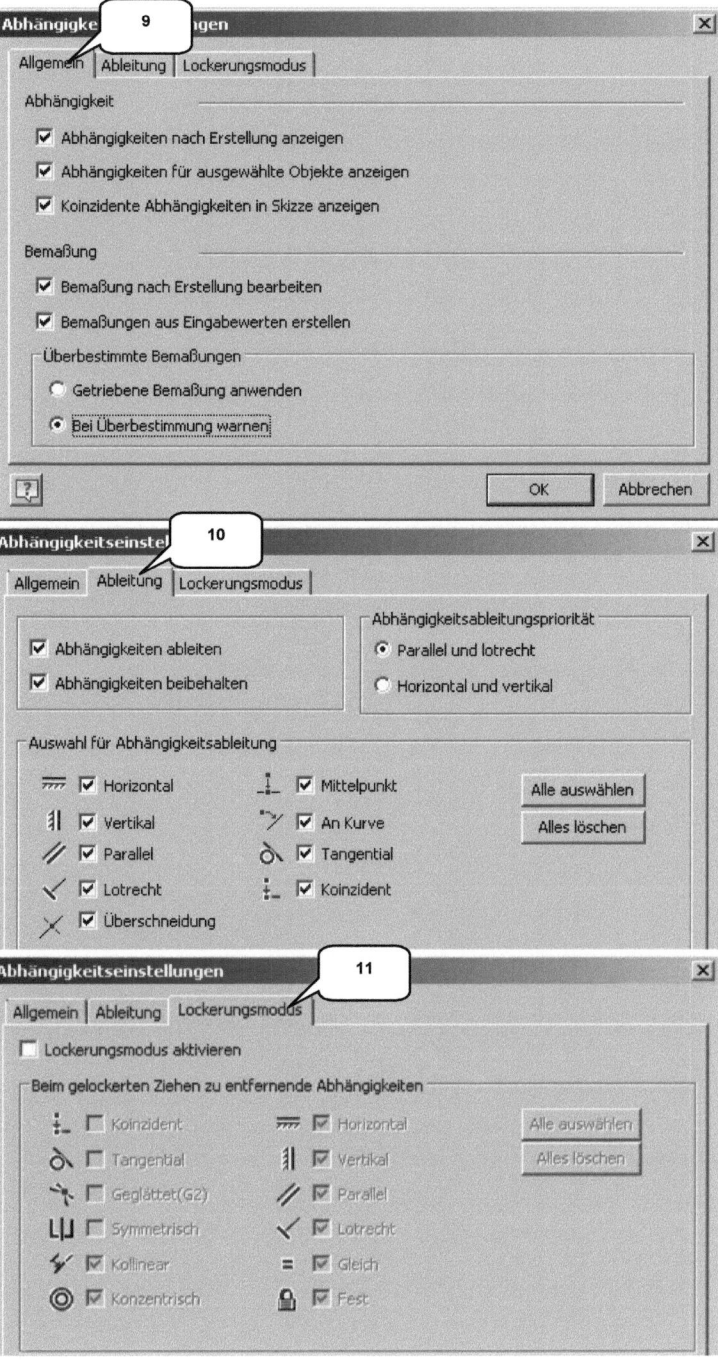

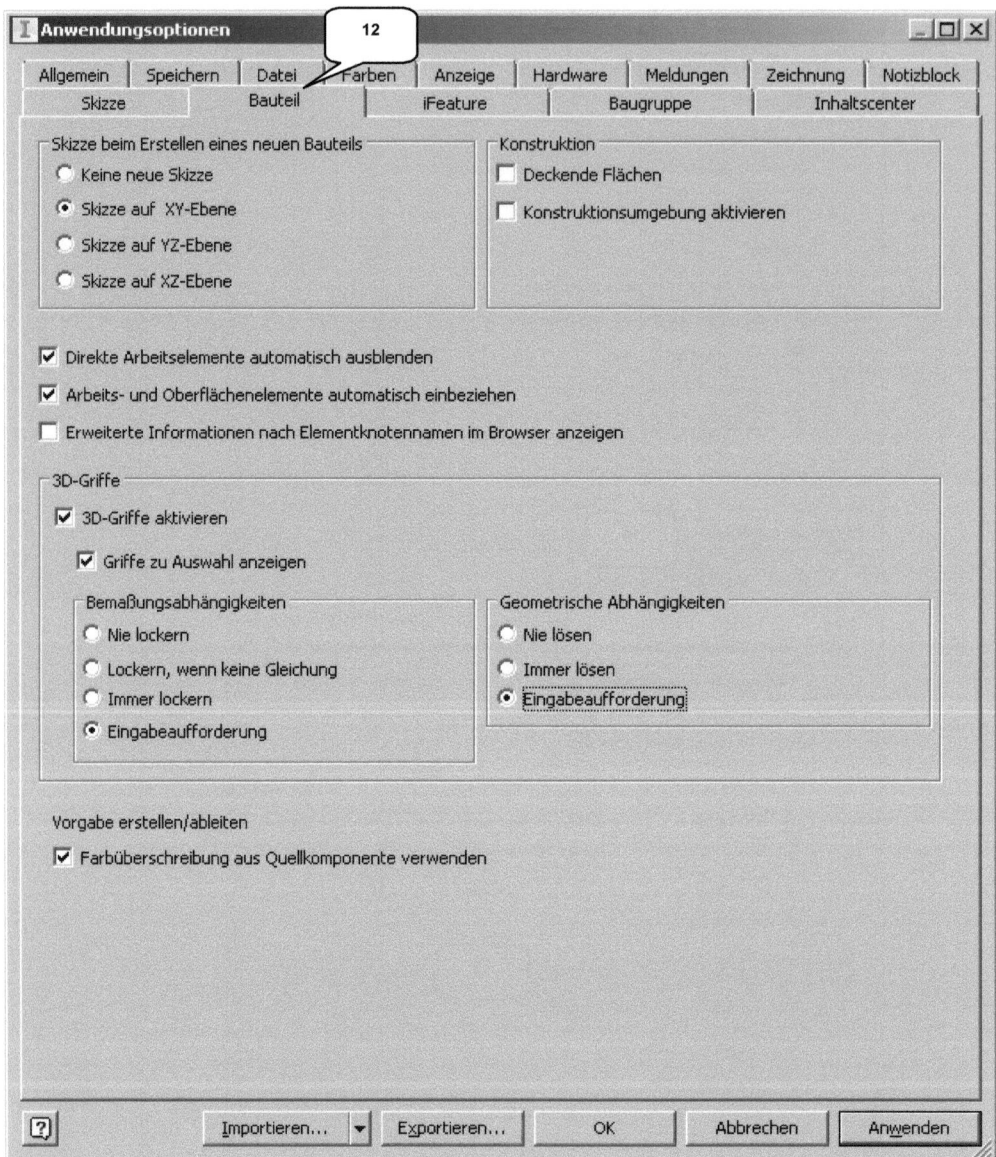

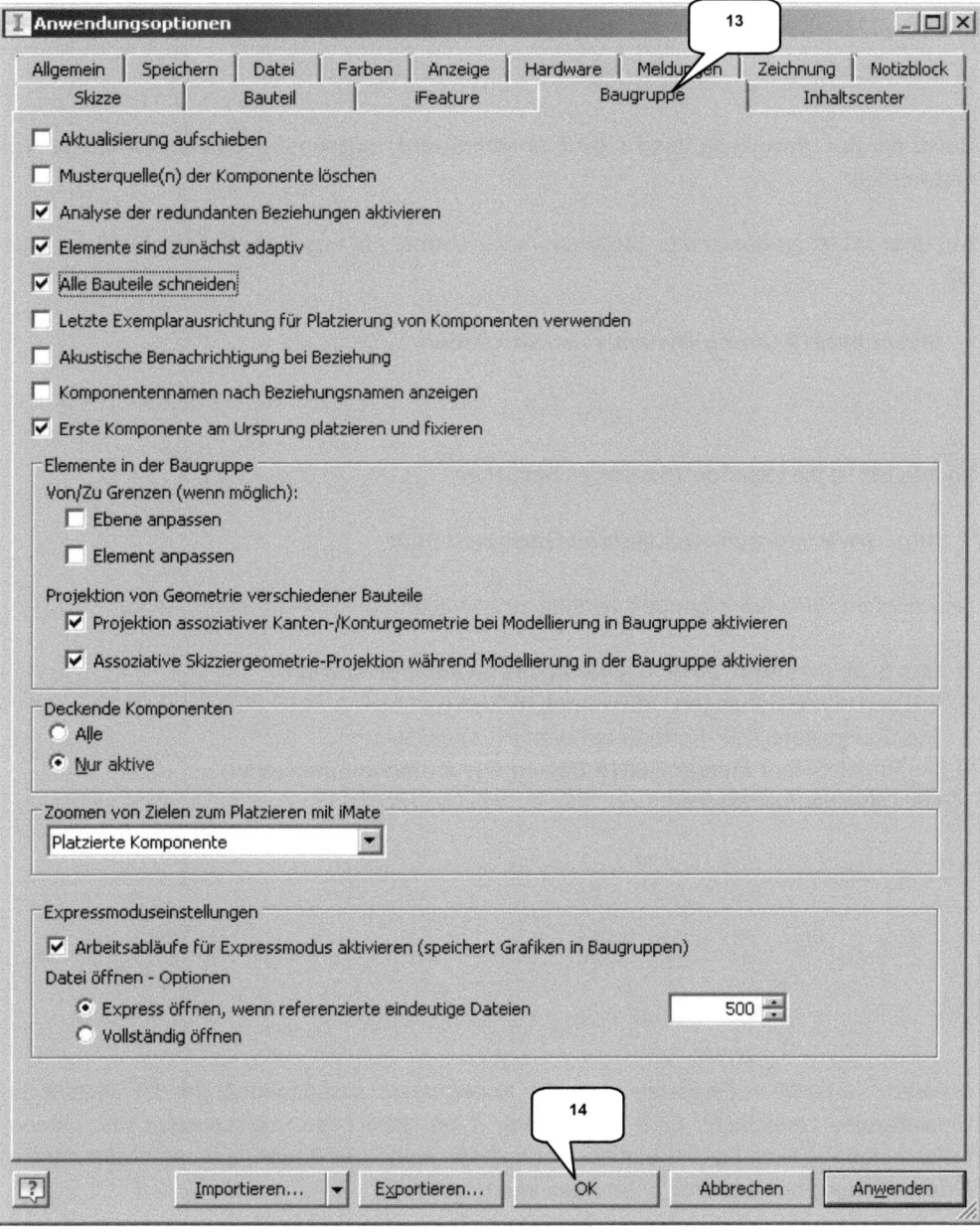

5 Grundlegende Vorbereitungen

5.1 Projektordner erstellen

Bevor mit der Umsetzung des Projekts gestartet wird, müssen die folgenden Arbeiten erledigt werden:

Auf dem PC ist an geeigneter Stelle ein neuer Ordner mit folgender Bezeichnung zu erstellen:

➤ *Inventor-2019-Übung-Dynamische-Simulation*

5.2 Download der Übungsdateien

Im Internet ist die folgende Website zu besuchen:

➤ *http://www.cad-trainings.de/html/Download.html*

Anschließend sind die folgenden Schritte zu erledigen:

➤ Das Buch *Inventor® 2019 - Dynamische Simulation* suchen
➤ Auf den nebenstehenden Download-Link klicken
➤ Die Übungsdatei (ZIP-Format) auf dem PC speichern
   (im Projektordner *Inventor-2019-Übung-Dynamische-Simulation*)
➤ Die Datei darin entpacken

5.3 Aktivierung des Einzelbenutzerprojekts

Inventor® arbeitet in Projekten, was die Koordination zusammenhängender Dateien und Einstellungen vereinfacht. Eine Projektdatei (*.ipj) sichert alle Informationen und Querverweise eines Projekts. Das ist wichtig, wenn später komplexe Baugruppen archiviert oder von einem PC auf einen anderen übertragen werden sollen.

Im Register *Erste Schritte* (Befehlsgruppe *Starten*) ist mit dem Befehl 🗐 Projekte das Projekt *Inventor-2019-Simulation.ipj* zu aktivieren.

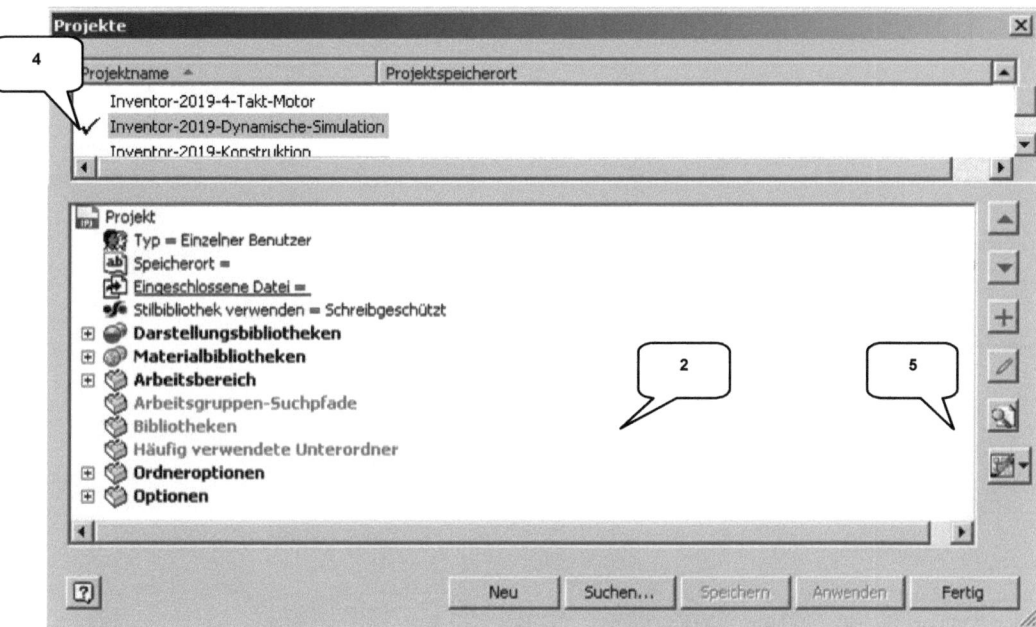

Mit der Option soll der Pfad zum Projektordner ausgewählt und die darin enthaltene Projekt-datei *Inventor-2019-Dynamische-Simulation.ipj* (3) aktiviert werden.

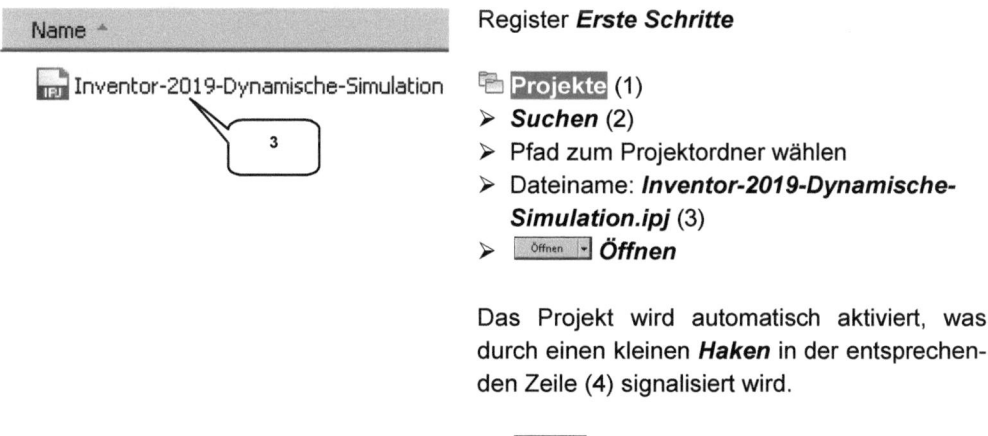

Register *Erste Schritte*

🗂 Projekte (1)
➢ *Suchen* (2)
➢ Pfad zum Projektordner wählen
➢ Dateiname: *Inventor-2019-Dynamische-Simulation.ipj* (3)
➢ [Öffnen ▾] *Öffnen*

Das Projekt wird automatisch aktiviert, was durch einen kleinen *Haken* in der entsprechen-den Zeile (4) signalisiert wird.

➢ [Fertig] *Fertig* (5)

6 Die Baugruppe im Überblick

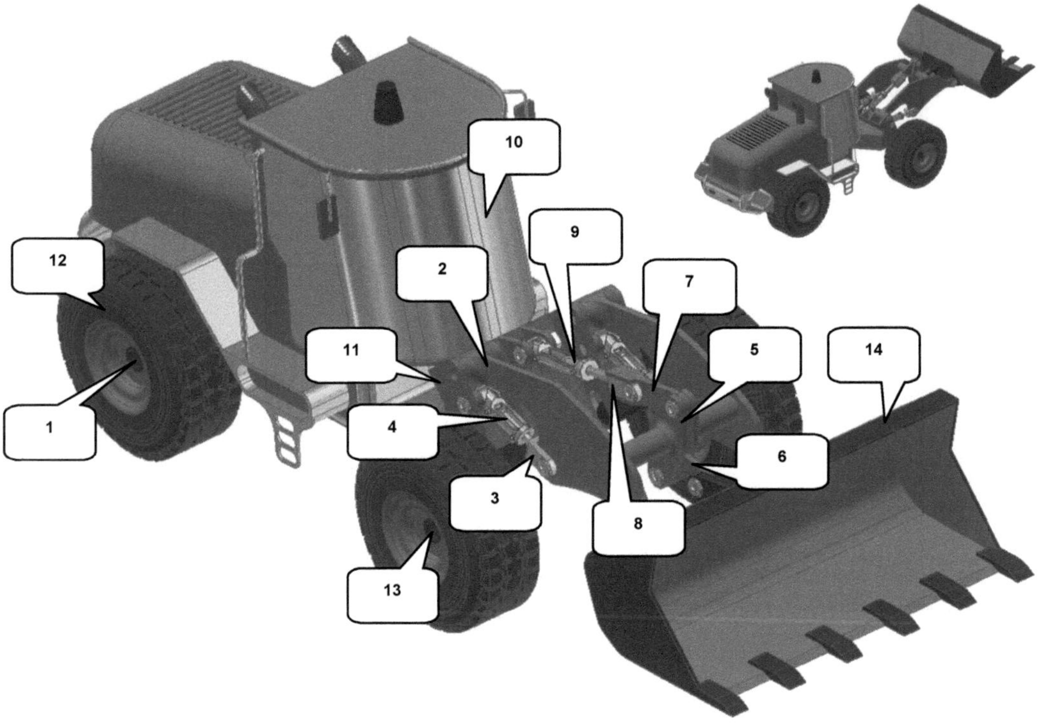

1) Hinterradachse	6) Kippschwinge	11) Maschinenrahmen
2) Hubrahmen	7) Kippzylinder-Fixierung	12) Rad
3) Hubzylinder-Kolben	8) Kippzylinder-Kolben	13) Radbolzen
4) Hubzylinder-Zylinder	9) Kippzylinder-Zylinder	14) Schaufel
5) Kipphebel	10) Maschinengehäuse	

7 Die Umgebung der Dynamischen Simulation

7.1 Öffnen der Unterbaugruppe UBG_1

Öffnen Sie zuerst die Unterbaugruppe **UBG_1** welche sich bereits im Projektordner befindet:

📂 **Öffnen** (1)

➢ Order: Projektordner wählen
➢ Dateiname: UBG_1 (2)
➢ Dateityp: *.iam
➢ Öffnen **Öffnen**

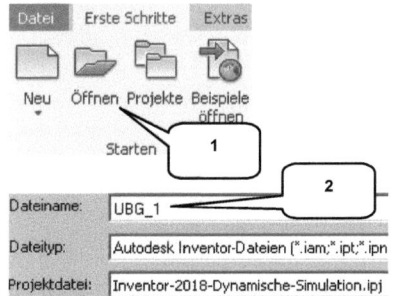

Die Baugruppe besteht aus der Hinterradachse und den beiden Hinterrädern, wobei die Hinterradachse bereits am Koordinatenursprung der Unterbaugruppe ausgerichtet und fixiert wurde (3).

Eines der beiden Räder wurde ebenfalls bereits befestigt: Es wurde mit einer axialen Abhängigkeit zur Achse (4) und einer Flächenabhängigkeit dazu positioniert (5). Das zweite Rad besitzt noch alle sechs Freiheitsgrade: es wird später ausgerichtet (6).

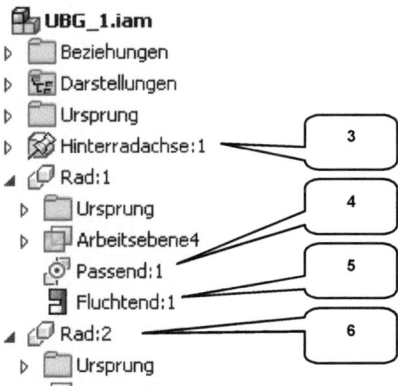

Die aktuelle Konstellation an vorhandenen Abhängigkeiten und Freiheitsgraden soll jetzt im Bereich der Dynamischen Simulation genauer untersucht werden.

Freiheitsgrad-Analyse

Freiheitsgrade   Liste aktualisie

Komponenten	Translation	Drehung
Hinterradachse:1	0	0
Rad:1	0	1
Rad:2	3	3

7.2   In den Bereich der Dynamischen Simulation wechseln

Arbeitsbereich:
────────────── *Dynamische Simulation*   →□→ V⚙→ ──────────────

Um in den Bereich der Dynamischen Simulation wechseln zu können, muss das Register **Umgebungen** aktiviert und der Befehl **Dynamische Simulation** gestartet werden.

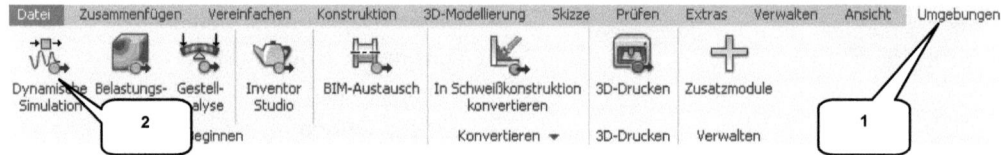

> Register **Umgebungen** (1)
> 🖫 Dynamische Simulation (2)

7.3   Grundlegender Aufbau des Simulationsbereiches
7.3.1   Das Lernprogramm

Das Programm wird jetzt ein Hinweisfenster[2] öffnen, in dem die Entscheidung zu treffen ist, ob das **Lernprogramm** gestartet werden soll.

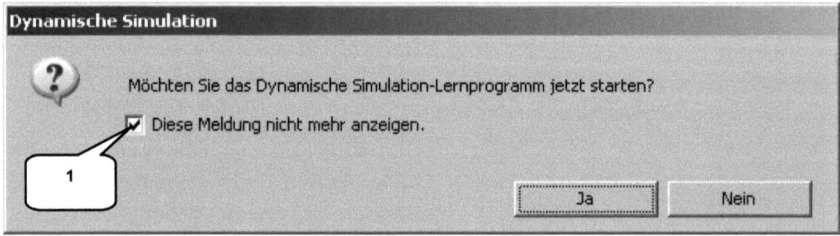

> Aktivieren: Diese Meldung nicht mehr anzeigen. (1)
> [Ja] **Ja**

Besteht eine Internetverbindung, so sollte sich der Web-Browser jetzt öffnen.

──────────────────────

[2] Wurde die Option (1) bereits deaktiviert, den Start des Lernprogramms automatisch anzubieten, so wird das oben dargestellte Fenster nicht mehr angezeigt. Das Lernprogramm kann in der Programmhilfe allerdings trotzdem jederzeit gestartet werden (Taste: F1).

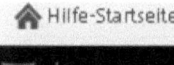

➢ **Lernprogramme** erweitern (2)
➢ **Lernprogrammarchiv** wählen (3)

Im rechten Bereich des Befehlsfensters befindet sich eine Auflistung (4) der verfügbaren Lernprogramme. Per Mausklick gelangen Sie in die jeweiligen Bereiche.[3]

➢ Der Web-Browser kann wieder *geschlossen* werden

7.3.2 Die Befehlsgruppen

Zuerst sollten die *Befehlsgruppen* auf Vollständigkeit kontrolliert und ggf. aktiviert werden:

➢ *Rechte Maustaste* auf einen beliebigen Bereich in der Multifunktionsleiste (1)
➢ *Gruppen anzeigen* erweitern (2)
➢ Alle Befehlsgruppen sollten aktiviert sein (3)

---

[3] Das Archiv verweist teilweise auf die Beschreibungen älterer Programmversionen. Es besteht daher die Möglichkeit, dass einige der verwendeten Befehle nicht mehr aktuell sind.

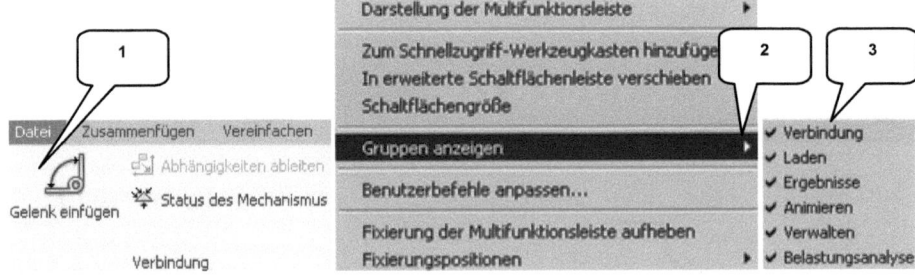

Die folgenden *Befehlsgruppen* finden Sie in der Dynamischen Simulation:

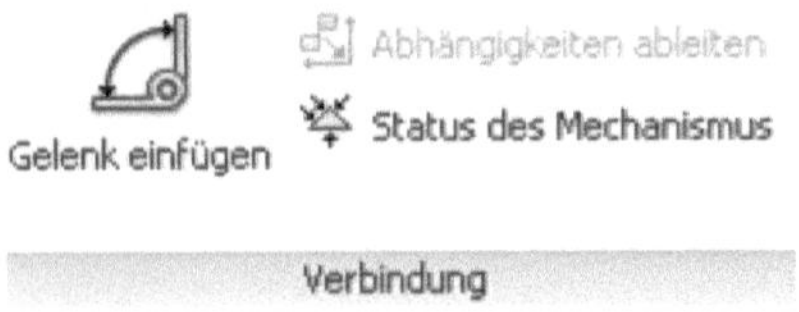

Verbindung	➢ Einfügen neuer Gelenke ➢ Ableiten vorhandener Abhängigkeiten ➢ Prüfen des Mechanismus
Laden	➢ Hinzufügen von Kräften ➢ Hinzufügen von Drehmomenten
Ergebnisse	➢ Starten des Ausgabediagramms ➢ Starten der Dynamischen Bewegung ➢ Ermitteln unbekannter Kräfte ➢ Einfügen von Spuren
Animieren	➢ Publikation eines Filmes ➢ Öffnen von Inventor® Studio
Verwalten	➢ Bearbeiten der Simulationseinstellungen ➢ Starten der Simulationswiedergabe ➢ Öffnen des Parametermanagers

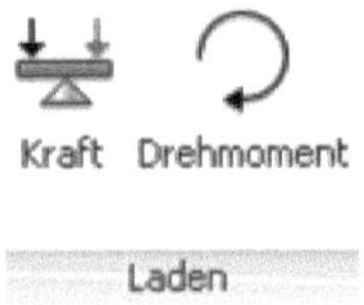

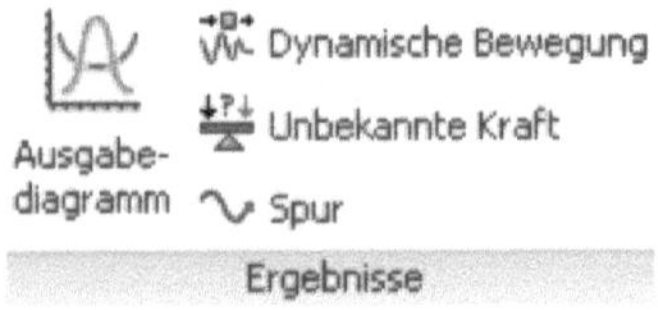

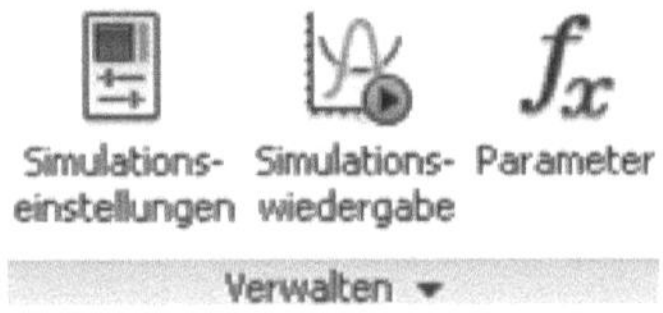

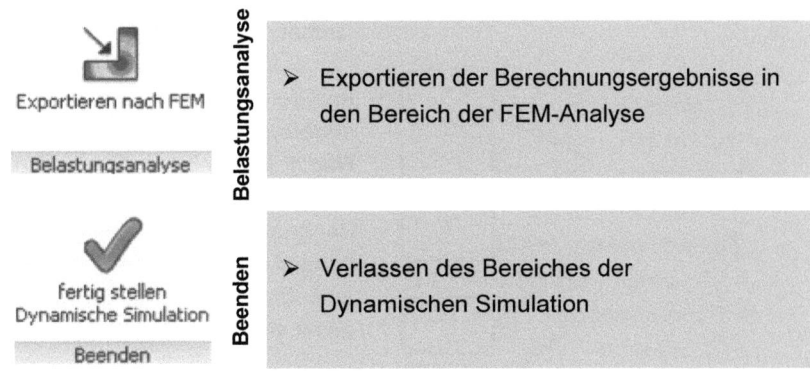

Exportieren nach FEM Belastungsanalyse	➤ Exportieren der Berechnungsergebnisse in den Bereich der FEM-Analyse
fertig stellen Dynamische Simulation Beenden	➤ Verlassen des Bereiches der Dynamischen Simulation

7.3.3 Der Browser und seine Ordner

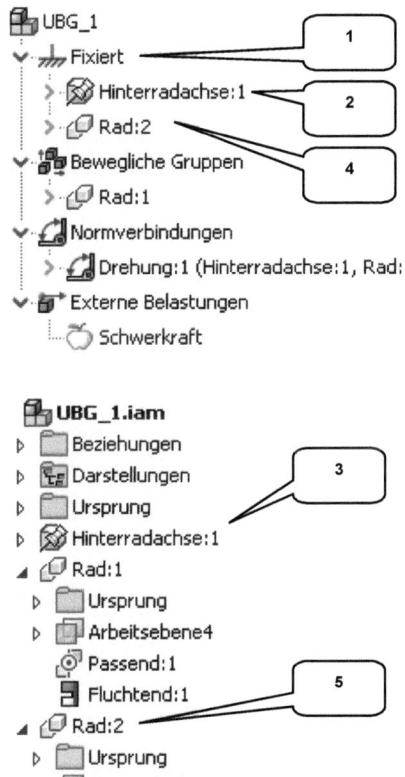

Der **Browser** im Bereich der Dynamischen Simulation spiegelt den Mechanismus einer Baugruppe wider. Darin werden alle Komponenten, Gelenke und Belastungen einer Baugruppe aufgelistet. Die folgenden Ordner sollten bereits vorhanden sein:

Ordner ⫽ *Fixiert* (1)

Hier werden alle Komponenten aufgelistet, die entweder keinen oder noch alle sechs Freiheitsgrade besitzen. Sie waren im Bereich der Baugruppenmodellierung also entweder noch frei beweglich oder gänzlich fixiert.

Ordner	Freiheitsgrade
Fixiert	0 oder 6

Die **Hinterradachse** (2) der Baugruppe ist darin angeordnet weil Sie bereits im Baugruppenbereich (3) fixiert wurde. Auch das **Rad:2** (4) liegt darin, denn es verfügte im Baugruppenbereich noch über alle sechs Freiheitsgrade (5).

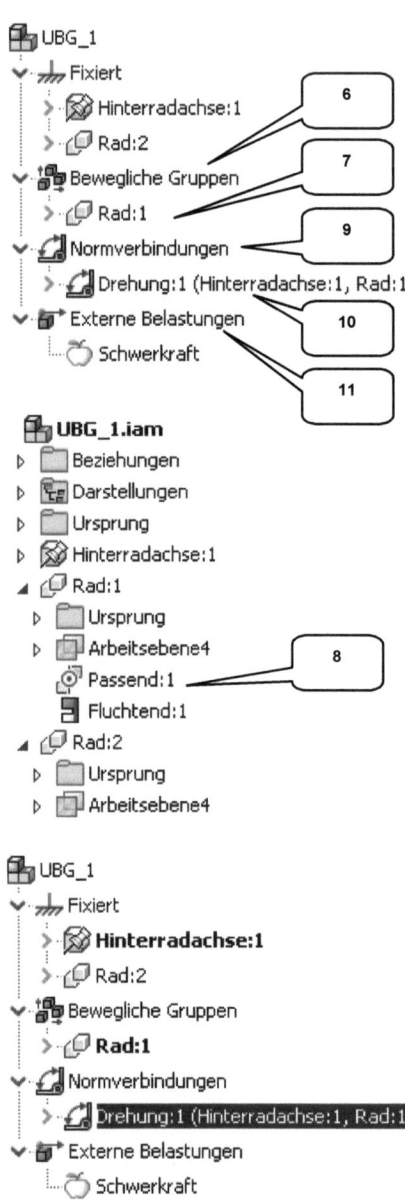

Ordner ⚙ **Bewegliche Gruppen**

Im Ordner **Bewegliche Gruppen** (6) werden alle anderen Komponenten (in diesem Fall nur das **Rad:1** (7)) gelistet. Sie besitzen zwischen einem und fünf Freiheitsgrade und wurden bereits im Baugruppenbereich - zumindest teilweise - mit Abhängigkeiten versehen. Das Rad z. B. kann noch eine Drehbewegung um die Achse vollführen, ist ansonsten aber fest mit dieser verbunden.

Ordner	Freiheitsgrade
Bewegliche Gruppen	1 bis 5

Ordner ⚙ **Normverbindungen**

Der Ordner **Normverbindungen** (9) enthält alle in einer Baugruppe enthaltenen Gelenke. Darin befindet sich momentan nur ein einziges **Drehgelenk** (10). Es wurde vom Programm automatisch aus der Kombination der beiden Abhängigkeiten **Passend** und **Fluchtend** (8) erstellt.

Ordner ⚙ **Externe Belastungen**

Der Ordner **Externe Belastungen** (11) beinhaltet alle Kräfte und Drehmomente, die auf den Mechanismus einwirken. Aktuell ist nur die Schwerkraft darin enthalten, die allerdings noch deaktiviert ist.

Weitere Ordner im Browser der Dynamischen Simulation können sein:

➢ Ordner ⚙ **Rollverbindungen**
➢ Ordner ⚙ **Schiebeverbindungen**
➢ Ordner ⚙ **Kontaktverbindungen**
➢ Ordner ⚙ **Kraftverbindungen**

Folgende *Sonderbedingungen* können zusätzlich eintreten:

> ◈ *Gelenke* mit internen Kräften, Drehmomenten oder Grenzen
> ① *Gelenke* mit Redundanzen
> ◈ *Objekte*, die deaktiviert oder unterdrückt wurden
> ◈ *Baugruppenabhängigkeiten*, die unterdrückt wurden

Weil die aktuelle Baugruppe recht übersichtlich ist, können die einzelnen Komponenten mit ihren zugehörigen Normverbindungen im Browser relativ schnell lokalisiert werden. Bei größeren Baugruppen wird das dann schon schwieriger. Um im Browser eine Komponente und die zugeordneten Normverbindungen schnell lokalisieren zu können, kann die gesuchte Komponente im Zeichenbereich mit der linken Maustaste angeklickt werden. Im Browser wird das entsprechende Bauteil dann hervorgehoben und die zugeordnete Normverbindung *fett* dargestellt.

Betrachtet man den Browser genauer, so findet man im Ordner *Fixiert* zum einen die Hinterradachse und zum anderen das Bauteil Rad:2. Die Hinterradachse wurde bereits im Baugruppenbereich fixiert, das zweite Rad hingegen besitzt noch alle sechs Freiheitsgrade und wird daher ebenfalls in diesem Ordner aufgelistet. Bewegt man das Rad:2 bei gedrückter linker Maustaste im Zeichenbereich, so kann man feststellen, dass es keineswegs fixiert ist, sondern sich problemlos bewegen lässt. Das geht allerdings nur beim manuellen Bewegen des Rades per Hand. Bei einer Simulation würde sich das Rad (unter den gegebenen Umständen) nicht bewegen.

Im Ordner *Bewegliche Gruppen* wird das Bauteil Rad:1 aufgelistet, da es nur noch einen Freiheitsgrad (Rotation um die Hinterradachse) besitzt. Dreht man dieses Rad jetzt bei gedrückter linker Maustaste etwas, so signalisiert ein dynamischer schwarzer Kraftvektor das vorhandene Gelenk und symbolisiert damit eine manuelle Krafteinwirkung durch das Drehen des Rades.

Im Ordner *Normverbindungen* wird ein Drehgelenk angezeigt, welches das Programm automatisch aus den beiden Abhängigkeiten (Achse auf Achse und Fläche auf Fläche) zwischen der Hinterradachse und dem zweiten Rad generiert hat. Erweitert man das Drehgelenk, so findet man darin die ursprünglichen beiden Abhängigkeiten.

Im Ordner *Externe Belastungen* befindet sich derzeit nur die Schwerkraft, welche momentan allerdings noch grau hinterlegt, also nicht aktiviert ist.

7.4   Die Baugruppenumgebung und die Dynamische Simulation
7.4.1   Freiheitsgrade im Bereich der Baugruppenmodellierung

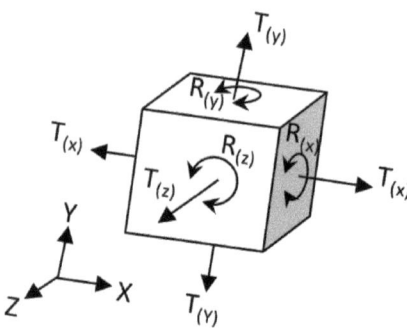

Weil Gelenkverbindungen im Bereich der Dynamischen Simulation eine sehr große Rolle spielen, sollten einige wichtige Grundlagen erläutert werden. Eine Komponente in der Inventor® Baugruppenumgebung kann grundsätzlich jede beliebige Position und Ausrichtung einnehmen, da sie dort frei beweglich ist.

Sie verfügt dort über insgesamt sechs Freiheitsgrade und kann sich entlang der drei Achsen (*X*, *Y*, *Z*) linear verschieben (Translation entlang T_X, T_Y und T_Z) und außerdem um jede der drei Achsen frei drehen (Rotation um R_X, R_Y und R_Z).

7.4.2   Freiheitsgrade im Bereich der Dynamischen Simulation

Anders ist es im Bereich der **Dynamischen Simulation**: Hier besitzt eine Komponente grundsätzlich keinen Freiheitsgrad (zumindest nicht während einer Simulation) wenn dies nicht vorab definiert wurde. Soll ein Bauteil also eine bestimmte Bewegung während der Simulation ausführen, so muss es vorab mit dem entsprechenden Gelenk versehen werden. Derartige Gelenke können entweder direkt im Bereich der Dynamischen Simulation erzeugt werden, oder automatisch aus verschiedenen Abhängigkeiten erstellt werden, welche aus dem Bereich der Baugruppe übernommen wurden. Die beiden Möglichkeiten werden später noch genauer erläutert.

7.5   Die Simulationseinstellungen
7.5.1   Grundlagen: Simulationseinstellungen

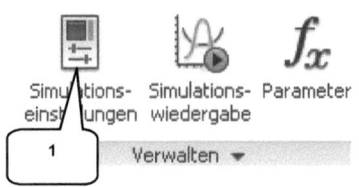

> ➢ Befehlsgruppe **Verwalten**
> ▤ Simulationseinstellungen (1)

In den **Simulationseinstellungen** kann definiert werden, ob Abhängigkeiten aus dem Baugruppenbereich beim Öffnen des Bereiches der Dynamischen Simulation automatisch in Normgelenke konvertiert werden sollen, ob das Programm beim Start auf Redundanzen hinweisen soll und ob bewegliche Bauteile farblich darzustellen sind.

7.5.2 Abhängigkeiten in Gelenkverbindungen konvertieren

Das Programm kann Abhängigkeiten/ Verbindungen aus der Baugruppenmodellierung automatisch in Gelenke konvertieren, sofern diese Option in den Simulationseinstellungen aktiviert wurde. Bestimmte Gruppierungen verschiedener Abhängigkeiten bilden dabei Gelenkverbindungen, deren Zusammengehörigkeit in der folgenden Tabelle dargestellt wird.

Gelenkverbindung	Option	Abhängigkeiten
Drehung	1	Einfügen
	2	Passend (Linie auf Linie) + (Fläche auf Fläche)
Prismatisch	1	2x Passend (Fläche auf Fläche)
Zylindrisch	1	Passend (Linie auf Linie)
	2	Passend (zylindrische Fläche auf zylindrische Fläche)
Kugelförmig	1	Passend (Punkt auf Punkt)
	2	Passend (kugelförmige Fläche auf kugelförmige Fläche)
Eben	1	Passend (Fläche auf Fläche)
Punkt-Linie	1	Passend (Linie auf Punkt)
	2	Passend (Linie auf kugelförmige Fläche)
Linie-Ebene	1	Passend (Linie auf Fläche)
Punkt-Ebene	1	Passend (Punkt auf Fläche)
	2	Passend (Fläche (planar) auf Fläche (konkav)
Verschweißt	1	Bauteil fixiert

7.5.3 Überprüfen der Simulationseinstellungen

Standardmäßig ist in den **Simulationseinstellungen** aktiviert, dass Abhängigkeiten aus dem Baugruppenbereich automatisch in Normgelenke konvertiert werden, was besonders bei großen Baugruppen vorteilhaft ist. Sollen Gelenkverbindungen aber erst im Bereich der Dynamischen Simulation erzeugt werden, dann ist diese Option zu deaktivieren.

Simulations- Simulations- Parameter
einstellungen wiedergabe

1   Verwalten ▾

- ▦ Simulationseinstellungen (1)
- ➤ Deaktivieren: Abhängigkeiten automatisch in Normgelenke konvertieren (2)
- ➤ Nein **Nein** (Hinweisfenster) (3)
- ➤ OK **OK** (4)

Wurden die Simulationseinstellungen erfolgreich bearbeitet, so lohnt ein Blick in den **Browser** des Programms: der vorher noch vorhandene Ordner **Bewegliche Gruppen** ist jetzt nicht mehr vorhanden und das Bauteil **Rad:1** wurde in den Ordner **Fixiert** verschoben.

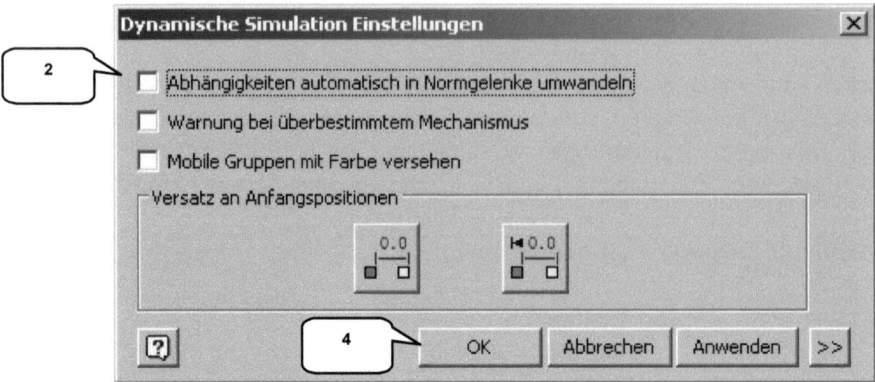

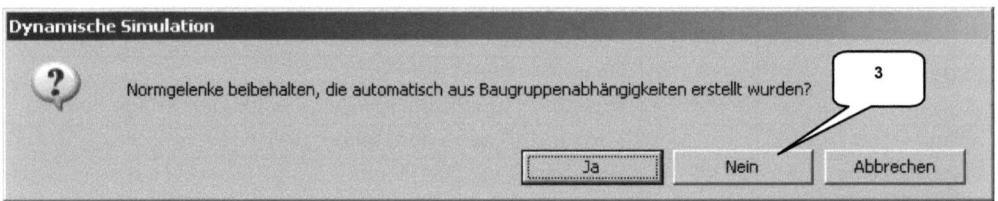

HINWEIS: Wenn die *Einstellungen* im Bereich der Dynamischen Simulation bearbeitet werden und die darin enthaltene Option *Abhängigkeiten automatisch in Normgelenke umwandeln* deaktiviert wird, so erscheint im Programm die oben dargestellte Hinweismeldung. Darin ist festzulegen ob die bereits automatisch konvertierten Gelenke weiterhin in der Baugruppe bleiben sollen, oder vollständig zu entfernen sind. Diese Option sollte mit Bedacht gewählt werden, da eine unbeabsichtigte Löschung aller Gelenke unter Umständen zu erheblichem Mehraufwand führen kann.

7.6 Gelenkverbindungen einfügen
7.6.1 Grundlagen: Gelenke in der Dynamischen Simulation

Bevor das zweite Rad jetzt an der Hinterradachse befestigt wird, sollten einige Grundlagen zum Thema *Gelenkverbindungen* erläutert werden.

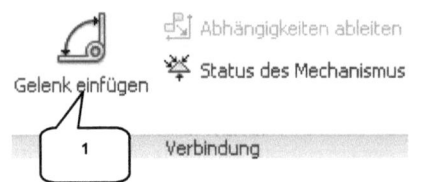

➢ Befehlsgruppe *Verbindung*
◩ Gelenk einfügen (1)

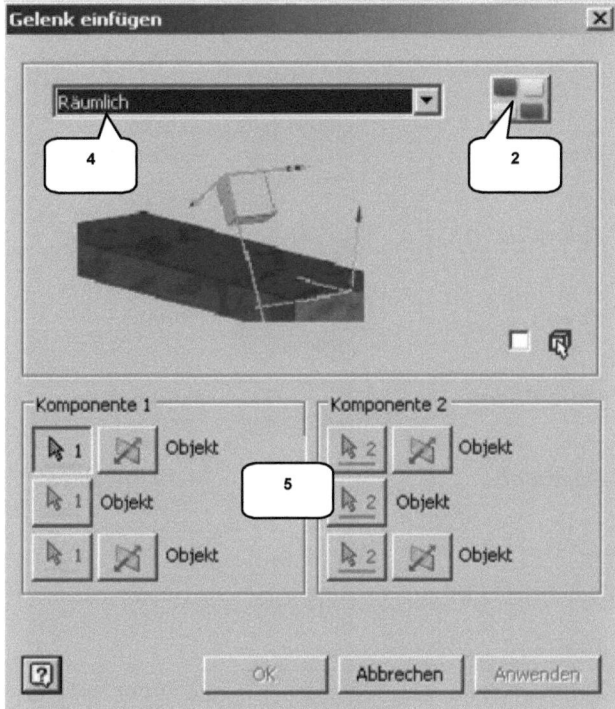

Gelenkverbindungen können grundsätzlich in die folgenden Kategorien unterteilt werden:

> *Normverbindungen*
> *Rollverbindungen*
> *Kontaktverbindungen*
> *Schiebeverbindungen*
> *Kraftverbindungen*

Eine tabellarische Übersicht dazu erhält man durch einen Klick auf das ⬛ *Symbol* (2). Wählt man darin eine der Kategorien aus, so öffnet sich die passende *Gelenktabelle* (3).

Alle Gelenkverbindungen können auch direkt (ohne die vorherige Auswahl der Kategorie) aus einer *Liste* (4) heraus aktiviert werden.

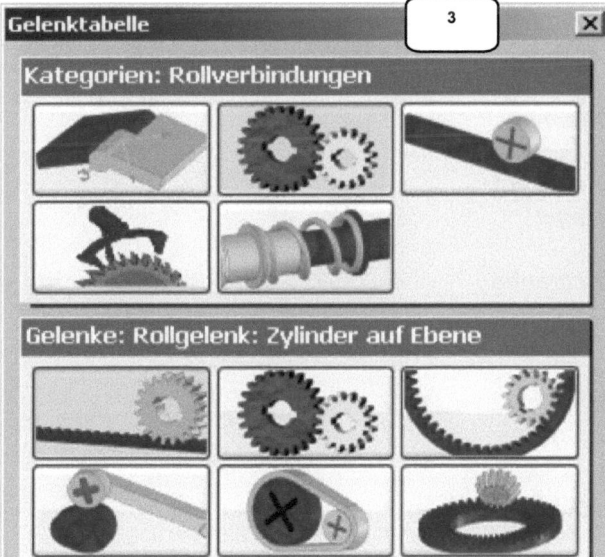

Wurde eine der Gelenkverbindungen gewählt, sind die entsprechenden Referenzen zur Positionierung zu definieren. Je nach Gelenktyp können dabei Achsen, Flächen, Punkte oder Körperkanten verwendet werden.

Die folgende Übersicht listet die einzelnen Kategorien und die zugehörigen Gelenkverbindungen auf:

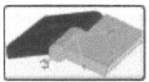 **Normverbindungen**

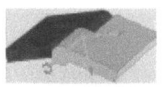 Drehung    Prismatisch

 Zylindrisch    Kugelförmig

Eben    Punkt-Linie

Linie-Ebene    Punkt-Ebene

Räumlich    Verschweißt

 **Rollverbindungen**

 Zylinder auf Ebene    Zylinder auf Zylinder

Zylinder in Zylinder    Zylinder auf Kurve

 Riemen    Kegel auf Ebene

Kegel auf Kegel    Kegel in Kegel

Schraube   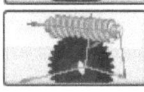 Schneckenrad

 **Kontaktverbindungen**

 2D-Kontakt

 **Gleitverbindungen**

 *Zylinder auf Ebene*

 *Zylinder auf Zylinder*

 *Zylinder in Zylinder*

 *Zylinder auf Kurve*

 *Punkt auf Kurve*

 **Kraftverbindungen**

 *3D-Kontakt*

 *Feder/ Dämp-fung/ Buchse*

7.6.2 Erstellen eines Drehgelenks

Das Bauteil **Rad:2** soll jetzt über ein **Drehgelenk** mit der Hinterradachse verbunden werden, wofür der Befehl **Gelenk einfügen** zu starten ist.

🖧 Abhängigkeiten ableiten
✖ Status des Mechanismus

Gelenk einfügen

1   Verbindung

⬭ Gelenk einfügen (1)
➢ Auswahlmenü erweitern (2)
➢ Drehung (3)
➢ Komponente 1 (Z-Achse):
   Bohrungszylinder (Rad:2) (4)
➢ Komponente 1 (Ursprung):
   Bohrungskante (Rad:2) (5)
➢ Komponente 2 (Z-Achse):
   Zylinder (Hinterradachse:1) (6)
➢ Komponente 2 (Ursprung):
   Kreiskante (Hinterradachse:1) (7)
➢ ⬜ OK ⬜ **OK**

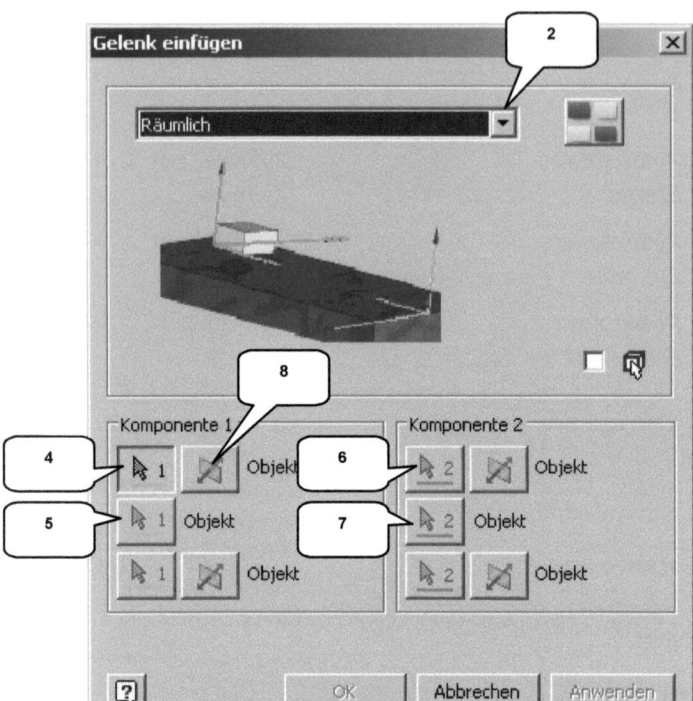

Gelenk einfügen

Räumlich

Komponente 1
- 1 Objekt
- 1 Objekt
- 1 Objekt

Komponente 2
- 2 Objekt
- 2 Objekt
- 2 Objekt

OK   Abbrechen   Anwenden

Drehung
Prismatisch
Zylindrisch
Kugelförmig
Eben
Punkt-Linie
Linie-Ebene
Punkt-Ebene
Räumlich
Verschweißt

Rollgelenk: Zylinder auf Ebene
Rollgelenk: Zylinder auf Zylinder
Rollgelenk: Zylinder in Zylinder
Rollgelenk: Zylinder Kurve
Riemen
Rollgelenk: Kegel auf Ebene
Rollgelenk: Kegel auf Kegel
Rollgelenk: Kegel in Kegel
Schraube
Schneckenrad

Schiebegelenk: Zylinder auf Ebene
Schiebegelenk: Zylinder auf Zylinder
Schiebegelenk: Zylinder in Zylinder
Schiebegelenk: Zylinder Kurve
Schiebegelenk: Punkt Kurve

2D-Kontakt

HINWEIS: Bei der Platzierung von Gelenkverbindungen sollte stets die noch unbefestigte Komponente ausgewählt werden. Vorhandene Abhängigkeiten könnten ansonsten unbeabsichtigt gelöscht werden. Sollte sich das Rad nicht vollständig auf die Achse geschoben haben (es sitzt dann neben der Achse), so muss zur Korrektur die Option ⋈ *Umschalten* (8) aktiviert werden. Hierfür muss das Drehgelenk bearbeitet werden: *Rechte Maustaste* auf das Drehgelenk im Browser (9) > *Bearbeiten*.

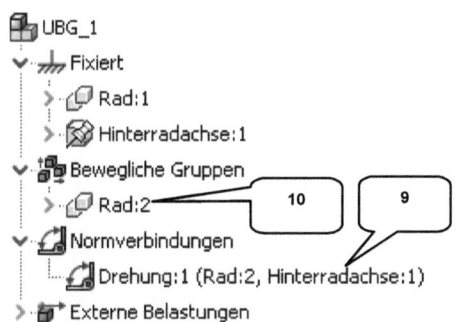

Im Browser ist jetzt zu sehen, dass das zweite Rad aus dem Ordner *Fixiert* wieder in den Ordner *Bewegliche Gruppen* verschoben wurde (10). Dreht man das zweite Rad bei gedrückter linker Maustaste darauf, so erscheint ein schwarzer Pfeil: er stellt einen Kraftvektor dar, der das neue Drehgelenk bestätigt.

7.6.3 Gelenke von vorhandenen Abhängigkeiten ableiten

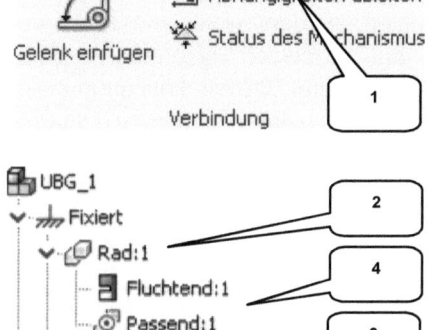

Nachdem eines der Räder durch ein Drehgelenk mit der Hinterradachse verbunden wurde, soll nun auch das zweite Rad damit verbunden werden. Neben der Möglichkeit Gelenke über den Befehl *Gelenk einfügen* zu erzeugen, können diese auch - sofern noch „unbenutzte" Abhängigkeiten vorhanden sind - von bereits im Baugruppenbereich definierten Abhängigkeiten abgeleitet werden.

Abhängigkeiten ableiten (1)

➢ Nacheinander im Browser auf die beiden Bauteile *Rad:1* (2) und *Hinterradachse:1* (3) klicken

Im Befehlsfenster werden jetzt die Passungen (Abhängigkeiten) *Fluchtend* und *Passend* (4) angezeigt, die zwischen den beiden Bauteilen bestehen und das Programm kombiniert daraus automatisch ein *Drehgelenk* (5).

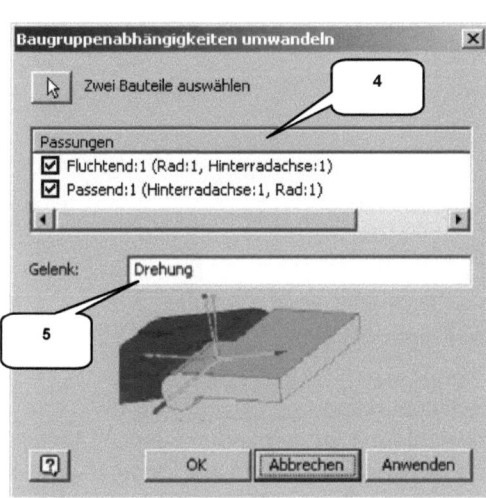

➢ ___OK___ *OK* (Befehlsfenster)

Die Unterbaugruppe *UBG_1.iam* kann jetzt *gespeichert* und *geschlossen* werden.

7.7   Montage der Hauptbaugruppe
7.7.1   Öffnen der Hauptbaugruppe

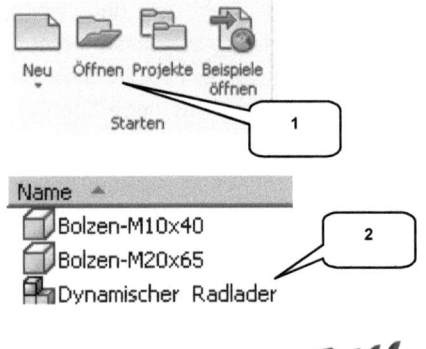

Öffnen Sie die Baugruppe *Dynamischer_Radlader.iam*.

 **Öffnen** (1)
➢ Order: Projektordner wählen
➢ Dateiname: Dynamischer_Radlader (2)
➢ Dateityp: *.iam
➢ **Öffnen** *Öffnen*

In den folgenden Schritten soll der Radlader komplettiert werden, wofür die Hinterradachse und die beiden Hinterräder einzufügen sind. Die drei Bauteile können gemeinsam importiert werden, indem die bereits montierte Unterbaugruppe *UBG_1.iam* platziert wird.

7.7.2   Platzieren der Unterbaugruppe UBG_1

Arbeitsbereich:
Baugruppe (Zusammenfügen)

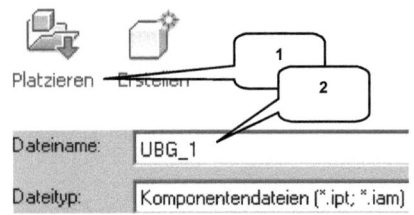

 **Komponente platzieren** (1)
➢ UBG_1 (2)
➢ Dateityp: *.iam
➢ **Öffnen** *Öffnen*
➢ Baugruppe 1x frei ablegen
➢ Taste: **ESC**

Nachdem die Unterbaugruppe *UBG_1.iam* in die Hauptbaugruppe eingefügt wurde, soll sie durch ein Drehgelenk mit dem Bauteil *Maschinengehäuse.ipt* verbunden werden. Anstelle zweier Abhängigkeiten (axiale Abhängigkeit und Flächenabhängigkeit) soll diesmal ein Gelenk aus dem Baugruppenbereich verwendet werden.

7.7.3 Unterbaugruppe UBG_1 drehbar lagern

Um Bauteile miteinander zu verbinden, können im Baugruppenbereich entweder **Abhängigkeiten** gesetzt oder ⚙ **Gelenkverbindungen** platziert werden. Gelenkverbindungen stellen dabei eine Kombination verschiedener Abhängigkeiten dar, welche bei gezielter Platzierung sehr effizient sein können. Die im Bereich der Dynamischen Simulation gewünschten Gelenkverbindungen können damit bereits im Bereich der Baugruppenmodellierung eindeutig definiert werden und Fehlinterpretationen des Programms beim Konvertieren von Abhängigkeiten in Gelenkverbindungen können vermieden werden.

Um die neu eingefügte Unterbaugruppe mit dem Maschinengehäuse zu verbinden, soll ein **Drehgelenk** platziert werden.

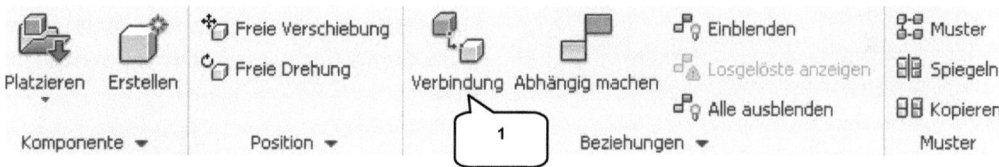

⚙ **Verbindung** (1)
- ➢ Typ: Drehbar (2)
- ➢ Abstand: 0 mm (3)
- ➢ Verbinden 1: Mittleren Ursprungspunkt der Hinterachse wählen (4)
- ➢ Verbinden 2: Mittleren Ursprungspunkt der Zylinderbohrung am Gehäuse wählen (5)
- ➢ OK **OK**

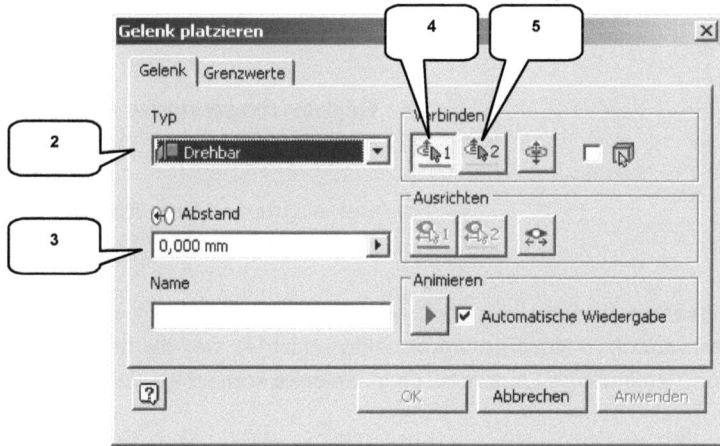

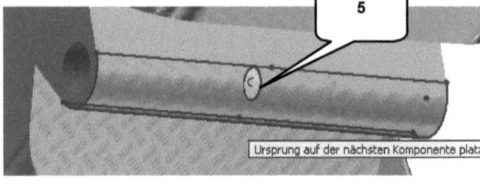

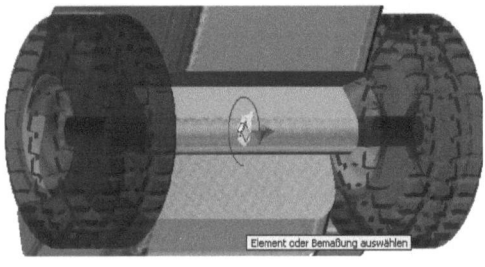

Sobald die beiden Referenzpunkte ausge-wählt wurden, verschiebt das Programm die Unterbaugruppe **UBG_1.iam** in die Bohrung des **Maschinengehäuses**.

Die Baugruppe sollte zu diesem Zeitpunkt noch einmal **gespeichert** werden, wobei die Hinweisfenster des Programms (geändertes Datenformat u.s.w.) mit **OK** zu bestätigen sind.

7.8 Der Radlader im Bereich der Dynamischen Simulation
7.8.1 Überprüfen der Simulationseinstellungen

Arbeitsbereich:
Dynamische Simulation

> Register **Umgebungen** (1)
>
> **Dynamische Simulation** (2)
>
> Befehlsgruppe **Verwalten**
>
> **Simulationseinstellungen** (3)

In den **Simulationseinstellungen** soll noch einmal überprüft werden, ob die Option **Abhängigkeiten automatisch in Normgelenke...** Aktiviert ist (4), weil die bereits vorhandenen Abhängigkeiten und Verbindungen automatisch in Gelenke konvertiert werden sollen.

HINWEIS: Der Hinweis des Programms auf eine Überbestimmung des Mechanismus kann mit **OK** bestätigt werden. Es weist dabei lediglich auf vorhandene Redundanzen hin.

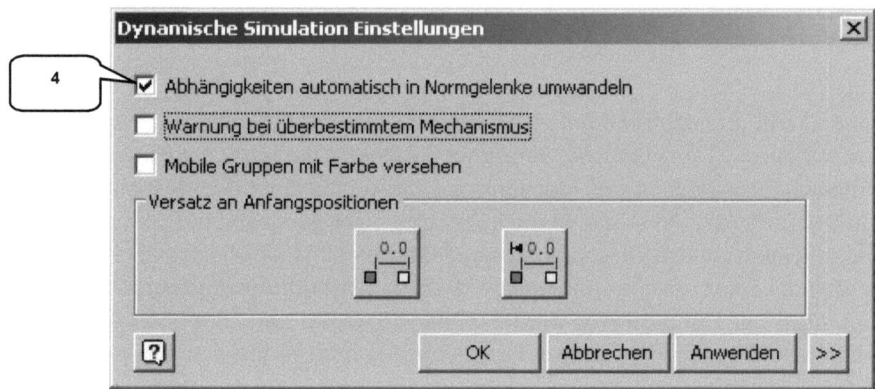

7.8.2 Betrachten der automatisch erstellten Normverbindungen

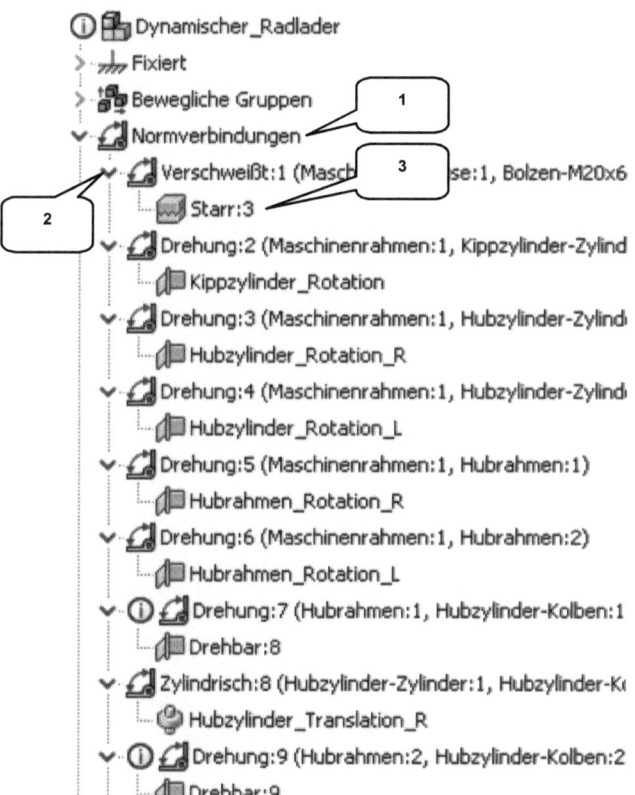

Das Programm sollte die in der Baugruppe vorhandenen Abhängigkeiten und Verbindungen aus dem Bereich der Baugruppenmodellierung automatisch in Normgelenke konvertiert haben, was im **Browser** zu kontrollieren ist: Erweitert man darin den Ordner **Normverbindungen** (1), so werden dort alle bereits vorhandenen Normgelenke aufgelistet. Erweitert man weiterhin die einzelnen Gelenke (2) so findet man darin die jeweiligen Verbindungen oder Abhängigkeiten aus dem Baugruppenbereich, aus denen die Gelenke erstellt wurden (3). Ein Klick der rechten Maustaste darauf eröffnet das Kontextmenu, worin sie gelöscht bzw. unterdrückt werden können. Werden Verbindungen oder Abhängigkeiten gelöscht/ unterdrückt, so wird das Programm das entsprechende Gelenk automatisch anpassen.

7.9   Manuelle und automatische Simulation
7.9.1   Was ist eine Simulation

Eine Simulation kann grundsätzlich auf zwei verschiedene Arten durchgeführt werden: manuell oder automatisch. Die manuelle Simulation (Befehl: **Dynamische Bewegung**) entspricht der einfachen Bewegung des Mechanismus bei gedrückter linker Maustaste darauf, wobei alle Kräfte und Gelenke in die Berechnung des Bewegungsablaufes mit einbezogen werden. Eine automatische Beaufschlagung eines Gelenkes mit einer externen Kraft gibt es dabei nicht. Bei der automatischen Simulation (Befehl: **Simulationswiedergabe**) kann der Mechanismus nicht per Hand bewegt werden. Das Programm berechnet den exakten Bewegungsablauf des Mechanismus automatisch, wobei externe Kräfte definiert werden müssen die auf das System wirken.

7.9.2   Grundlagen: Dynamische Bauteilbewegung (manuelle Simulation)

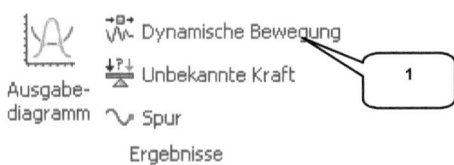

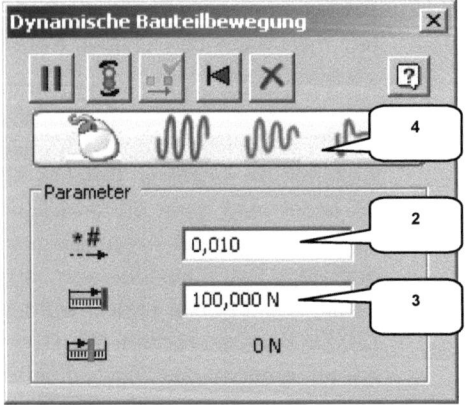

> Befehlsgruppe **Ergebnisse**
> **Dynamische Bewegung** (1)

Bei der **Dynamischen Bauteilbewegung** wird der Mechanismus durch die Bewegung der Maus bei gedrückter linker Maustaste auf ein Bauteil animiert. Die Mausbewegung simuliert hierbei eine äußere Krafteinwirkung deren Multiplikationsfaktor (2) und Maximalwert (3) zu definieren sind.

Optional kann bei dieser Simulation ohne eine Dämpfung, mit einer leichten Dämpfung oder stark gedämpft gearbeitet werden (4).

Leider reagiert das Programm auf diesen Befehl sehr sensibel, was häufig einen Programmabsturz zur Folge hat. Hier hilft dann oft nur ein Neustart des Programms. Aus diesem Grund wird in diesem Buch ausschließlich mit der automatischen Simulation gearbeitet.

7.9.3 Grundlagen: Simulationswiedergabe (automatische Simulation)

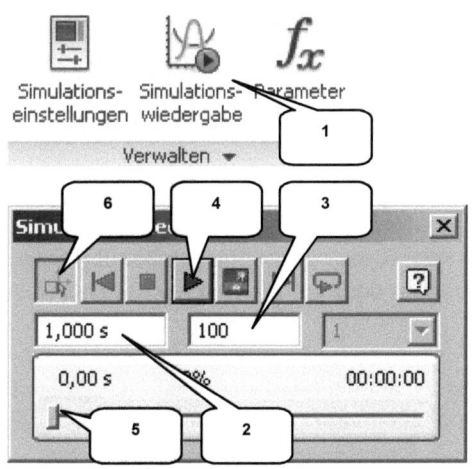

> ➤ Befehlsgruppe **Verwalten**
> 🔧 Simulationswiedergabe (1)

In der **Simulationswiedergabe** wird der gesamte Mechanismus unter Beachtung der voreingestellten Parameter (wie z. B. Reibung und Dämpfung) und unter Einwirkung äußerer Kräfte und Drehmomente (automatisch) simuliert. Die Simulationsdauer (2) und die daraus resultierende Anzahl an Bildberechnungen (3) kann frei definiert werden. Nach Simulationsstart (4) signalisiert der Schieberegler (5) den zeitlichen Verlauf. Der Konstruktionsmodus (6) beendet die Simulation.

7.9.4 Starten der ersten Simulation

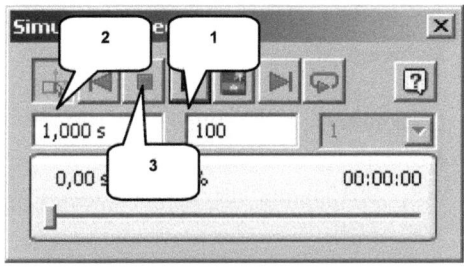

Um die erste Simulation durchführen zu können muss im Fenster **Simulationswiedergabe** die Wiedergabe gestartet werden.

> ➤ ▶ **Wiedergabe** (1)
> ➤ Simulation vollständig ablaufen lassen
> ➤ ⊞ **Konstruktionsmodus** (2)

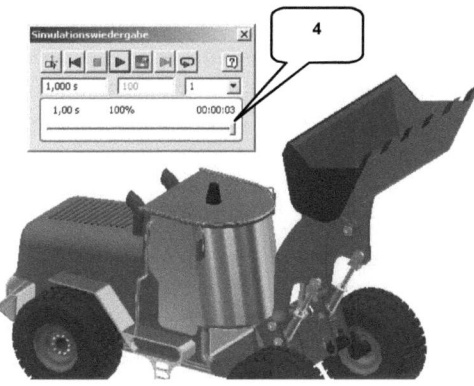

HINWEIS: Der Button ■ **Stopp** (3) beendet eine Simulation vorzeitig. Der Button ⊞ **Konstruktionsmodus** (2) lässt das Programm in den Konstruktionsbereich zurückkehren.

Leider war der Schieberegler (4) das Einzige, was sich während der Simulation bewegte: der Rest der Baugruppe **blieb starr!** Der Grund ist folgender: Eine Simulation erfordert neben einer Gelenkverbindung mindestens eine Kraft oder ein Drehmoment!

7.10 Definition der Schwerkraft
7.10.1 Die Normalfallbeschleunigung

Die einfachste Möglichkeit den gesamten Mechanismus anzutreiben, ist die Definition der Normalfallbeschleunigung, um dem Programm die Berechnung der Schwerkraft zu ermöglichen. Hierfür muss im Browser der Ordner **externe Belastungen** erweitert und die darin enthaltene **Schwerkraft** bearbeitet werden.

Weil der Radlader auf der XZ-Ebene steht muss die Normalfallbeschleunigung in negativer Richtung der Y-Achse, also lotrecht zu Ebene wirken. Hierfür ist im entsprechenden Eingabebereich der Wert der Normalfallbeschleunigung (g) in der Zeile g[Y] mit -9810 mm/s^2 festzulegen.

HINWEIS: Sollte sich die Richtung der Schwerkraft nicht definieren lassen und der gesamte Browser noch grau dargestellt sein, so befinden Sie sich unter Umständen noch im Simulationsmodus. In diesem Fall muss im Fenster der Simulationswiedergabe der Button ⬚ **Konstruktionsmodus** gewählt werden (siehe vorheriges Kapitel).

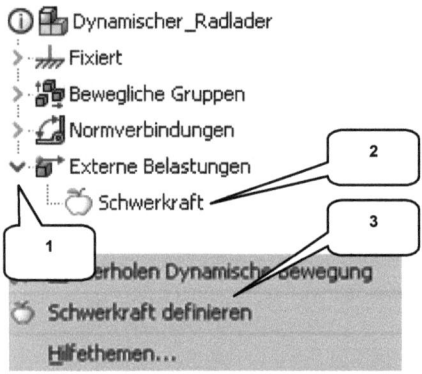

- ➢ **Externe Belastungen** erweitern (1)
- ➢ **Rechte Maustaste** auf **Schwerkraft** (2)
- ➢ **Schwerkraft definieren** (3)

- ➢ Deaktivieren: Unterdrücken (4)
- ➢ Aktivieren: Vektorkomponenten (5)
- ➢ g[Y]: -9810 mm/s^2 (6)
- ➢ ⬚ OK

⟲ **Newtons Apfel** sollte im Browser jetzt gelb dargestellt werden, was die aktive Schwerkraft symbolisiert. Ihr Richtungsvektor wird durch einen gelben Pfeil (6) dargestellt.

Die Baugruppe sollte vor dem nächsten Schritt noch einmal gespeichert werden.

💾 Speichern (Ja für alle)

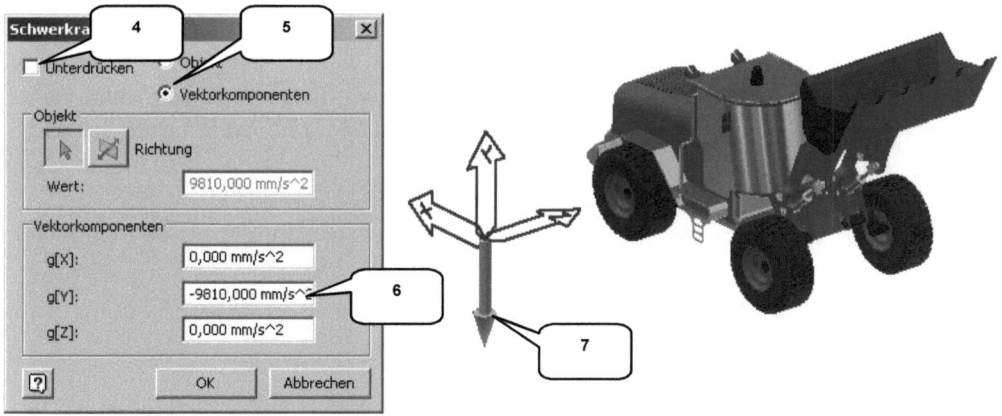

7.10.2 Ausführen und Aufzeichnen der Simulation

Bewegen Sie den Hubapparat des Radladers vor der nächsten Simulation bei gedrückter linker Maustaste leicht nach oben, um ein aussagekräftiges Ergebnis zu erreichen.

➢ Hubapparat nach oben bewegen (1)
➢ ▶ *Wiedergabe* (2)
➢ Simulation ablaufen lassen
➢ *Konstruktionsmodus* (3)

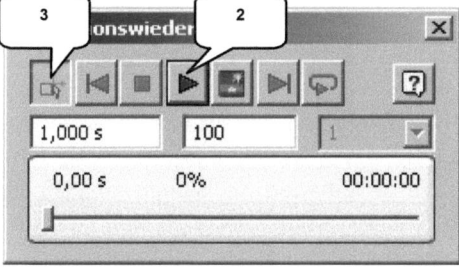

Die Schwerkraft müsste den Hubapparat während der Simulation nach unten bewegt haben, wobei allerdings alle anderen Bauteile durchschlagen wurden (4), weil das Programm Kollisionen[4] leider auch im Bereich der Dynamischen Simulation nicht automatisch erkennen kann.

---

[4] Das Programm erkennt weder im Bereich der Baugruppenmodellierung noch im Bereich der Dynamischen Simulation automatisch *Kollisionen*, wenn die hierfür benötigten Kontrollmechanismen nicht vorab definiert wurden. Im Bereich der Baugruppenmodellierung können Bewegungen begrenzt oder Kontaktsätze definiert werden: Kollisionen werden dann automatisch erkannt und Bewegungen begrenzt. Solche Möglichkeiten gibt es natürlich auch im Bereich der Dynamischen Simulation.

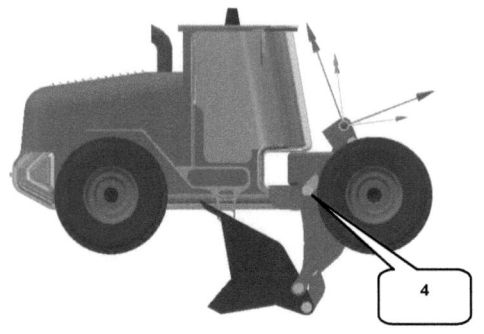

Die letzte Simulation soll noch einmal wiederholt werden um sie zusätzlich als Video zu speichern. Das ist möglich wenn vorher der Befehl *Film publizieren* gestartet wird.

🎥 **Film publizieren** (5)
➤ Dateiname: Dyn-Sim-01-Schwerkraft (6)
➤ Dateityp: *.avi
➤ Speicherort: Projektordner
➤ Speichern *Speichern*

➤ Komprimierung: Microsoft Video 1 (7)
➤ Qualität: 100 % (8)
➤ OK *OK*

➤ ▶ *Wiedergabe* (9)
➤ Simulation ablaufen lassen
➤ *Konstruktionsmodus* (10)

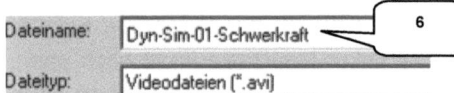

Nach der erfolgten Simulation und dem anschließenden Wechsel in den Konstruktionsmodus muss der Befehl *Film publizieren* erneut angeklickt werden (damit wird die Videoaufnahme beendet)[5].

🎥 **Film publizieren** (5)

In den folgenden Arbeitsschritten soll die Baugruppe sukzessive überarbeitet werden, um die fehlerhaften Kollisionen zu vermeiden. Hierfür ist der Bereich der Dynamischen Simulation vorerst zu verlassen.

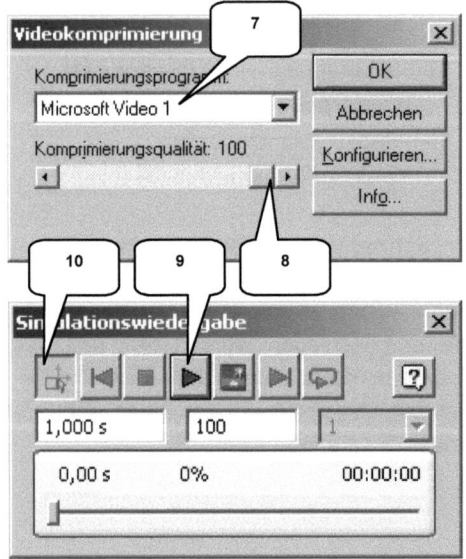

---

[5] Das Video *Dyn-Sim-01-Schwer-kraft.avi* kann jetzt im Projektordner gestartet werden, wofür ein beliebiger Video-Player benötigt wird.

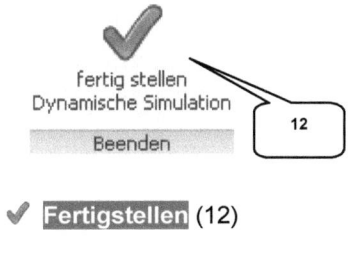

✔ **Fertigstellen** (12)

7.11   Begrenzen der Hubbewegung
7.11.1   Festlegen der Grenzwerte für die Hubbewegung

Arbeitsbereich:
Baugruppe (Zusammenfügen)

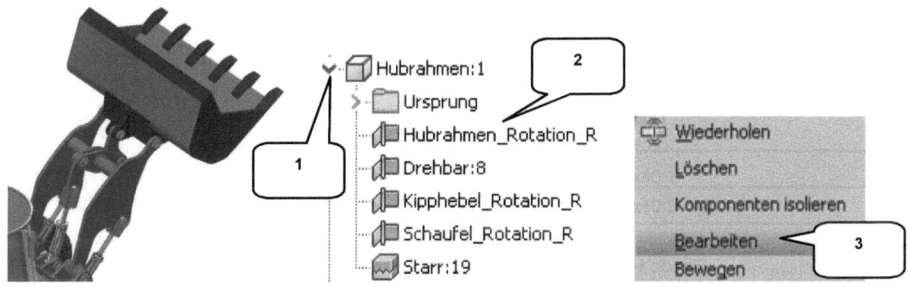

Im ersten Schritt soll der (unkontrollierte) freie Fall des Hubapparates begrenzt werden, wofür eine der vorhandenen Gelenkverbindungen zu bearbeiten ist.

Wird im Browser das Bauteil *Hubrahmen:1* erweitert, findet man darin 4 verschiedene Drehgelenke (zu erkennen am 🔲 Symbol) sowie eine starre Verbindung (🔲). Beim Klicken mit der rechten Maustaste auf das Drehgelenk *Hubrahmen_Rotation_R* erscheint ein Kontextmenu. Wird darin die Option *Bearbeiten* ausgewählt, öffnet sich das Befehlsfenster *Gelenk bearbeiten*.

➢ Bauteil *Hubrahmen:1* im Browser erweitern (1)
➢ *Rechte Maustaste* auf Drehgelenk *Hubrahmen_Rotation_R* (2)
➢ *Bearbeiten* (3)

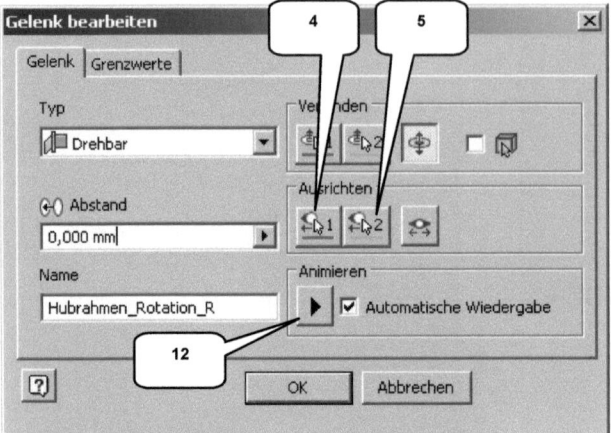

Durch die zusätzliche Definition einer Winkelbegrenzung soll die Drehbewegung des Gelenks eingeschränkt werden, was sich anschließend auch in den Bereich der Dynamischen Simulation übertragen sollte.

➢ Ausrichten 1: Fläche Hubrahmen:1 (4)
➢ Ausrichten 2: Fläche Maschinenrahmen:1 (5)

Im Register *Grenzwerte* kann jetzt der Winkel definiert werden:

➢ Register *Grenzwerte* (6)
➢ Aktivieren: Start (7)
➢ Startwinkel: 60 ° (8)
➢ Aktueller Winkel: 123 ° (9)
➢ Aktivieren: Ende (10)
➢ Endwinkel: 123 ° (11)
➢ ⟨ OK ⟩ *OK*

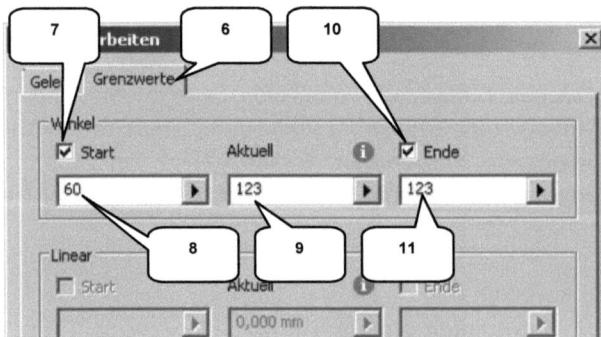

Die Begrenzung der Drehbewegung wird im Browser durch ein **+/- Symbol** (12) gekennzeichnet und ist dadurch leicht zu erkennen. Das Hubsystem kann jetzt bei gedrückter linker Maustaste nach oben gezogen werden, bis die in Abbildung (13) dargestellte Position erreicht wurde. Die Baugruppe ist erneut zu speichern.

 Speichern

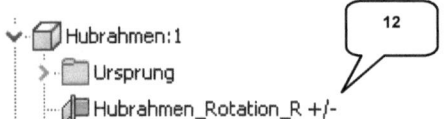

HINWEIS: Sollte das Programm das Setzen der letzten Winkelbegrenzung nicht akzeptieren, so hilft es manchmal, den Befehl zu beenden, die Position des Hubsystems leicht zu verändern und den Befehl zu wiederholen. Leider reagiert das Programm bei solchen Arbeitsschritten teilweise etwas sensibel.

7.11.2 Ausführen und Aufzeichnen der Simulation

Arbeitsbereich:
Dynamische Simulation

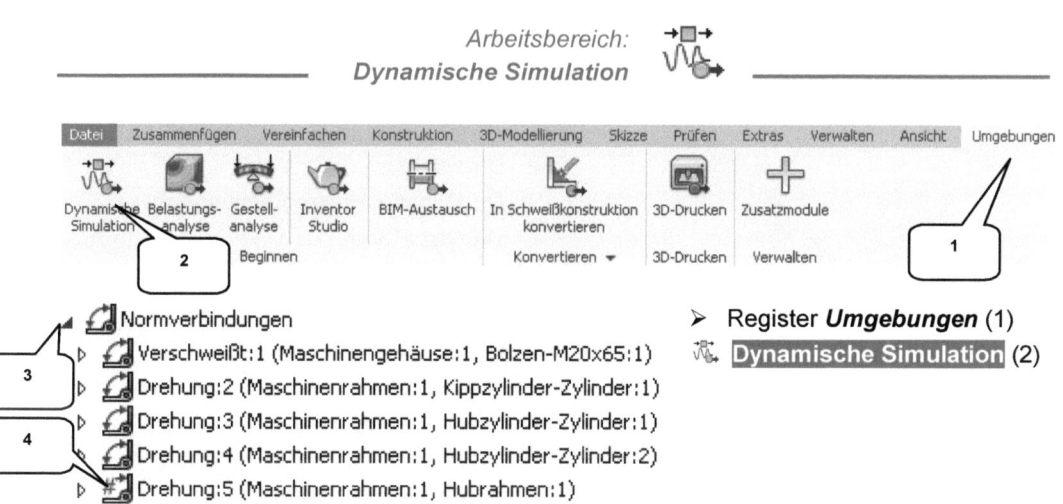

> Register **Umgebungen** (1)
> **Dynamische Simulation** (2)

Ob die Bearbeitung des Drehgelenks auch in den Bereich der Dynamischen Simulation übernommen wurde sollte überprüft werden.

Hierfür ist im Browser der Ordner **Normverbindungen** zu erweitern um darin das Drehgelenk zwischen den Bauteilen Maschinenrahmen:1 und Hubrahmen:1 (3) zu lokalisieren. Achten Sie dabei einfach auf ein **Drehgelenk** mit einem **#** Raute-Symbol.

Klicken Sie mit der rechten Maustaste darauf und wählen Sie im Kontextmenu die **Eigenschaften**. Wechseln Sie darin ins Register **Freiheitsgrad** und kontrollieren Sie in den Anfangsbedingungen die Grenzwerte (60° bis 123°). Schließen Sie das Befehlsfenster anschließend und überprüfen Sie die Auswirkungen der neuen Einstellungen auf den Mechanismus mit einer weiteren Simulation.

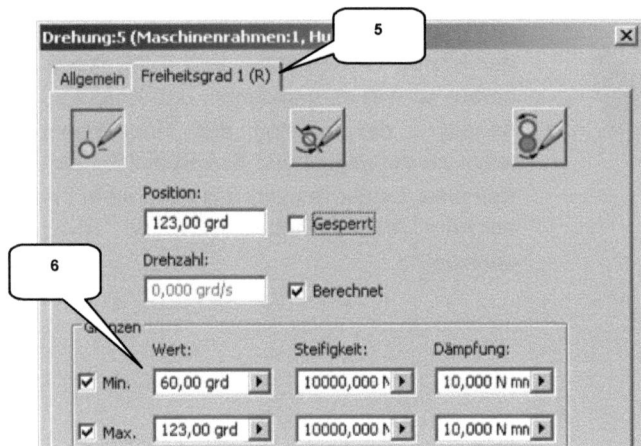

> Ordner **Normverbindungen** erweitern (3)
> **Rechte Maustaste** auf Drehgelenk der Bauteile Maschinenrahmen:1 und Hubrahmen:1 (4)
> Register: Eigenschaften (5)
> Grenzwerte kontrollieren (6)
> ok **OK**

Sollten die Grenzwerte überein-stimmen (Min.: 60°, Max.: 123°), kann simuliert werden.

👥 **Film publizieren**
> Dateiname: Dyn-Sim-02-Hubbegrenzung (3)
> Dateityp: *.avi
> Speichern **Speichern**

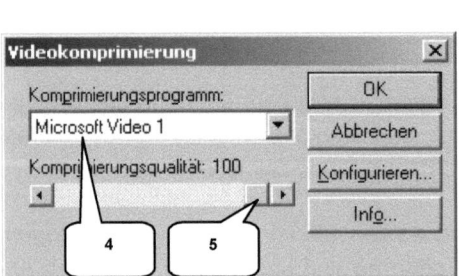

> Komprimierung: Microsoft Video 1 (4)
> Qualität: 100 % (5)
> ok **OK**

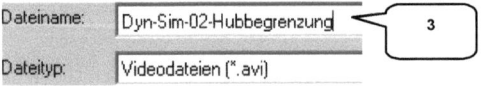

> ▶ **Wiedergabe** (6)
> Simulation ablaufen lassen
> 🗗 **Konstruktionsmodus** (7)
👥 **Film publizieren**

Das Hubsystem fällt und schlägt hart auf, sobald der Grenzwert des Drehwinkels er-reicht wurde[6].

---

[6] In seltenen Fällen kann es dazu kommen, dass die Baugruppe (oder Teile davon) während der Simulation unkoordi-niert und scheinbar unbefestigt durch die Gegend wandern. In diesem Fall sollte die Baugruppe gespeichert, geschlos-sen, erneut geöffnet und simuliert werden. Der Arbeitsspeicher des Computers ist in diesem Fall überlastet.

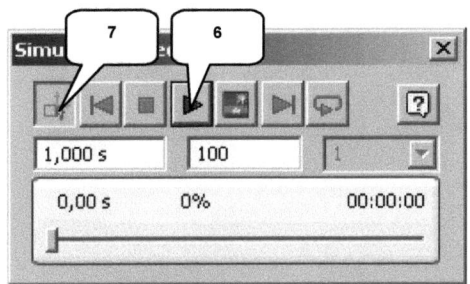

Eine Kollision zwischen Hubrahmen und Maschinenrahmen findet nicht mehr statt, nur die Schaufel schwingt noch frei und schlägt dabei ggf. durch die angrenzenden Bauteile hindurch. Um auch die Schaufel in ihrer Bewegung zu begrenzen und damit weitere Kollisionen zu vermeiden, könnte entweder das Drehgelenk der Schaufel mit

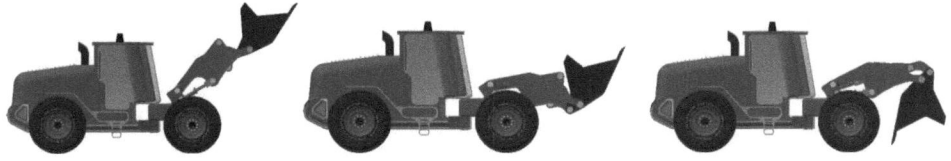

Grenzwerten versehen werden (wie in der letzten Übung), oder es wird ein *3D-Kontakt* platziert. Vorher sollten allerdings einige Grundlagen zum Thema *Gelenkverbindungen* erläutert werden.

7.12 Begrenzen der Kippbewegung
7.12.1 Grundlagen: 3D-Kontakt

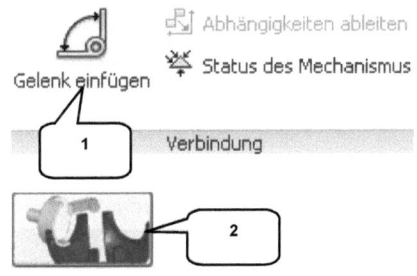

> Befehlsgruppe *Verbindung*
> Gelenk einfügen (1)
> Auswahl: 3D-Kontakt (2)

Der *3D-Kontakt* ermöglicht es Kollisionen zwischen zwei Bauteilen zu erkennen und den Bewegungsablauf bei Kontakt zu stoppen. Er gleicht damit dem *Kontaktsatz* im Baugruppenbereich.

7.12.2 Einfügen eines 3D-Kontaktes

Betrachtet man den Bewegungsapparat, so stellt man fest, dass die Schaufel über verschiedene Bauteile mit dem Kippzylinder verbunden ist. Die unkontrollierte Schwingung der Schaufel hat unter anderem zur Folge, dass der Kolben des Kippzylinders ungebremst in den Zylinder eintaucht. Würde man also diese beiden Bauteile bei Kontakt stoppen, so überträgt sich das letztendlich auch auf die Bewegung der Schaufel.

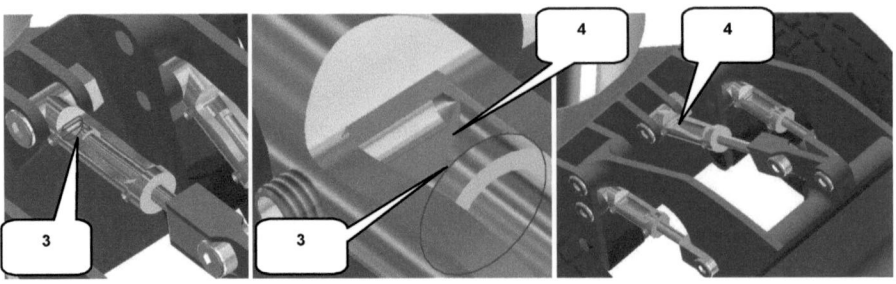

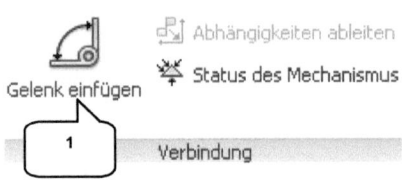

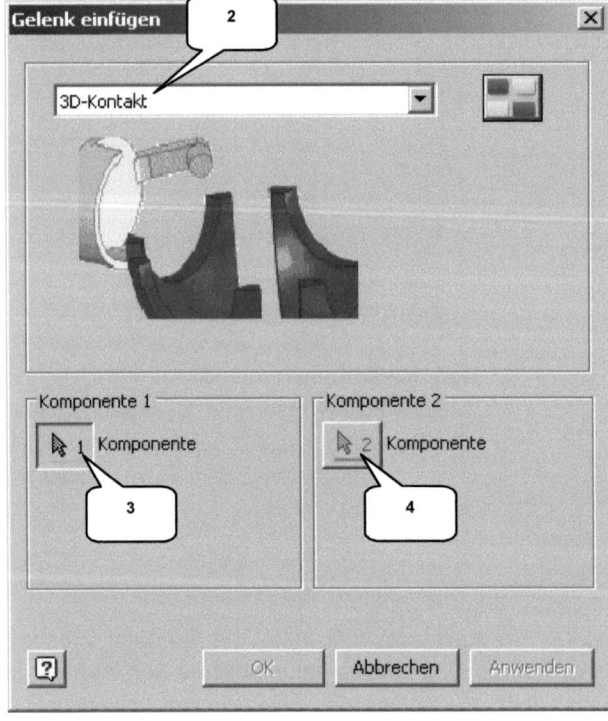

Kolben und Zylinder des Kippzylinders sollen jetzt also mit einer zusätzlichen Gelenkverbindung - einem *3D-Kontakt* - versehen werden. Der Zylinder wurde zu diesem Zweck an der oberen Seite präpariert, so dass der Blick in dessen Innenbereich und damit auch auf den Kolben darin frei ist. Als Referenzen auszuwählen sind die jeweiligen runden Kanten von Kolben und Zylinder.

🔲 Gelenk einfügen (1)
- Auswahl: 3D-Kontakt (2)
- Komponente 1:
  Bohrungskante[7]
  Kippzylinder-Kolben:1 (3)
- Komponente 2:
  Zylinderkante
  Kippzylinder-Zylinder:1 (4)
- ⬚ OK *OK*

🔲 Speichern

---

[7] Es sind die jeweiligen Zylinderkanten auszuwählen, nicht die Flächen von Kolben und Zylinder.

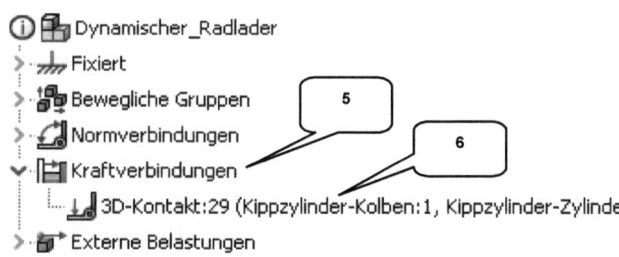

Der Browser erweitert sich jetzt um den neuen Ordner **Kraftverbindungen** (5). Darin enthalten ist der soeben erstellte **3D-Kontakt**[8] (6).

7.12.3 Ausführen und Aufzeichnen der Simulation

Eine Simulation soll zeigen ob der 3D-Kontakt das gewünschte Ergebnis erzielen kann.

🖳 **Film publizieren**
➢ Dateiname:
  Dyn-Sim-03-Kippbegrenzung (1)
➢ Dateityp: *.avi
➢ Speichern **Speichern**

➢ Komprimierung: Microsoft Video 1
➢ Qualität: 100 %
➢ OK **OK**

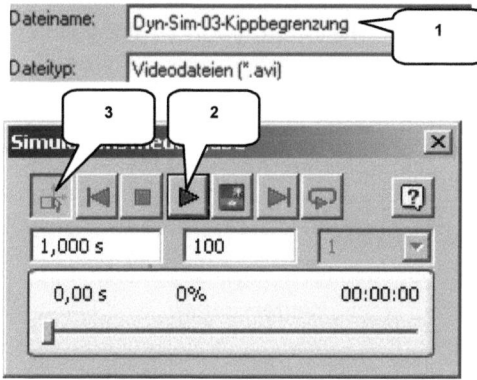

➢ ▶ **Wiedergabe** (2)
➢ Simulation ablaufen lassen
➢ **Konstruktionsmodus** (3)
🖳 **Film publizieren**

Hubsystem und Schaufel fallen während der Simulation ungebremst nach unten, bis beide Hubrahmen den maximalen Winkel erreicht haben. Auch die Schaufel schwingt jetzt nicht mehr völlig frei, sondern wird in ihrer Bewe-

---

[8] Gelenkverbindungen werden automatisch nummeriert (z. B. 3D-Kontakt:**29**). Diese Nummerierung kann von den Abbildungen hier im Buch abweichen, was allerdings keine Rolle spielt. Wichtig ist nur die korrekte Bauteilkonstellation. Die Bauteile werden in Klammern hinter der Gelenkverbindung angegeben (z. B. Kippzylinder-Kolben:1, Kippzylinder-Zylinder:1). Ihre Reihenfolge spielt dabei ebenfalls keine Rolle.

gung begrenzt. Zusätzlich soll die Abwärtsbewegung verlangsamt werden, um das harte Aufschlagen des Hubapparates beim Erreichen des maximalen Winkels zu dämpfen. Das Programm bietet entsprechende Möglichkeiten in den **Eigenschaften** vorhandener Gelenkverbindungen.

7.13 Dämpfen der Hub- und Kippbewegungen
7.13.1 Dämpfen der Hubzylinder

Die Dämpfung des Hubapparates soll über die Bearbeitung der zylindrischen Gelenkverbindungen beider Hubzylinder sowie des Kippzylinders erreicht werden.

Da sich die Suche nach der richtigen Gelenkverbindung als schwierig erweisen könnte (im Ordner Normverbindungen sind bereits einige Verbindungen enthalten), soll sie über eine **Suchoption** im Kontextmenü der rechten Maustaste lokalisiert werden.

➢ **Rechte Maustaste** auf
  Dynamischer_Radlader (1)
➢ **Suchen** (2)
➢ Objekttyp: Gelenke (3)
➢ Suchbegriff: Hubzylinder-Kolben:1 (4)
➢ [Weitersuchen] **Weitersuchen**

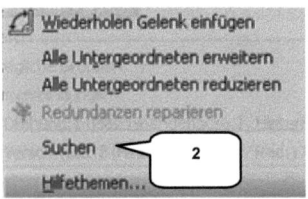

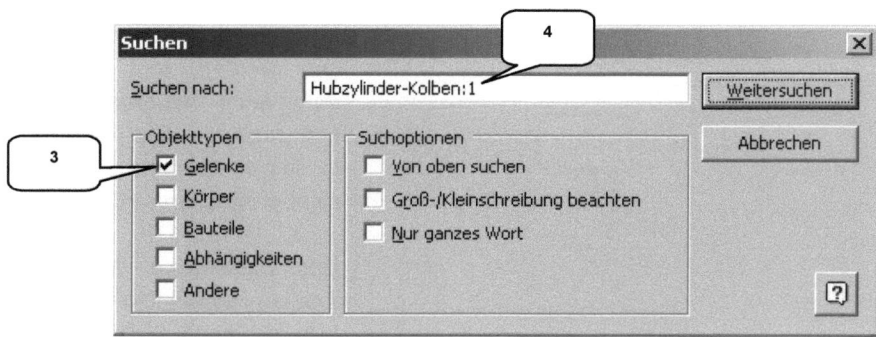

Das Programm wird jetzt im Browser nach und nach alle Gelenkverbindungen markieren, in denen das gesuchte Bauteil enthalten ist. Jetzt muss so oft auf den Button ［Weitersuchen］ **Weitersuchen** geklickt werden, bis die folgende Gelenkverbindung markiert wird:

> *Zylindrisch (Hubzylinder-Zylinder:1, Hubzylinder-Kolben:1)* (6)

Wurde die Gelenkverbindung lokalisiert, kann das Befehlsfenster *Suchen* wieder geschlossen werden. Um die gesuchte Gelenkverbindung zu bearbeiten, muss mit der rechten Maustaste im Browser darauf geklickt und im Kontextmenü die Option *Eigenschaften* ausgewählt werden. Wechselt man im neu geöffneten Befehlsfenster in das Register *Freiheitsgrad (T)*, so kann im Bereich der *Gelenkkraft* eine Dämpfung (z. B. 1 Ns/mm) festgelegt werden, welche den Bewegungsablauf verlangsamen wird.

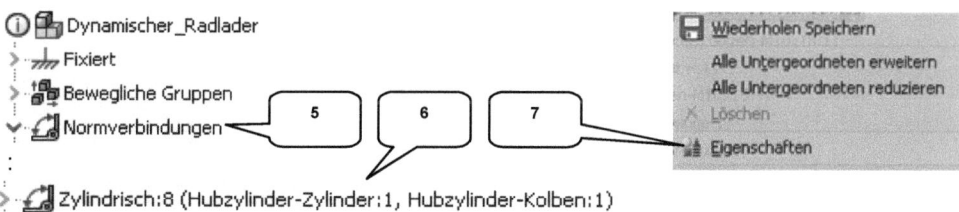

> *Normverbindungen* erweitern (5)
> *Rechte Maustaste* auf zylindrische Gelenkverbindung der Bauteile *Hubzylinder-Kolben:1, Hubzylinder-Zylinder:1* (6)
> *Eigenschaften* (7)

> Register *Freiheitsgrad (T)* (8)
> Gelenkkraft bearbeiten (9)
> Gelenkkraft aktivieren (10)
> Dämpfung: 1 N s/mm (11)
> ［ OK ］ *OK*

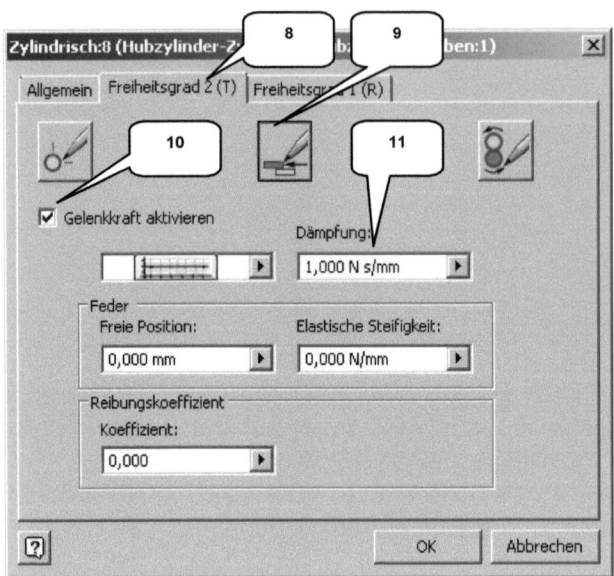

Modifizierte Gelenkverbindungen werden vom Programm durch ein **# *Rautensymbol*** gekennzeichnet, was im Browser in das vorhandene 🗗 Gelenksymbol integriert wird.

Das zylindrische Gelenk des zweiten Hubzylinders soll ebenfalls gedämpft werden. Lokalisieren Sie dafür das zylindrische Gelenk zwischen den Bauteilen ***Hubzylinder-Zylinder:2*** und ***Hubzylinder-Kolben:2***.

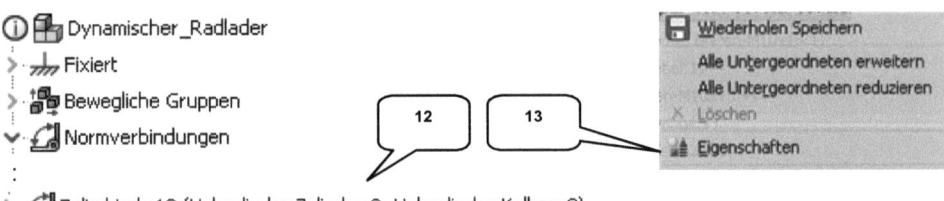

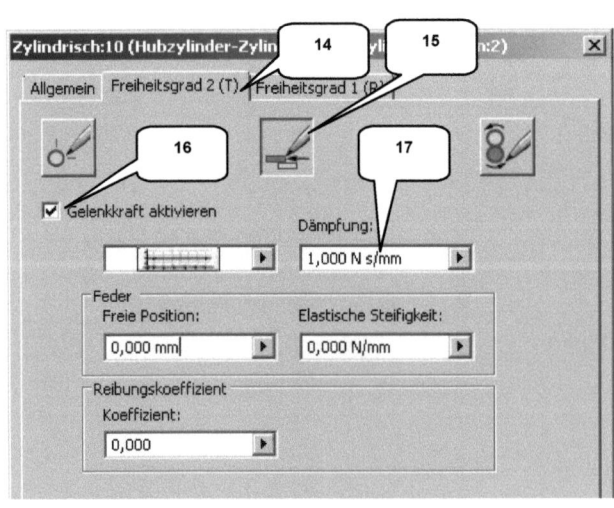

- ➤ ***Rechte Maustaste*** auf die zylindrische Gelenkverbindung der Bauteile ***Hubzylinder-Zylinder:2, Hubzylinder-Kolben:2*** (12)
- ➤ ***Eigenschaften*** (13)
- ➤ Register ***Freiheitsgrad*** (T) (14)
- ➤ Gelenkkraft bearbeiten (15)
- ➤ Gelenkkraft aktivieren (16)
- ➤ Dämpfung: 1 N s/mm (17)
- ➤ ▭ *OK*

7.13.2 Dämpfen des Kippzylinders

Nach den Hubzylindern soll jetzt auch der Kippzylinder gedämpft werden, wofür auch die Eigenschaften dieser zylindrischen Gelenkverbindung zu bearbeiten sind.

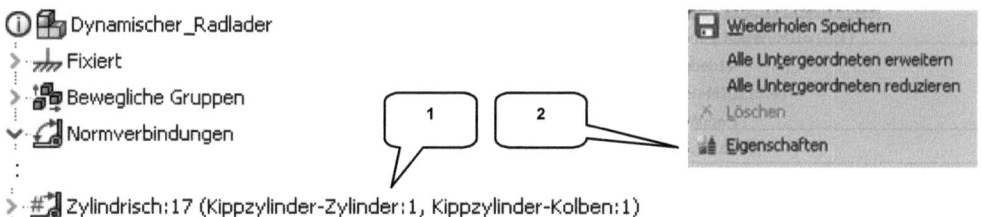

> ➤ **Rechte Maustaste** auf zylindrische Gelenkverbindung der Bauteile
> **Kippzylinder-Zylinder:1, Kippzylinder-Kolben:1** (1)
> ➤ **Eigenschaften** (2)

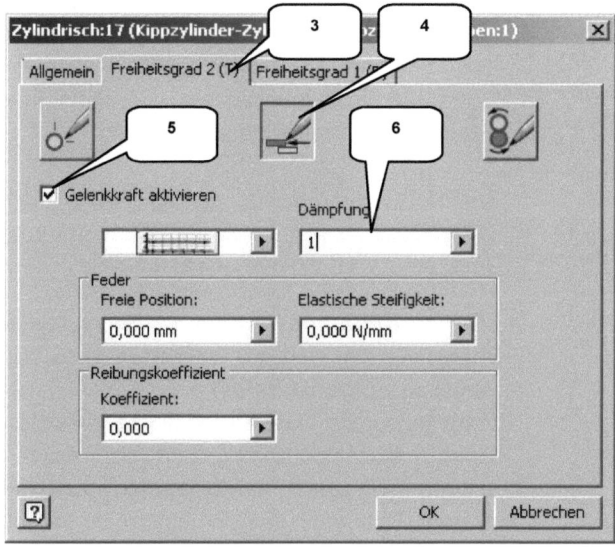

> ➤ Register **Freiheitsgrad** (T) (3)
> ➤ Gelenkkraft bearbeiten (4)
> ➤ Gelenkkraft aktivieren (5)
> ➤ Dämpfung: 1 N s/mm (6)
> ➤ ⬛ᴏᴷ **OK**
>
> 🖫 **Speichern**

7.13.3 Ausführen und Aufzeichnen der Simulation

Eine neue Simulation soll zeigen, ob die geänderten Einstellungen im Bereich der Dämpfung der drei zylindrischen Gelenkverbindungen ein zufriedenstellendes Ergebnis zur Folge haben.

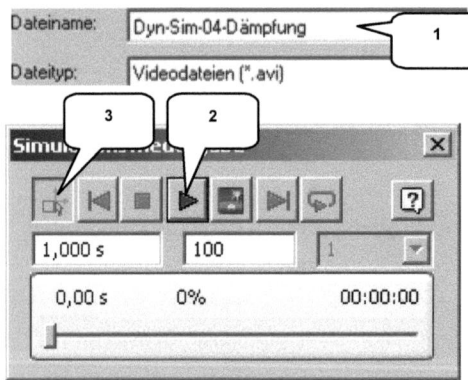

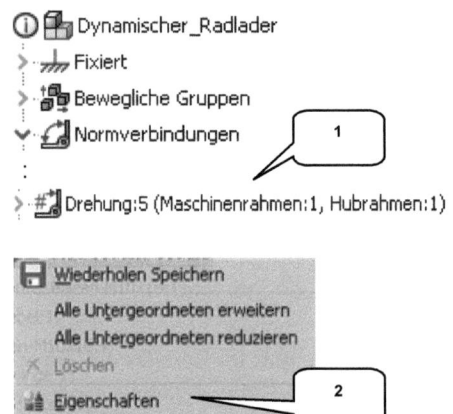

Film publizieren

> Dateiname:
  Dyn-Sim-04-Dämpfung (1)
> Dateityp: *.avi
> ☐Speichern☐ *Speichern*

> Komprimierung: Microsoft Video 1
> Qualität: 100 %
> ☐ OK ☐ *OK*

> ▶ *Wiedergabe* (2)
> Simulation ablaufen lassen
> ☐ *Konstruktionsmodus* (3)

Film publizieren

Der gesamte Hubapparat bewegt sich jetzt wesentlich langsamer nach unten und auch die Schaufel dreht sich nur noch langsam um ihre Rotationsachse: Die Dämpfung zeigt also ihre gewünschte Wirkung.

7.14 Definition der Reibungskoeffizienten
7.14.1 Drehgelenke mit Reibungskoeffizient und Reibradius versehen

Sollen *Reibungsverluste* in Simulationen berücksichtigt werden, so können auch diese in den *Eigenschaften* eines Gelenks hinterlegt werden. Die Drehgelenke zwischen dem Maschinenrahmen und den beiden Hubrahmen sind in der folgenden Übung mit einem Reibungskoeffizienten zu versehen, wodurch die Abwärtsbewegung des Hubapparates weiter verlangsamt werden soll. Neben dem Reibungskoeffizienten muss zusätzlich der Reibradius definiert werden, denn aus beiden Werten berechnet das Programm die Reibungsverluste.

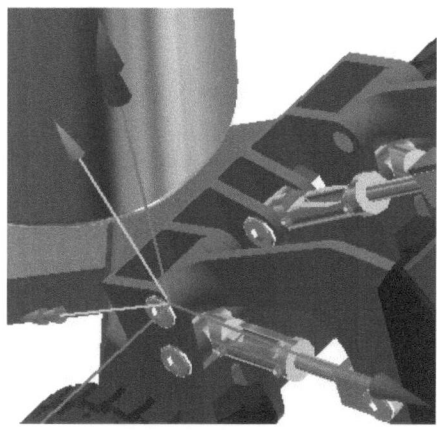

➢ **Rechte Maustaste** auf das Drehgelenk der Bauteile **Maschinenrahmen:1, Hubrahmen:1** (1)
➢ **Eigenschaften** (2)

Als Reibungskoeffizienten ist der Wert 0,1 einzutragen und als Reibradius der Wert 5 mm (er resultiert aus dem Durchmesser des Gewindebolzens D = 10 mm). Das Drehgelenk zwischen den Bauteilen Maschinenrahmen:1 und Hubrahmen:2 ist danach ebenfalls zu bearbeiten.

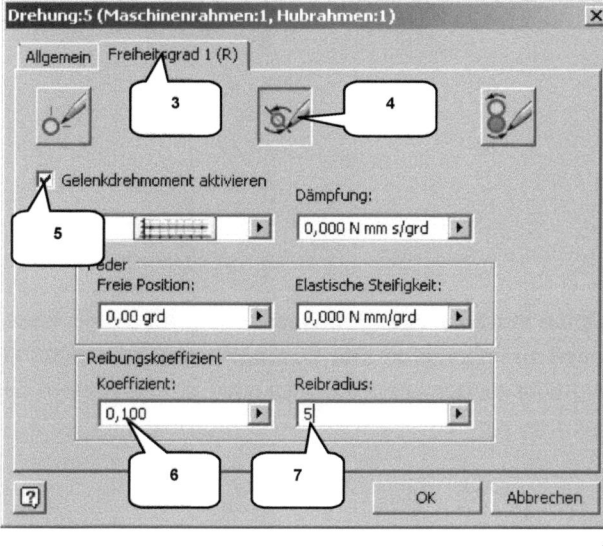

➢ Register **Freiheitsgrad** (R) (3)
➢ Gelenkdrehmoment bearbeiten (4)
➢ Gelenkdrehmoment aktivieren (5)
➢ Reibungskoeffizient: 0,1 (6)
➢ Reibradius: 5 mm (7)
➢ ▭ **OK**

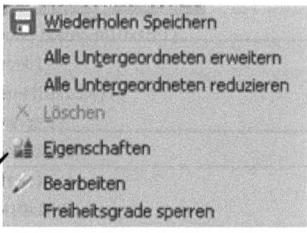

➢ **Rechte Maustaste** auf zylindrische Gelenkverbindung der Bauteile **Maschinenrahmen:1, Hubrahmen:2** (8)
➢ **Eigenschaften** (9)

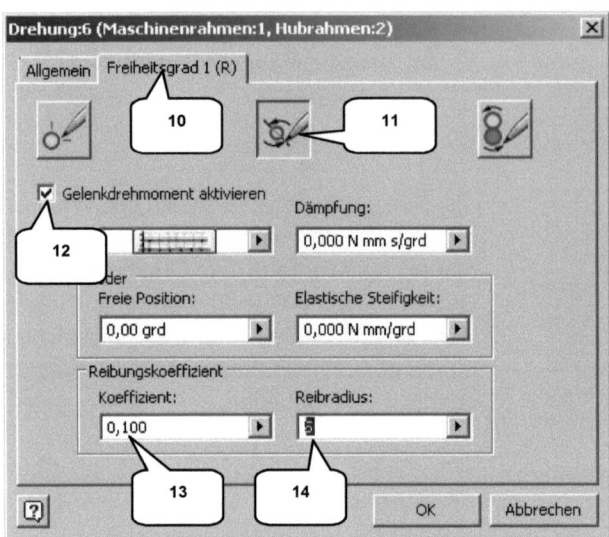

- ➢ Register **Freiheitsgrad** (R) (10)
- ➢ Gelenkdrehmoment bearbeiten (11)
- ➢ Gelenkdrehmoment aktivieren (12)
- ➢ Reibungskoeffizient: 0,1 (13)
- ➢ Reibradius: 5 mm (14)
- ➢ ok **OK**

🖫 Speichern

7.15 Die Bodenplatte
7.15.1 Platzieren und Ausrichten der Bodenplatte

Arbeitsbereich:
Baugruppe (Zusammenfügen)

Der Bereich der Dynamischen Simulation muss kurzfristig verlassen werden[9], um ein neues Bauteil (**Bodenplatte**) in die Baugruppe zu importieren. Die Bodenplatte soll unterhalb des Radladers abgelegt und anschließend über tangentiale Abhängigkeiten zu den Rädern des Radladers befestigt werden (3).

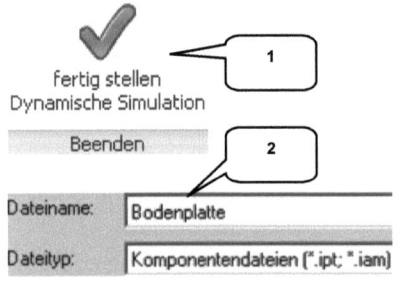

✔ Fertigstellen (1)

📷 Komponente platzieren
- ➢ Dateiname: Bodenplatte (2)
- ➢ Dateityp: *.ipt
- ➢ Öffnen **Öffnen**
- ➢ Bauteil 1x frei ablegen
- ➢ Taste: **ESC**

---

[9] Das Verlassen des Bereiches der Dynamischen Simulation ist nicht zwingend erforderlich, um z. B. weitere Bauteile in eine Baugruppe einzufügen. Bei grundlegenden Arbeiten an einer Baugruppe ist es jedoch empfehlenswert, um den Arbeitsspeicher nicht zu stark zu belasten und dem Programm beim Eintritt in den Bereich der Dynamischen Simulation eine Neuberechnung der Variablen zu ermöglichen.

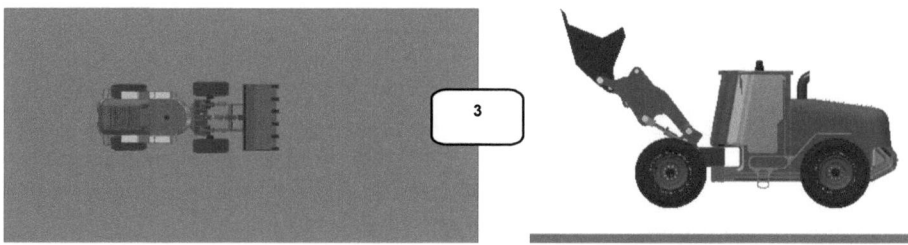

7.15.2 Ausrichten der Bodenplatte am Radlader

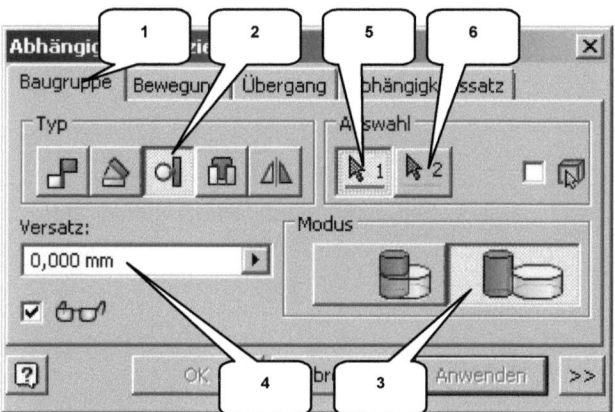

Zur tangentialen Ausrichtung der Bodenplatte an den Rädern des Radladers ist der Befehl **Abhängig machen** zu verwenden. Beginnen Sie mit einem Rad der Vorderachse.

⌐ **Abhängig machen**
- ➢ Register **Baugruppe** (1)
- ➢ Typ: Tangential (2)
- ➢ Modus: Außerhalb (3)
- ➢ Versatz: 0 mm (4)
- ➢ Auswahl 1: Oberfläche Bodenplatte (5)
- ➢ Auswahl 2: Lauffläche Rad[10] (6)
- ➢ Anwenden **Anwenden**

Platzieren Sie anschließend eine weitere tangentiale Abhängigkeit zwischen der Bodenplatte und einem Rad der Hinterachse.

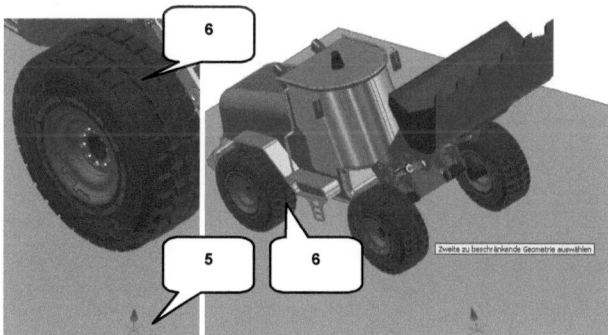

---

[10] An den Rädern befindet sich in der Mitte der Lauffläche jeweils eine durchgängige zylindrische Fläche (6), welche als Referenz für die tangentiale Abhängigkeit zu verwenden ist.

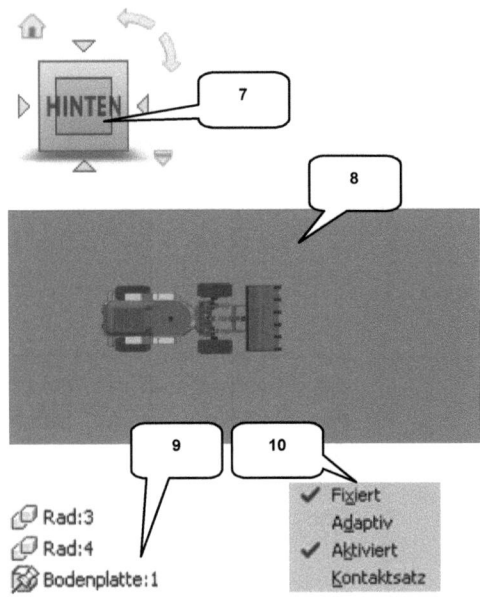

Bevor die Bodenplatte fixiert werden kann sollte sie am Radlader ausgerichtet werden. Hierfür ist am *ViewCube* die Ansicht *HINTEN* zu wählen, um die Bodenplatte danach bei gedrückter linker Maustaste (siehe nebenstehende Abbildung) zu positionieren.

> *ViewCube-Ansicht: HINTEN* (7)
> Bodenplatte ausrichten (8)

> *Rechte Maustaste* auf *Bodenplatte* (9)
> *Fixiert* (10)

🖫 Speichern (Ja für alle)

> ⬛ OK *OK* (geändertes Datenformat)

7.15.3 Ausführen und Aufzeichnen der Simulation

Natürlich sollten die Auswirkungen der zuletzt erfolgt Einstellungen in den Gelenken (Reibung) und auch das Verhalten des Hubapparates im Zusammenspiel mit der neu eingefügten Bodenplatte analysiert werden. Wechseln Sie dafür in den Bereich der Dynamischen Simulation und ändern Sie zur besseren Ansicht die Ausrichtung der Baugruppe am *ViewCube* in die Ansicht *UNTEN*.

Arbeitsbereich:
Dynamische Simulation

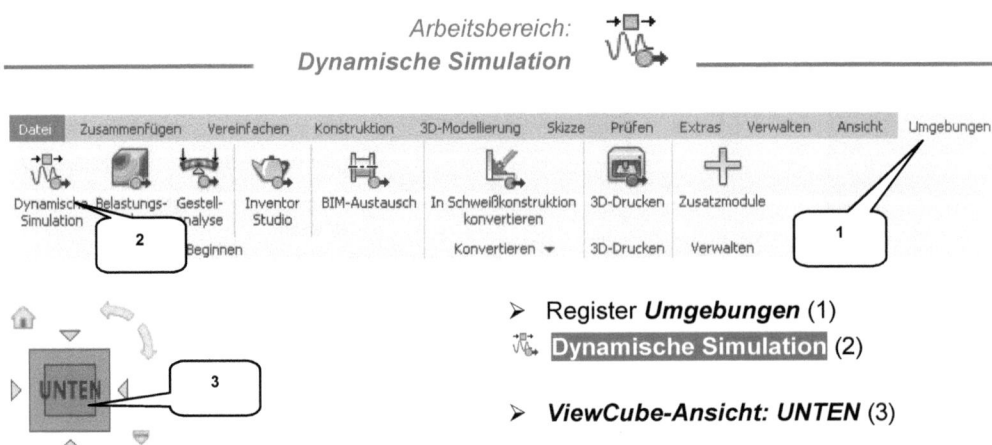

> Register *Umgebungen* (1)
> 🐾 Dynamische Simulation (2)

> *ViewCube-Ansicht: UNTEN* (3)

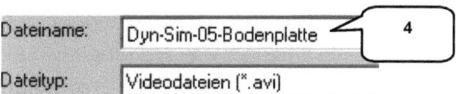

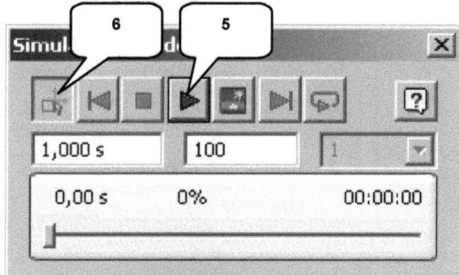

🎞 **Film publizieren**

➢ Dateiname:

Dyn-Sim-05-Bodenplatte (4)

➢ Dateityp: *.avi

➢ [Speichern] *Speichern*

➢ Komprimierung: Microsoft Video 1

➢ Qualität: 100 %

➢ [OK] *OK*

➢ ▶ *Wiedergabe* (5)

➢ Simulation ablaufen lassen

➢ 📹 *Konstruktionsmodus* (6)

🎞 **Film publizieren**

Die Abwärtsbewegung des Hubapparates verläuft jetzt noch etwas langsamer und entspricht dem gewünschten Resultat. Allerdings gibt es ein neues Problem: die Schaufel des Radladers kollidiert mit der Bodenplatte. Um dieses Problem zu beheben, könnten z. B. eine Bewegungsbegrenzung oder ein 3D-Kontakt platziert werden. Aber es gibt auch noch weitere Möglichkeiten: z. B. die Platzierung eines *2D-Kontaktes*.

7.16 2D-Kontakt zwischen Schaufel und Bodenplatte erzeugen
7.16.1 Grundlagen: 2D-Kontakt

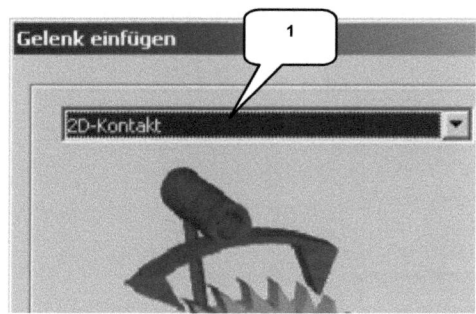

Auch *2D-Kontakte* (1) sollen Kollisionen zwischen zwei Bauteilen vermeiden. Allerdings funktioniert das nur, wenn dafür die Seitenflächen zweier Bauteile als Referenzen ausgewählt werden, die planparallel zueinander angeordnet sind.

7.16.2 Platzieren des 2D-Kontaktes

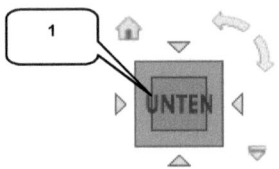

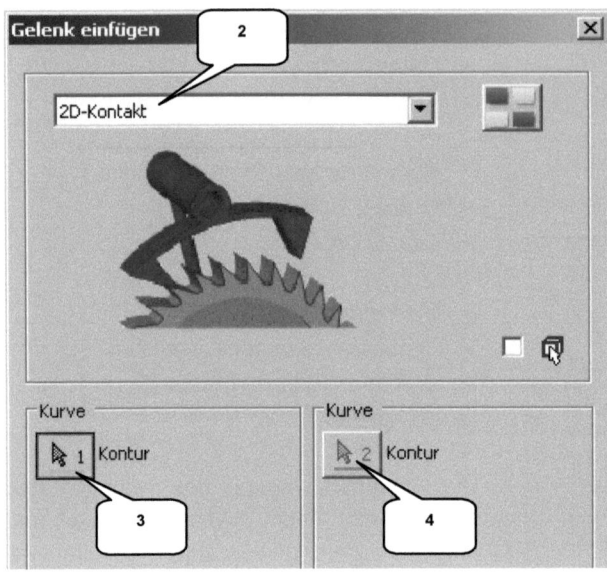

Der folgende Arbeitsschritt wird nur funktionieren, wenn die Seitenflächen von Bodenplatte und Schaufel parallel zueinander liegen (es sollte bereits so eingestellt sein). Ansonsten müsste die Ausrichtung korrigiert werden.

➢ **ViewCube-Ansicht:**
   UNTEN (1)

◿ Gelenk einfügen
➢ Auswahl: 2D-Kontakt (2)
➢ Komponente 1: Seitenfläche der Schaufel (3)
➢ Komponente 2: Seitenfläche[11] der Bodenplatte (4)
➢ ⎯OK⎯ **OK**

🖫 Speichern

Im Browser wird der neue Ordner **Kontaktgelenke** (5) erstellt, worin der **2D-Kontakt** zu finden ist.

---

[11] Es ist die schmale Seitenfläche der Bodenplatte zu wählen! Nicht ihre Ober- oder Unterseite.

7.16.3 Ausführen und Aufzeichnen der Simulation

Ob der 2D-Kontakt in der Lage ist, die Kollision zwischen Schaufel und Bodenplatte zu vermeiden, soll in einer Simulation überprüft werden.

🎥 **Film publizieren**
- ➤ Dateiname: Dyn-Sim-06-2D-Kontakt (1)
- ➤ Dateityp: *.avi
- ➤ 🗔 Speichern **Speichern**

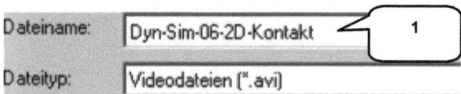

- ➤ Komprimierung: Microsoft Video 1
- ➤ Qualität: 100 %
- ➤ 🗔 OK **OK**

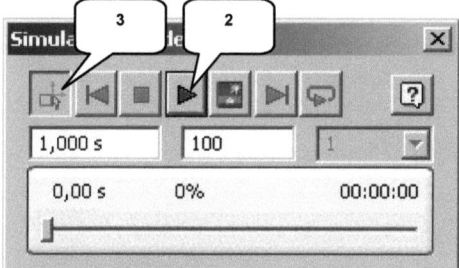

- ➤ ▶ **Wiedergabe** (2)
- ➤ Simulation ablaufen lassen
- ➤ 🗔 **Konstruktionsmodus** (3)

🎥 **Film publizieren**

Verläuft alles nach Plan, so sollte sich der gesamte Hubapparat langsam nach unten bewegen, bis die Schaufel die Bodenplatte berührt (4). Bereits kurz davor verlangsamt sich die Bewegung, weil das Programm jetzt einen erhöhten Rechenaufwand leisten muss. Die Spitze der Schaufel trifft auf die Bodenplatte und das Gewicht des gesamten Hubapparates drückt den restlichen Teil der Schaufel weiter nach unten. Ein Eindringen der Schaufel in die Bodenplatte allerdings wird erfolgreich verhindert.

7.17 Einfügen eines Feder-Dämpfer-Systems
7.17.1 Grundlagen: Feder/ Dämpfung/ Buchse

Der Radlader soll weiterhin mit zwei Feder-Dämpfer-Systemen versehen werden, welche die beiden Radbolzen im vorderen Bereich des Fahrzeugs mit dem Maschinenrahmen verbinden. Hierfür kann die Gelenkverbindung **Feder/ Dämpfung/ Buchse** (1) verwendet werden, was die folgenden verschiedenen Gelenktypen beinhaltet:

Typ	Parameter	
Spiralfeder	Steifigkeit, freie Länge, Dämpfung, Abmessungen	
Feder	Steifigkeit, freie Länge, Dämpfung, Abmessungen	
Federdämpfung	Steifigkeit, freie Länge, Dämpfung, Abmessungen	
Dämpfung	Dämpfung, Abmessungen	
Buchse	Kraft, Abmessungen	

Zur Platzierung des Gelenks sind zuerst die Referenzen zweier Bauteile auszuwählen, wobei nur runde Flächen oder Kanten genutzt werden können, denn neben der Basisfläche muss das Programm auch den Mittelpunkt bestimmen können. Nach der Auswahl der Referenzen werden der gewünschte Typ und die Parameter in den Eigenschaften des Gelenks definiert. Wie in der oberen Tabelle zu sehen ist, beinhaltet jeder Gelenktyp unterschiedliche Parameter, welche sich während der Simulation auch unterschiedlich auf den Mechanismus auswirken.

Übernehmen Sie die beschriebene Vorgehensweise und platzieren Sie jetzt zwei Federsysteme an der Vorderachse des Radladers.

7.17.2   Platzieren des Federsystems an der Vorderachse

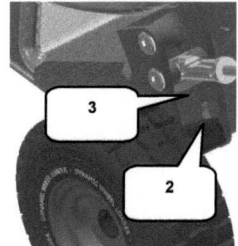 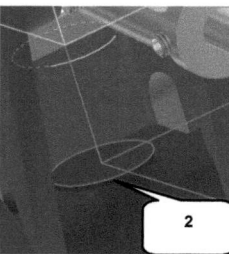 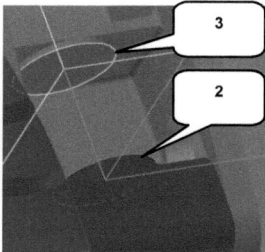 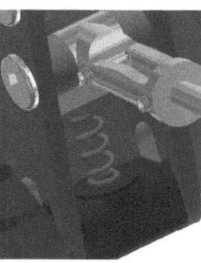

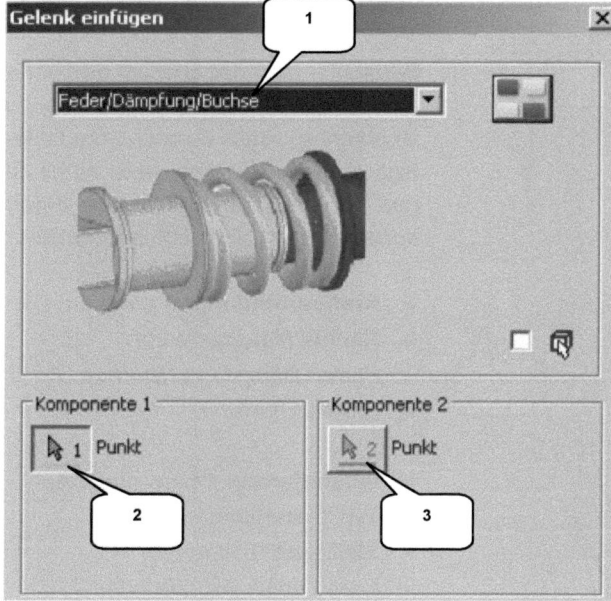

Der erste Federdämpfer soll zwischen den Bauteilen **Rad-Bolzen-VR:1** und **Maschinenrahmen:1** platziert werden, wobei die jeweiligen Zylinderkanten als Referenzen auszuwählen sind.

◢ **Gelenk einfügen**

➢ Auswahl: Feder/ Dämpfung/ Buchse (1)
➢ Komponente 1: Zylinderkante Rad-Bolzen-VR:1 (2)
➢ Komponente 2: Zylinderkante Maschinenrahmen:1 (3)
➢ Anwenden **Anwenden**

War die Übung erfolgreich, so müsste im Ordner **Kraftverbindungen** (4) das neue **Federgelenk** (5) bereits angezeigt werden. Es besteht derzeit noch aus einer einfachen Spiralfeder, welche einen eher symbolischen Charakter trägt.

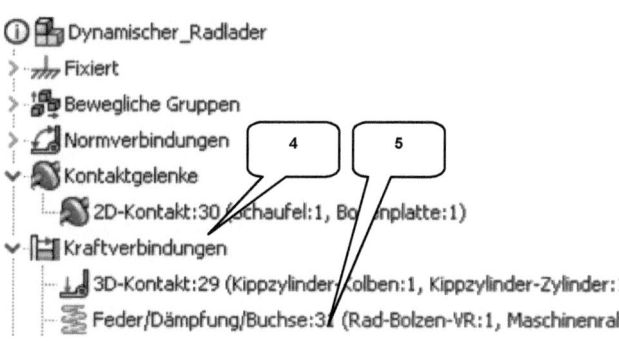

 **Speichern**

7.17.3 Bearbeiten des Federsystems

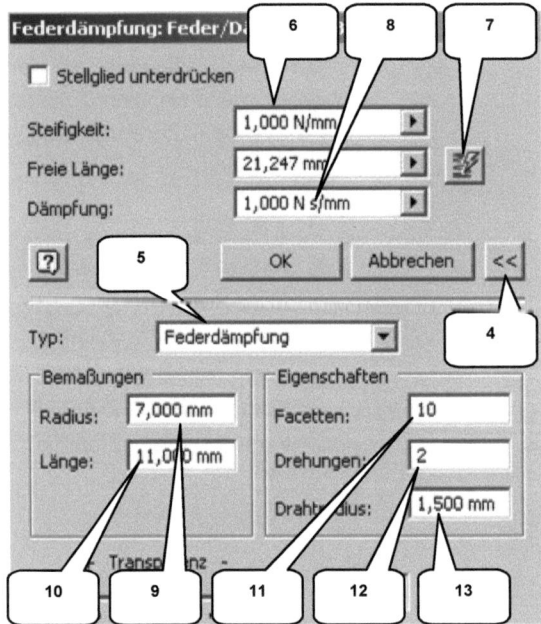

Betrachtet man das Symbol der ≋ **Feder** im Browser etwas genauer, so ist zu erkennen, dass es noch grau hinterlegt ist. Das Programm weist damit darauf hin, dass die eigentlichen **Eigenschaften** noch nicht definiert wurden.

➤ **Kraftverbindungen** erweitern (1)
➤ **Rechte Maustaste** auf **Feder/ Dämpfung/ Buchse** (2)
➤ **Eigenschaften** (3)

➤ Befehlsfenster **>>** erweitern (4)
➤ Typ: Federdämpfung (5)
➤ Steifigkeit: 1 N/mm (6)
➤ Freie Länge: Aktualisieren (7)
➤ Dämpfung: 1 N s/mm (8)
➤ Radius: 7 mm (9)
➤ Länge: 11 mm (10)
➤ Facetten: 10 (11)
➤ Drehungen: 2 (12)
➤ Drahtradius: 1,5 mm (13)
➤ ⬜ **OK**

➤ 🖫 **Speichern**

Dasselbe Federsystem sollte jetzt auch auf der linken Seite des Radladers (zwischen den Bauteilen **Maschinenrahmen:1** und **Rad-Bolzen-VL:1**) platziert werden, wobei dieselben Eigenschaften zu verwenden sind. Speichern und schließen Sie die Baugruppe danach.

HINWEIS: Werden **Feder-Dämpfer-Systeme** dynamisch beansprucht, dann werden ihre physikalischen Eigenschaften (Steifigkeit, Dämpfung, freie Länge) in die Simulation mit einbezogen. Die Eingabewerte in den Bereichen Bemaßungen und Eigenschaften haben hingegen keinen Einfluss auf die Berechnungsergebnisse: sie dienen nur der Darstellung.

🖫 Speichern
✕ Baugruppe schließen

7.18 Schraubverbindungen
7.18.1 Öffnen einer neuen Baugruppe

Arbeitsbereich:
Baugruppe (Zusammenfügen)

Sollen in einer Baugruppe Schraubverbindungen mit einer kombinierten Axial- und Rotationsbewegung simuliert werden, dann bietet das Programm dafür das Gelenk **Schraubverbindung**. Zur Darstellung der Möglichkeiten dieses Gelenks soll eine vereinfachte Baugruppe geöffnet werden.

📂 Öffnen
➢ Dateiname: BG_Schraubverbindung (1)
➢ Dateityp: *.iam
➢ [Öffnen ▾] **Öffnen**

Dateiname:	BG_Schraubverbindung
Dateityp:	Autodesk Inventor-Dateien [*.iam;*.ipt;*.ipn;*

Der darin enthaltene vereinfachte Radlader enthält eine noch nicht befestigte Sechskantmutter. Sie soll jetzt in Vorbereitung auf die Übungen im Bereich der Dynamischen Simulation mit zwei Abhängigkeiten versehen werden: einer axialen Abhängigkeit und einer Flächenabhängigkeit.

7.18.2 Positionieren der Sechskantmutter

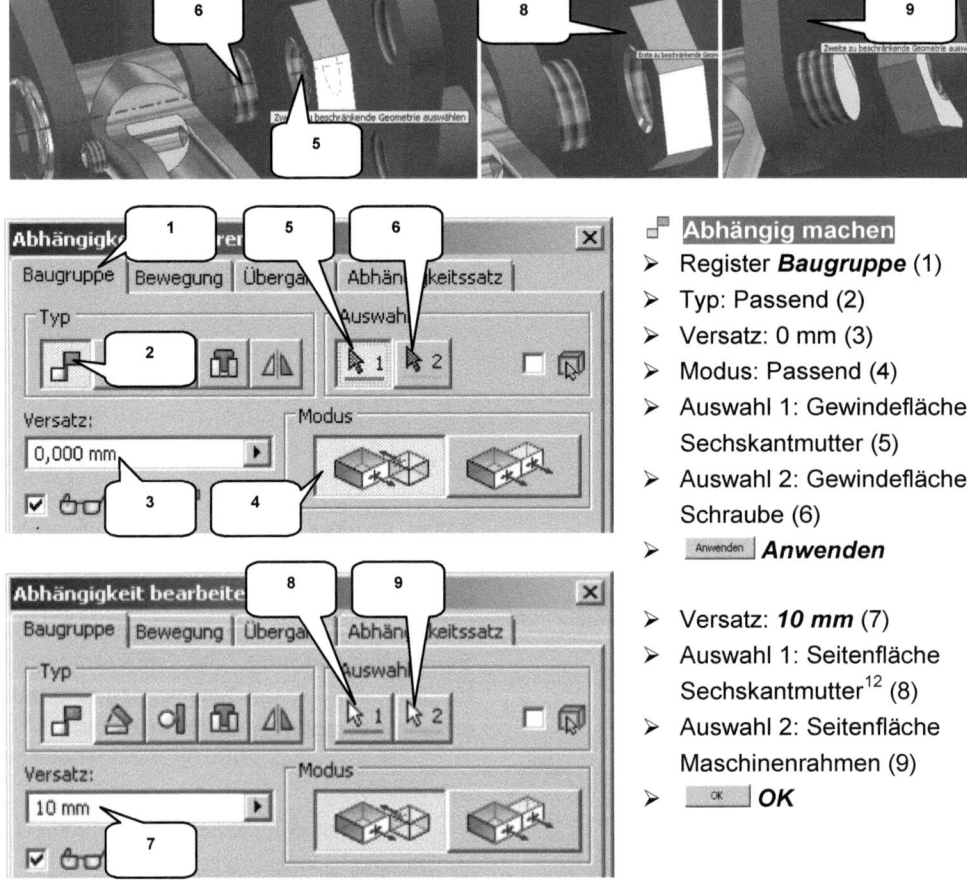

Abhängig machen
- Register **Baugruppe** (1)
- Typ: Passend (2)
- Versatz: 0 mm (3)
- Modus: Passend (4)
- Auswahl 1: Gewindefläche Sechskantmutter (5)
- Auswahl 2: Gewindefläche Schraube (6)
- Anwenden *Anwenden*

- Versatz: *10 mm* (7)
- Auswahl 1: Seitenfläche Sechskantmutter[12] (8)
- Auswahl 2: Seitenfläche Maschinenrahmen (9)
- OK *OK*

Die zuletzt erzeugte Flächenabhängigkeit muss direkt nach dem Setzen wieder deaktiviert werden (sie diente lediglich zur Positionierung der Sechskantmutter und darf für die folgenden Arbeitsschritte nicht weiter aktiviert bleiben). Anschließend ist darauf zu achten, dass die Sechskantmutter nicht mehr bewegt wird!

---

[12] Sollte sich das Setzen der zweiten (Flächen-) Abhängigkeit als schwierig erweisen, weil die Sechskantmutter nach dem Setzen der ersten (axialen) Abhängigkeit möglicherweise zu dicht am Maschinenrahmen angeordnet wurde, so müsste die Sechskantmutter vorher manuell etwas davon entfernt werden (der Befehl muss in diesem Fall unterbrochen werden, um die Sechskantmutter etwas zu verschieben).

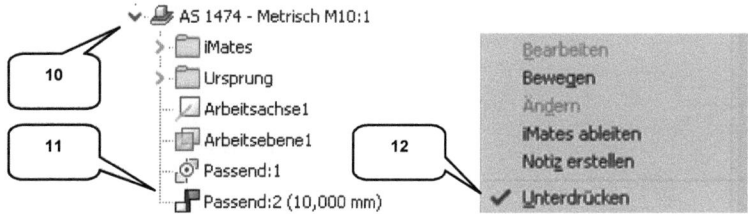

> *Sechskantmutter AS 1474 - Metrisch M10:1* erweitern (10)
> *Rechte Maustaste* auf Abhängigkeit *Passend:2* (11)
> Option: *Unterdrücken* (12)

🖫 Speichern

7.18.3 Grundlagen: Schraubgelenk

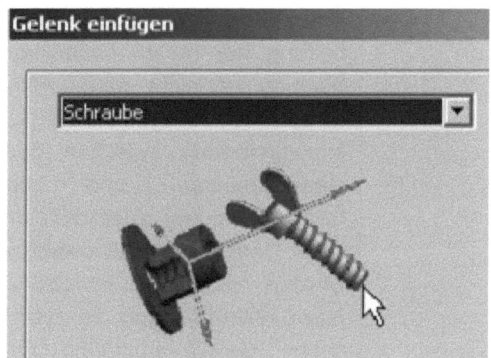

Der Bewegungsablauf einer Schraube die in eine Gewindebohrung geschraubt wird, oder einer Sechskantmutter die auf ein Gewinde geschraubt wird, ist eine kombinierte Bewegung, bestehend aus einer translatorischen und einer rotatorischen Bewegung. Im Bereich der Dynamischen Simulation gibt es speziell zur Darstellung solcher Bewegungsabläufe ein Gelenk *Schraube*.

7.18.4 Einfügen einer Schraubverbindung

Nachdem die Sechskantmutter in Position gebracht wurde, sind jetzt im Bereich der *Dynamischen Simulation* ein *Schraubgelenk* zu definieren und die Referenzen (Bohrungs- und Zylinderkanten) sowie die Steigung festzulegen.

Arbeitsbereich:
Dynamische Simulation

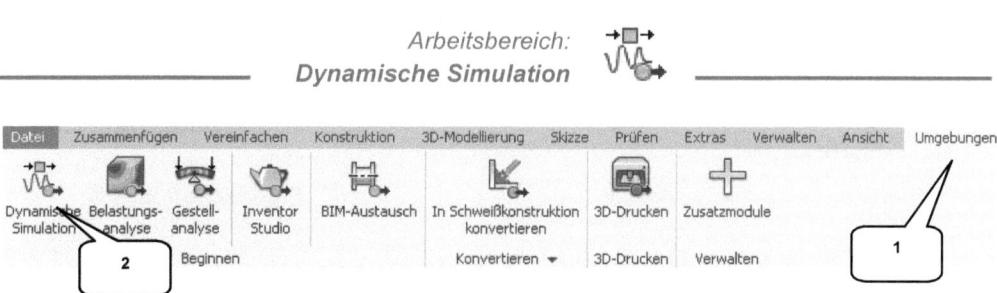

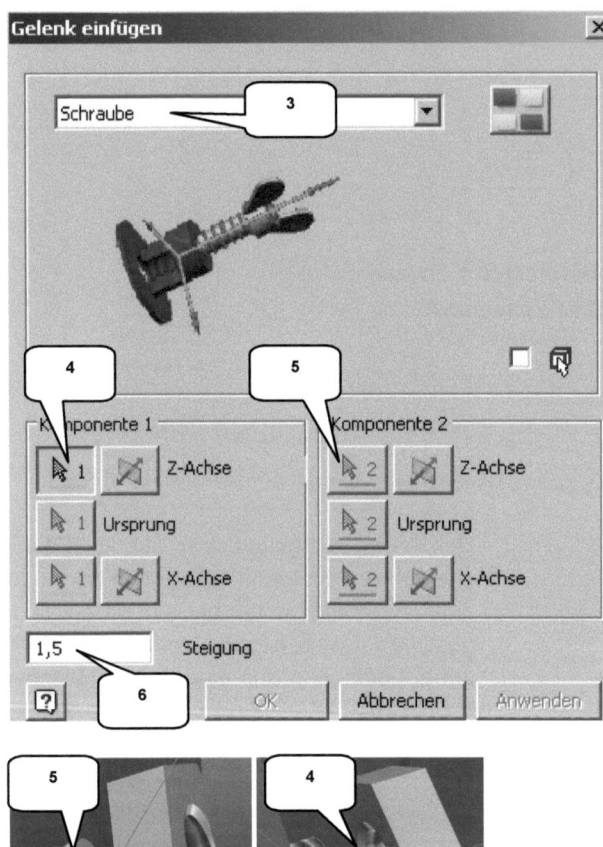

Register *Umgebungen* (1)
🜨 Dynamische Simul. (2)

⌀ Gelenk einfügen
➤ Auswahl: Schraube (3)
➤ Z-Achse 1: Bohrungskante
   Sechskantmutter (4)
➤ Z-Achse 2: Zylinderkante
   Gewindebolzen (5)
➤ Steigung: 1,5 mm (6)
➤ ⬚ OK *OK*

Im Browser wird der neue Ordner *Rollverbindungen* (7) erzeugt, der die *Schraubverbindung* (8) beinhaltet. Eine Bearbeitung der neuen Gelenkverbindung ist nicht nötig. Allerdings muss die zylindrische Gelenkverbindung zwischen dem
Gewindebolzen und der
Sechskantmutter zusätzlich mit
einer Geschwindigkeit versehen
werden. Hierfür ist im Ordner
Normverbindungen die zylindrische Gelenkverbindung zwischen dem Bolzen und der
Sechskantmutter zu lokalisieren
und zu bearbeiten.

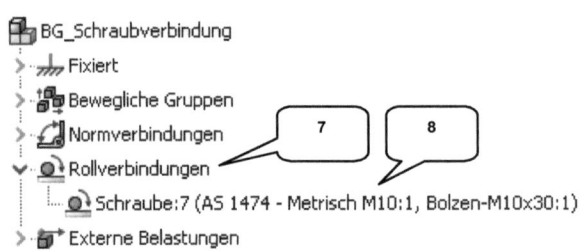

➤ *Normverbindungen*
   erweitern (9)
➤ *Rechte Maustaste* auf
   zylindrisches Gelenk der
   Bauteile *AS 1474 - Metrisch
   M10:1, Bolzen-M10x30:1*
   (10)
➤ *Eigenschaften* (11)

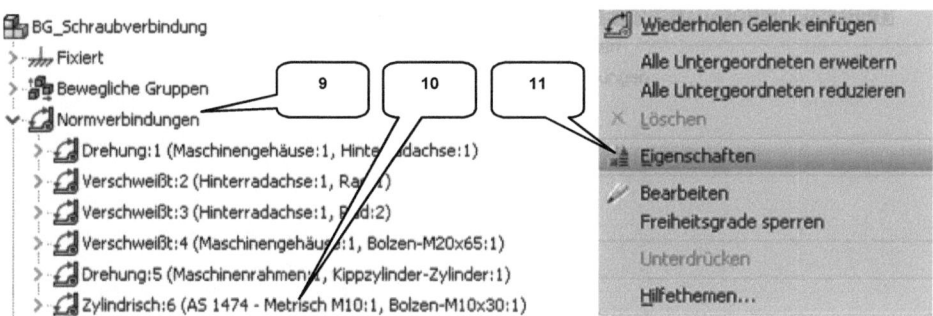

In den Eigenschaften des zylindrischen Gelenks ist das Register **Freiheitsgrad** (R) zu öffnen. Um die Bewegung der Sechskantmutter, analog des Abstandes zwischen Sechskantmutter und Maschinenrahmen und der Steigung des Gewindes gestalten zu können, sollte die folgende Überlegung angestellt werden: Der Abstand zwischen Maschinenrahmen und Sechskantmutter beträgt 10 mm und Bolzen sowie Sechskantmutter sind mit einem metrisches Gewinde M10 mit der Steigung 1,5 mm versehen worden. Die Sechskantmutter muss sich also insgesamt 10 / 1,5 Mal drehen um die 10 mm Entfernung in einer Sekunde zu überwinden. Die resultierende Winkelgeschwindigkeit berechnet sich demzufolge aus dem Produkt (360 ° x 10) / 1,5 was bei einer Simulationsdauer von einer Sekunde einer **Winkelgeschwindigkeit** von **2400 Grad/ Sekunde** entspricht.

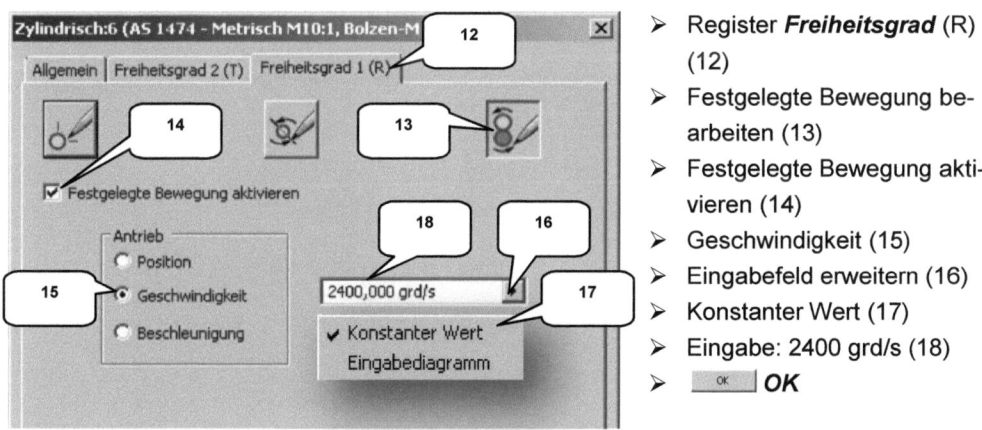

> Register **Freiheitsgrad** (R) (12)
> Festgelegte Bewegung bearbeiten (13)
> Festgelegte Bewegung aktivieren (14)
> Geschwindigkeit (15)
> Eingabefeld erweitern (16)
> Konstanter Wert (17)
> Eingabe: 2400 grd/s (18)
> `OK` **OK**

7.18.5 Ausführen und Aufzeichnen der Simulation

Mit einer weiteren Simulation soll überprüft werden, ob die Einstellungen der Gelenke zu einem sinnvollen Ergebnis führen und die Sechskantmutter passend auf den Bolzen geschraubt wird.

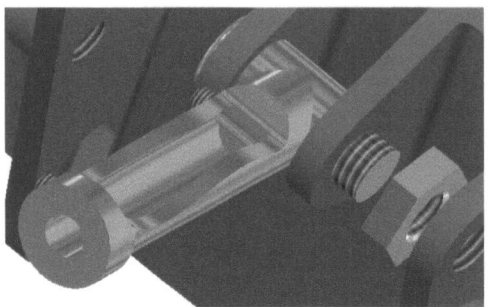

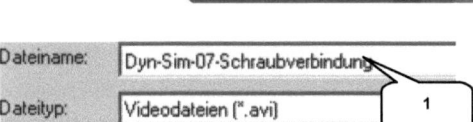

📽 **Film publizieren**
➢ Dateiname: Dyn-Sim-07-
  Schraubverbindung (1)
➢ Dateityp: *.avi
➢ [Speichern] *Speichern*

➢ Komprimierung: Microsoft Video 1
➢ Qualität: 100 %
➢ [OK] *OK*

➢ ▶ *Wiedergabe* (2)
➢ Simulation ablaufen lassen
➢ 🖫 *Konstruktionsmodus* (3)
📽 **Film publizieren**

Verlief alles nach Plan, so sollte sich die Sechskantmutter rotierend in Richtung des Ma-schinenrahmens bewegen und diesen am Ende der Simulation erreicht haben. Sollte sich die Sechskantmutter in die entgegengesetzte Richtung bewegen, so müssten die Eigen-schaften der zylindrischen Gelenkverbindung erneut bearbeitet werden, um den Wert der Winkelgeschwindigkeit zu negieren (-2400 grd/s).

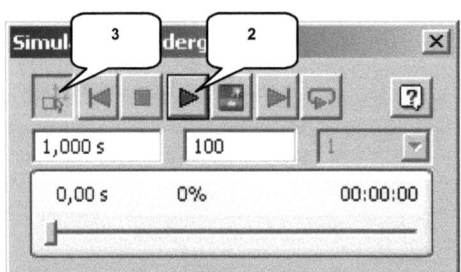

Die Baugruppe kann jetzt gespeichert und anschließend bereits wieder geschlossen werden.

🖫 **Speichern**
✔ **Fertigstellen**

✖ **Baugruppe schließen**

7.19 Rollbewegung eines Rades
7.19.1 Öffnen der Baugruppe

Arbeitsbereich:
_____ *Baugruppe (Zusammenfügen)* _____

Für die nächste Übung wird eine andere, bereits vorhandene Baugruppe benötigt, welche jetzt zu öffnen ist.

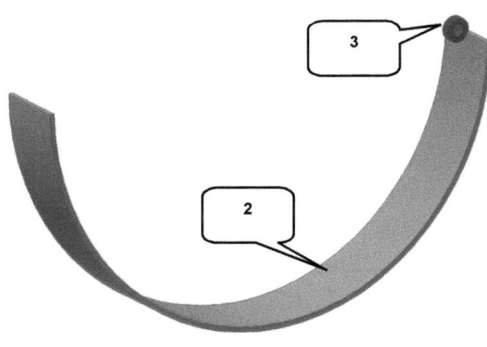

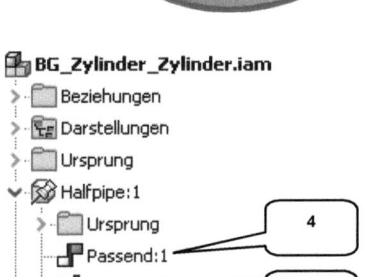

➢ Dateiname: BG_Zylinder_Zylinder (1)
➢ Dateityp: *.iam
➢ [Öffnen ▾] **Öffnen**

Darin befinden sich lediglich 2 Komponenten: eine Halfpipe (2) und ein Rad (3). Die Halfpipe wurde am Koordinatenursprung platziert und fixiert. Das Rad wurde an der XY-Ebene der Baugruppe angeordnet (4) und verfügt weiterhin über eine tangentiale Abhängigkeit zur Halfpipe (5). Wird das Rad jetzt im Baugruppenbereich bei gedrückter linker Maustaste nach unten bewegt, so folgt es dem Verlauf der Halfpipe. Wechseln Sie jetzt in den Bereich der Dynamischen Simulation, um darin eine realistische Rollbewegung des Rades entlang der Halfpipe zu erzeugen.

7.19.2 Ausführen und Aufzeichnen der Simulation

Arbeitsbereich:
Dynamische Simulation

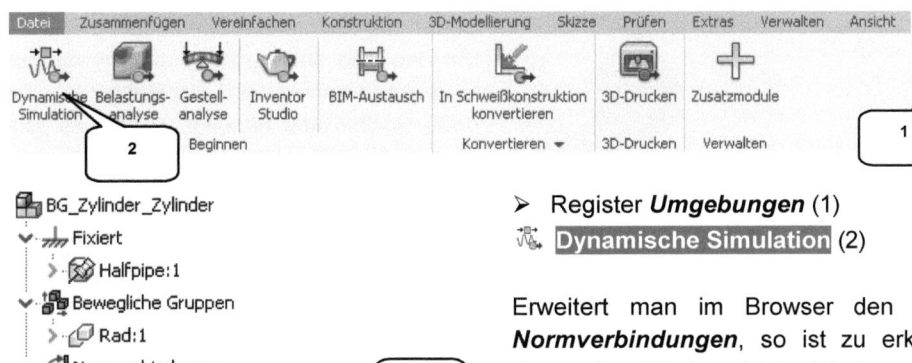

➢ Register **Umgebungen** (1)
🔧 **Dynamische Simulation** (2)

Erweitert man im Browser den Ordner **Normverbindungen**, so ist zu erkennen, dass die Flächenabhängigkeit zwischen dem Rad und der XY-Ebene in die Gelenkverbindung **Eben** (3) konvertiert wurde. Die tangentiale Abhängigkeit zwischen Rad und Halfpipe hingegen existiert nicht mehr.

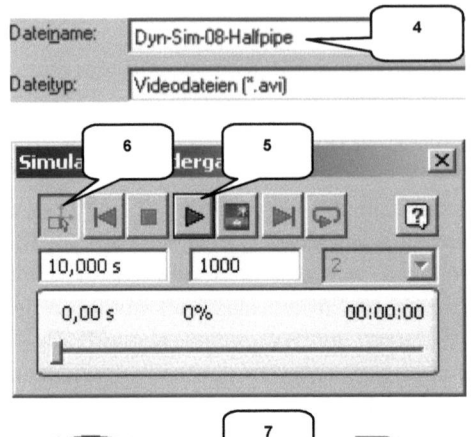

Um die Auswirkungen der aktuellen Situation zu verdeutlichen soll eine erste Simulation gestartet werden.

🎬 **Film publizieren**
➢ Dateiname: Dyn-Sim-08-Halfpipe (4)
➢ Dateityp: *.avi
➢ Speichern **Speichern**

➢ Komprimierung: Microsoft Video 1
➢ Qualität: 100 %
➢ OK **OK**

➢ ▶ **Wiedergabe** (5)
➢ Simulation ablaufen lassen
➢ ☞ **Konstruktionsmodus** (6)
🎬 **Film publizieren**

Das Rad fällt gerade nach unten und durchdringt dabei die Halfpipe (die Schwerkraft wurde in dieser Baugruppe bereits definiert). Das Programm erkennt weder eine Kollision, noch einen tangentialen Zusammenhang zwischen Rad und Halfpipe[13]. Es muss also im Bereich der Dynamischen Simulation nach einer alternativen Lösung gesucht werden.

7.19.3 Grundlagen: Rollgelenk Zylinder in Zylinder

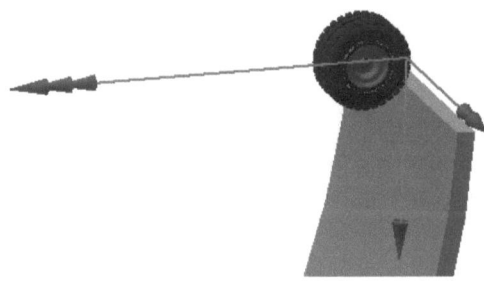

Um das Rad entlang der Halfpipe abrollen lassen zu können, wird ein Rollgelenk **Zylinder in Zylinder** benötigt. Sobald es platziert wurde kann es bearbeitet werden um zusätzliche Eigenschaften wie Winkel, Schrägen oder einen Wirkungsgrad zu definieren. Fügen Sie zunächst das Rollgelenk ein.

---

[13] Tangentiale Abhängigkeiten werden nicht automatisch in den Bereich der Dynamischen Simulation übertragen. Der Grund ist folgender: In den Gelenkverbindungen gäbe es zwei Möglichkeiten dieser tangentialen Verbindung. Ein Schiebegelenk und ein Rollgelenk. Weil das Programm nicht wissen kann was der Anwender benötigt, so erzeugt es an dieser Stelle automatisch gar kein Gelenk.

7.19.4 Einfügen eines Rollgelenks

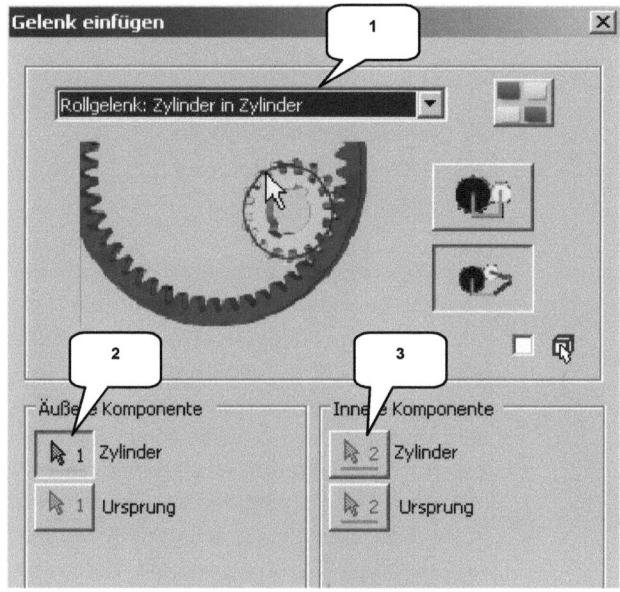

🔩 **Gelenk einfügen**
- ➤ Auswahl: Rollgelenk: Zylinder in Zylinder (1)
- ➤ Zylinder 1: Innenfläche Halfpipe (2)
- ➤ Zylinder 2: Lauffläche Rad (3)
- ➤   OK   **OK**

HINWEIS: Am Rad ist die mittig liegende Lauffläche zu wählen. Weiterhin ist auf die richtige Reihenfolge zu achten (äußere Komponente = zylindrische Fläche der Halfpipe, innere Komponente = Lauffläche des Rades).

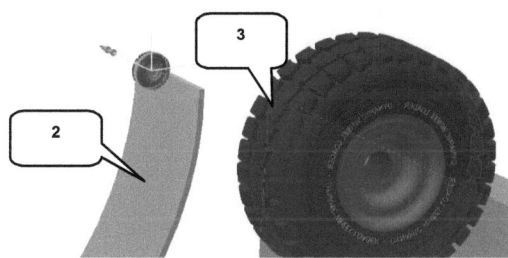

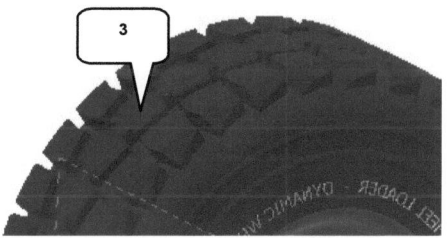

7.19.5 Ausführen und Aufzeichnen der Simulation

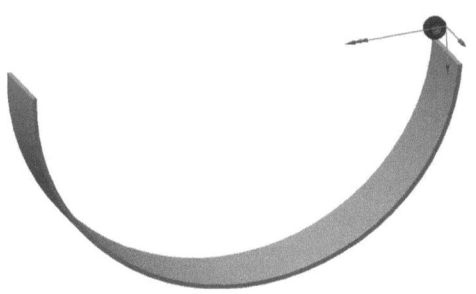

In einer neuen Simulation soll kontrolliert werden, ob das Rollgelenk das gewünschte Ergebnis liefert.

🎬 **Film publizieren**
- ➤ Dateiname: Dyn-Sim-09-Rollgelenk (1)
- ➤ Dateityp: *.avi
- ➤ Speichern **Speichern**

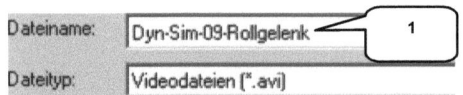

> ➤ Komprimierung: Microsoft Video 1
> ➤ Qualität: 100 %
> ➤ OK *OK*

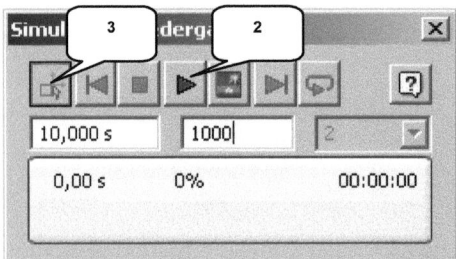

> ➤ ▶ *Wiedergabe* (2)
> ➤ Simulation ablaufen lassen
> ➤ *Konstruktionsmodus* (3)
> 🎥 Film publizieren

Das Rad müsste sich jetzt innerhalb der Halfpipe bewegen und nicht mehr durch sie hindurch fallen. Allerdings wird die Pendelbewegung nicht verringert, so wie es (bedingt durch Reibungsverluste) eigentlich sein müsste. Die Pendelbewegung ist derzeit noch ungebremst und könnte als harmonische Schwingung beschrieben werden. In der nächsten Übung soll geprüft werden, wie derartige Reibungsverluste durch die Bearbeitung der Gelenkeigenschaften simuliert werden können.

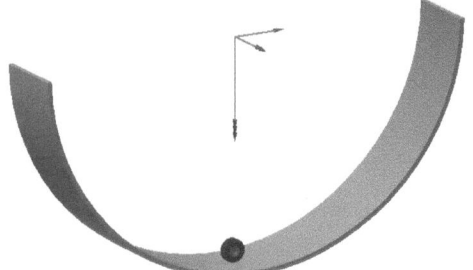

7.19.6 Bearbeiten des Rollgelenk-Wirkungsgrades

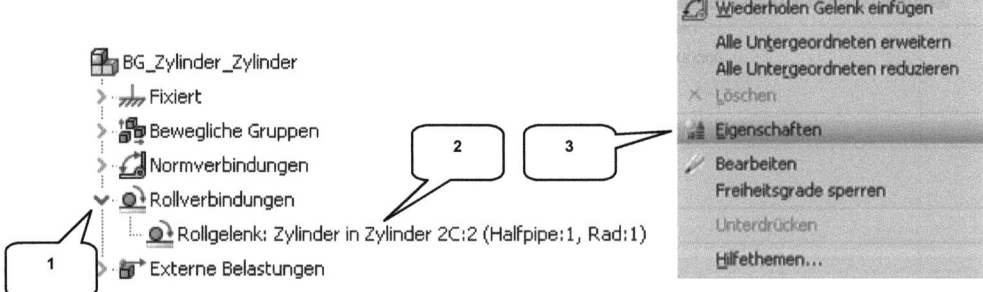

Das zuletzt erzeugte und zu bearbeitende Gelenk findet man im Ordner *Rollverbindungen*. Klickt man darin mit der rechten Maustaste auf das *Rollgelenk* und wählt man dann im Kontextmenü die *Eigenschaften* aus, so kann das Gelenk bearbeitet werden. Im Register *Parameter* kann jetzt der Wirkungsgrad geändert werden, um die Pendelbewegung des Rades zu minimieren und somit Reibungsverluste zu simulieren.

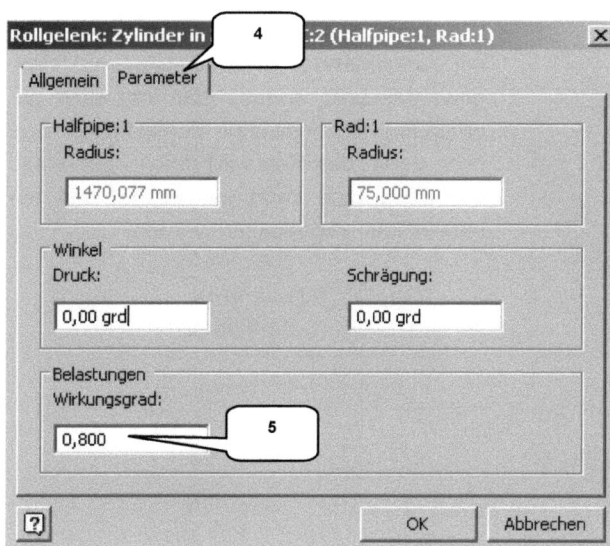

> ➤ **Rollverbindungen**
>   erweitern (1)
> ➤ **Rechte Maustaste** auf
>   Rollgelenk der Bauteile
>   **Halfpipe:1** und **Rad:1** (2)
> ➤ **Eigenschaften** (3)
>
> ➤ Register **Parameter** (4)
> ➤ Wirkungsgrad: 0,8 (5)
> ➤ ⬜ OK

HINWEIS: Der Wirkungsgrad kann nur im Wertebereich von 0,001 bis 1,0 definiert werden.

7.19.7 Ausführen und Aufzeichnen der Simulation

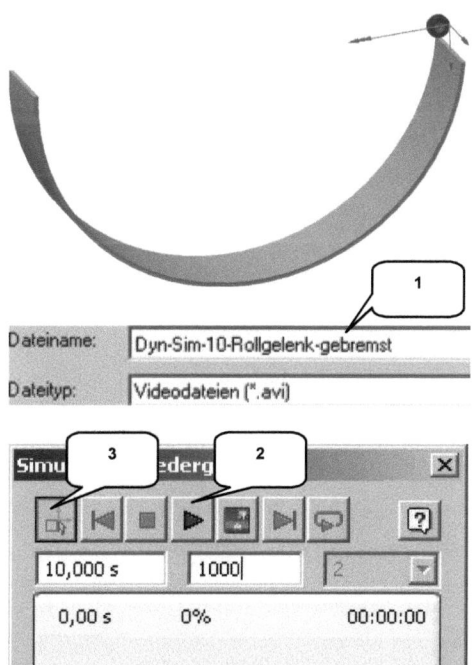

Ob die Änderung des Wirkungsgrades auch eine Minimierung der Pendelbewegung des Rades in der Halfpipe zur Folge hat, soll in einer neuen Simulation überprüft werden.

🎬 **Film publizieren**
> ➤ Dateiname: Dyn-Sim-10-Rollgelenk-
>   gebremst (1)
> ➤ Dateityp: *.avi
> ➤ ⬜ **Speichern**
>
> ➤ Komprimierung: Microsoft Video 1
> ➤ Qualität: 100 %
> ➤ ⬜ OK
>
> ➤ ▶ **Wiedergabe** (2)
> ➤ Simulation ablaufen lassen
> ➤ 🔧 **Konstruktionsmodus** (3)
> 🎬 **Film publizieren**

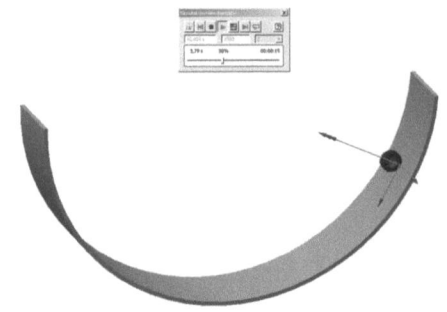

Die Pendelbewegung des Rades sollte jetzt mit zunehmender Simulationsdauer kleiner geworden sein, sodass man von einer gedämpften, harmonischen Schwingung sprechen kann: das Rad wird (leicht) gebremst. Die Baugruppe kann gespeichert und bereits wieder geschlossen werden.

- 🖫 Speichern (Ja für alle)
- ➤ OK (Datenformat)
- ✔ Fertigstellen
- ✖ Baugruppe schließen

7.20 Parameter in der Dynamischen Simulation
7.20.1 Öffnen der Baugruppe

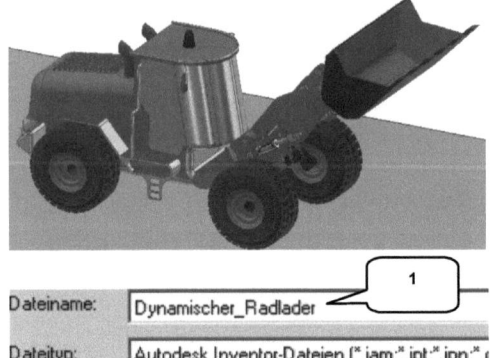

Die nächsten Übungen sind wieder an der Baugruppe **Dynamischer_Radlader.iam** durchzuführen. Öffnen Sie die Baugruppe und wechseln Sie anschließend in den Bereich der Dynamischen Simulation.

- 📂 Öffnen
- ➤ Dateiname: Dynamischer_Radlader (1)
- ➤ Dateityp: *.iam
- ➤ Öffnen **Öffnen**

7.20.2 Definition des Parameters: Dämpfung (Kippzylinder)

Arbeitsbereich:
Dynamische Simulation

- ➤ Register **Umgebungen** (1)
- 🖫 Dynamische Simulation (2)

Auch im Bereich der Dynamischen Simulation kann mit **Parametern** gearbeitet werden. In der folgenden Übung sollen die Dämpfungswerte der drei Zylinder parametrisch miteinander verknüpft werden, wobei die entsprechenden Parameter vorab zu kennzeichnen sind.

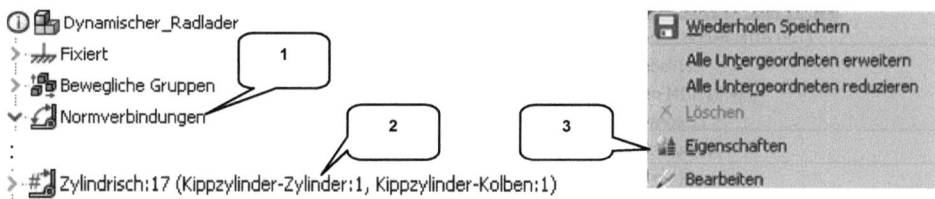

> **Normverbindungen** erweitern (1)
> **Rechte Maustaste** auf zylindrische Gelenkverbindung der Bauteile
> **Kippzylinder-Zylinder:1, Kippzylinder-Kolben:1** (2)
> **Eigenschaften** (3)

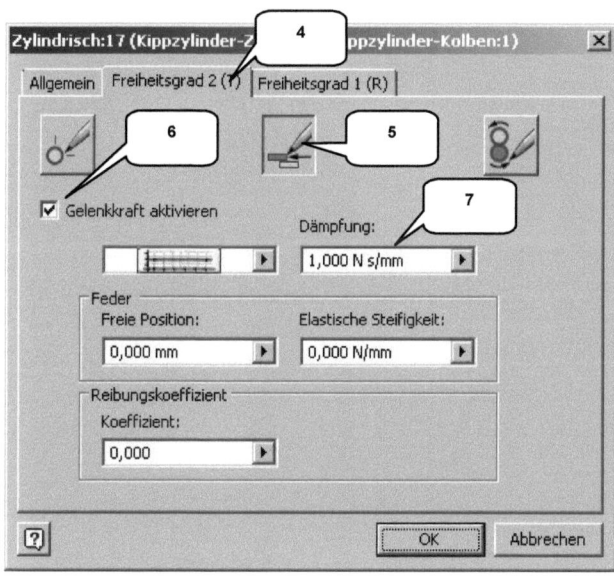

Um den Parameter der Kippzylinder-Dämpfung später im Parameter-Manager schneller lokalisieren zu können, sollte in den Eigenschaften der Gelenkverbindung neben dem eigentlichen Wert auch bereits die Parameter-Bezeichnung als Gleichungssystem hinterlegt werden[14].

> Register **Freiheitsgrad** (T) (4)
> Gelenkkraft bearbeiten (5)
> Gelenkkraft aktivieren (6)
> Dämpfung: Dämpfung_Kippzylinder=1 (7)

> Taste: **ENTER**
> ⬜ OK **OK**
> 💾 Speichern

---

[14] Die Eingabe muss zwingend durch **ENTER** bestätigt werden!

7.20.3   Definition des Parameters: Dämpfung (Hubzylinder)

In gleicher Weise sind nacheinander die beiden Hubzylinder zu bearbeiten.

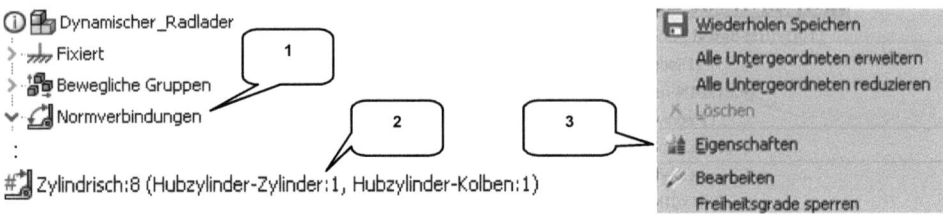

> *Normverbindungen* erweitern (1)
> *Rechte Maustaste* auf zylindrische Gelenkverbindung der Bauteile
> *Hubzylinder-Zylinder:1, Hubzylinder-Kolben:1* (2)
> *Eigenschaften* (3)

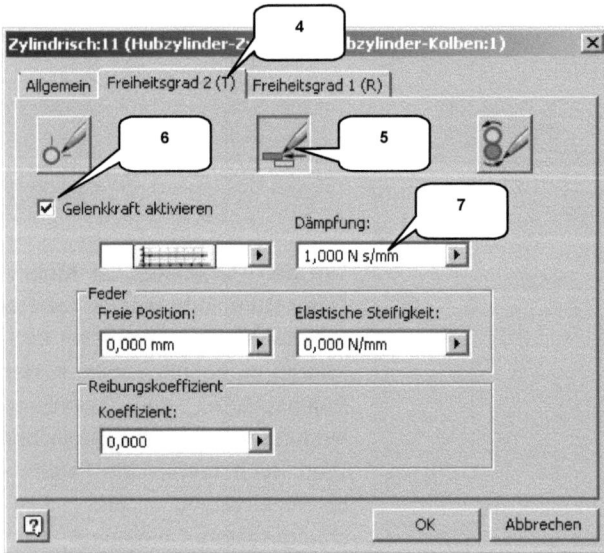

> Reg. *Freiheitsgrad* (T) (4)
> Gelenkkraft bearbeiten (5)
> Gelenkkraft aktivieren (6)

> Dämpfung: Dämpfung_Hubzylinder_1=1 (7)
> Taste: ENTER
> OK   *OK*

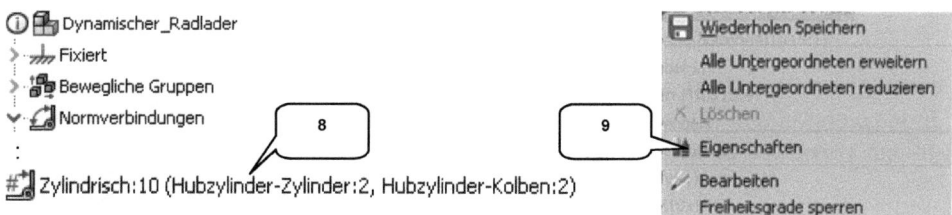

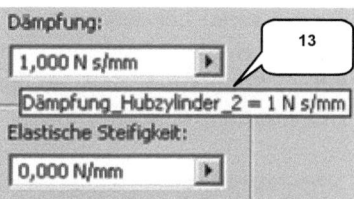

> **Rechte Maustaste** auf zylindrische Gelenkverbindung der Bauteile **Hubzylinder-Zylinder:2, Hubzylinder-Kolben:2** (8)
> **Eigenschaften** (9)

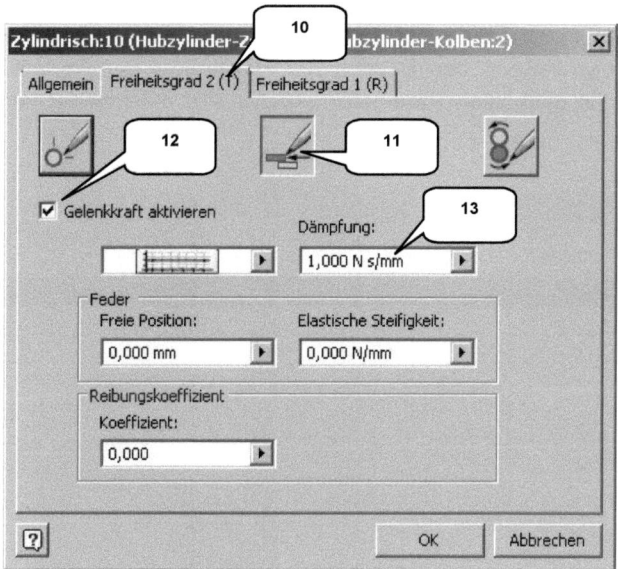

> Register **Freiheitsgrad** (T) (10)
> Gelenkkraft bearbeiten (11)
> Gelenkkraft aktivieren (12)
> Dämpfung: Dämpfung_Hubzylinder_2=1 (13)
> Taste: *ENTER*
> ox *OK*

Die Baugruppe sollte zwischenzeitlich gespeichert werden.

Speichern

7.20.4 Dämpfungsparameter der Hubzylinder miteinander verknüpfen

Die Verknüpfung der zuletzt bearbeiteten drei Werte ist im **Parameter-Manager** zu erledigen. Er kann entweder in der oberen Schnellstartleiste des Programms, oder aber in der Befehlsgruppe **Verwalten** geöffnet werden.

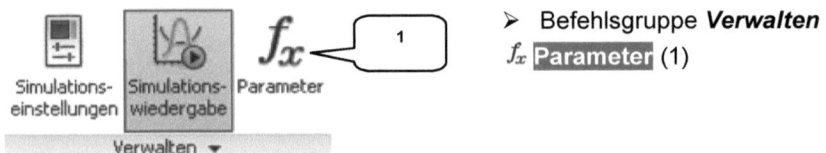

> Befehlsgruppe **Verwalten**
> f_x Parameter (1)

Zur besseren Lokalisierung der benötigten Parameter sollte zuerst der Filter **Umbenannt** aktiviert werden. Erweitert man anschließend den Bereich der **Parameter der Dynamischen Simulation**, so findet man die gesuchten Parameter, welche jetzt miteinander verknüpft werden können.

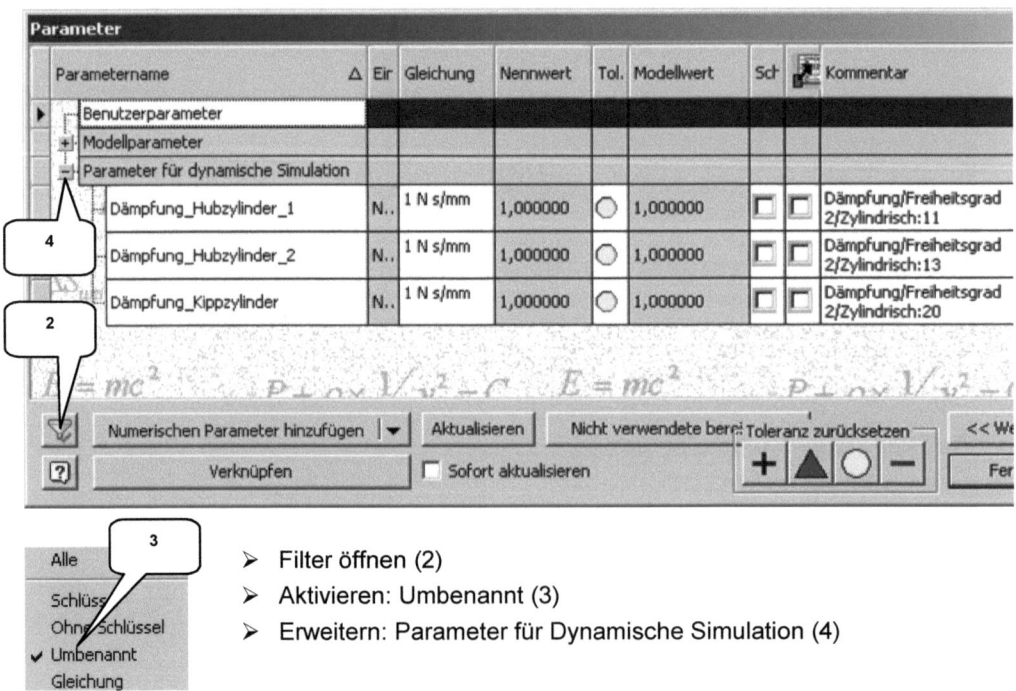

> Filter öffnen (2)
> Aktivieren: Umbenannt (3)
> Erweitern: Parameter für Dynamische Simulation (4)

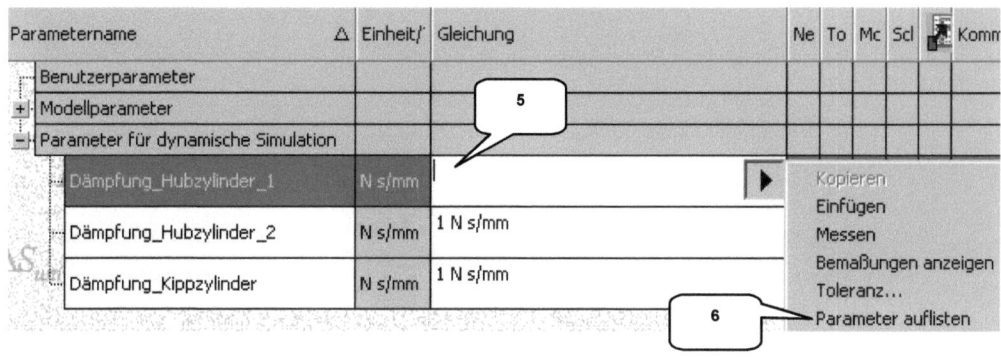

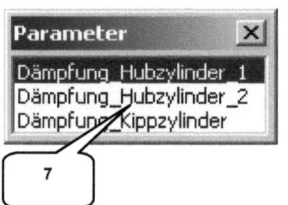

> Feld **Gleichung** des Parameters
  Dämpfung_Hubzylinder_1 anklicken (5)
> Enthaltenen Wert löschen (Taste: $\boxed{ENTF}$)
> **Rechte Maustaste** ins leere Feld (5)
> Auswahl: Parameter auflisten (6)
> Auswahl: **Dämpfung_Hubzylinder_2** (7)
> Taste: $\boxed{ENTER}$

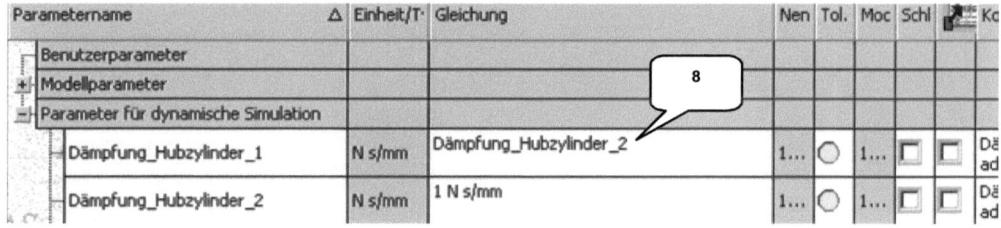

Im bearbeiteten Feld sollte jetzt der Parameter **Dämpfung_Hubzylinder_2** angezeigt werden (8). Der Wert der Dämpfung des ersten Hubzylinders wird jetzt von der Dämpfung des zweiten Hubzylinders bezogen. Wird später im Bereich der Dynamischen Simulation der Wert der Dämpfung des zweiten Hubzylinders geändert, sollte sich diese Änderung auch auf den ersten Hubzylinder übertragen.

7.20.5 Dämpfungsparameter des Kippzylinders mit Werten versehen

Die Dämpfung des Kippzylinders hingegen soll nicht von den Hubzylindern abhängig gemacht werden. Stattdessen soll ein Auswahlmenü zur Verfügung stehen, welches es ermöglicht, den Wert der Dämpfung aus drei verschiedenen Vorlagen auszuwählen.

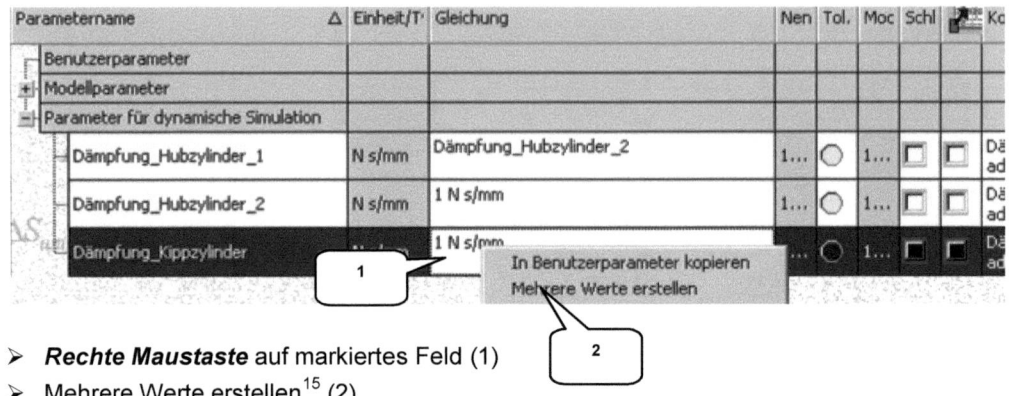

> **Rechte Maustaste** auf markiertes Feld (1)
> Mehrere Werte erstellen[15] (2)

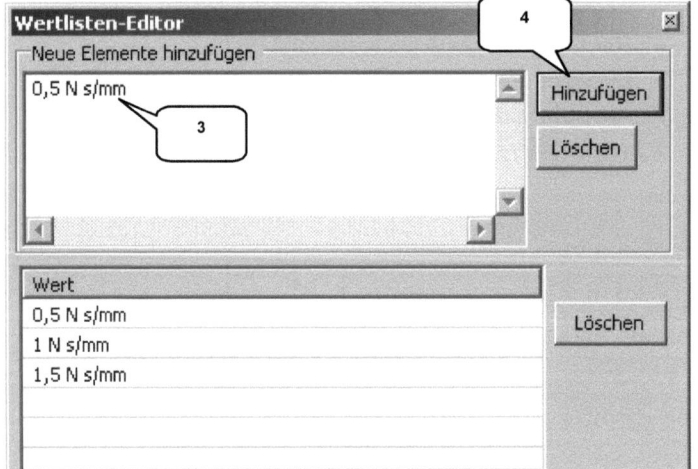

Im **Wertlisten-Editor** sind dem vorhandenen Wert der Dämpfung des Kippzylinders (1,0 N s/mm) zwei weitere Werte hinzuzufügen.

> Wert eintragen:
  0,5 N s/mm (3)
> Hinzufügen (4)
> Wert eintragen:
  1,5 N s/mm (3)
> Hinzufügen (4)
> OK   OK

7.20.6 Dämpfungswerte des Kippzylinders ändern

Im **Parameter-Manager** kann der Wert der Dämpfung des Kippzylinders jetzt aus einem Menü ausgewählt werden. Klicken Sie auf die entsprechende Zeile und aktivieren Sie den Wert **0,5 N s/mm**.

---

[15] Das Kontextmenu mit der Option **Mehrere Werte erstellen** (2) steht nur dann zur Verfügung, wenn die betreffende Zelle (1) nicht gerade bearbeitet wird, d. h., der Cursor darin darf nicht blinken. Sollte dies der Fall sein, muss gegebenenfalls vorab mit linker Maustaste eine andere Zeile aktiviert werden, um anschließend mit rechter Maustaste auf die (noch inaktive) Zelle (1) zu klicken.

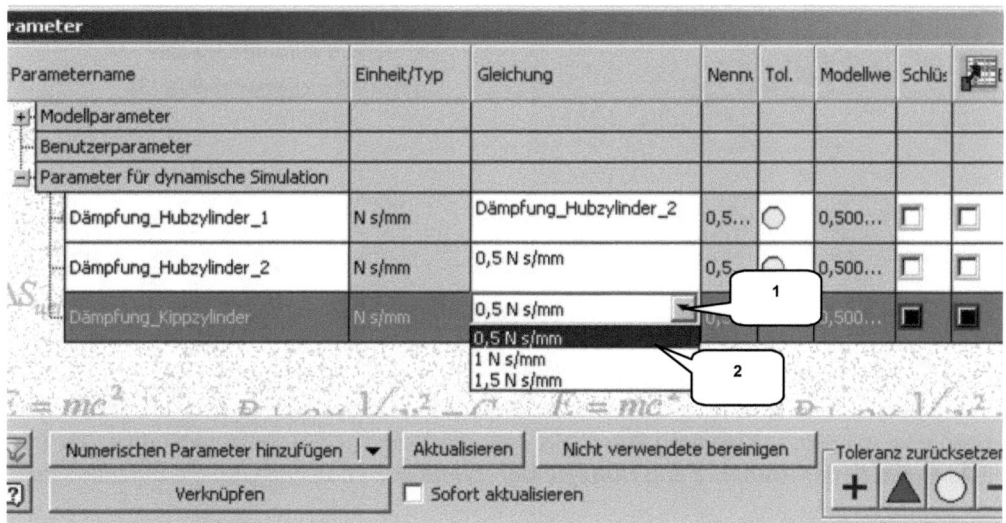

Parametername	Einheit/Typ	Gleichung	Nenn	Tol.	Modellwe	Schlü	
Modellparameter							
Benutzerparameter							
Parameter für dynamische Simulation							
Dämpfung_Hubzylinder_1	N s/mm	Dämpfung_Hubzylinder_2	0,5...	○	0,500...	☐	☐
Dämpfung_Hubzylinder_2	N s/mm	0,5 N s/mm	0,5	○	0,500...	☐	☐
Dämpfung_Kippzylinder	N s/mm	0,5 N s/mm			,500...	■	■
		0,5 N s/mm					
		1 N s/mm					
		1,5 N s/mm					

> Auswahlmenü[16] des Kippzylinders erweitern (1)
> Auswahl: 0,5 N s/mm (2)
> ▢ Fertig **Fertig**

7.20.7 Ausführen und Aufzeichnen der Simulation

Die zuletzt bearbeiteten Eigenschaften der Dämpfung der drei Zylinder sollen in einer Simulation noch einmal überprüft und als Video aufgezeichnet werden.

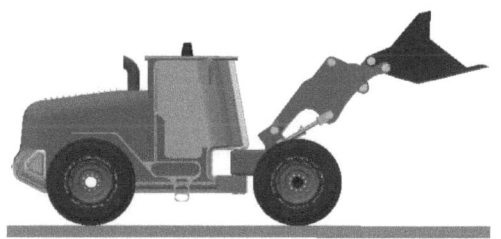

🎥 Film publizieren

> Dateiname: Dyn-Sim-11-Parameter-1 (1)
> Dateityp: *.avi
> ▢ Speichern **Speichern**
> Komprimierung: Microsoft Video 1
> Qualität: 100 %
> ▢ OK **OK**

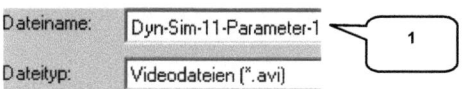

---

[16] Das im Parameter-Manager hinterlegte Auswahlmenü für den Kippzylinder kann auch nur dort genutzt werden. Eine derartige Auswahloption gibt es in den Gelenkeigenschaften leider nicht.

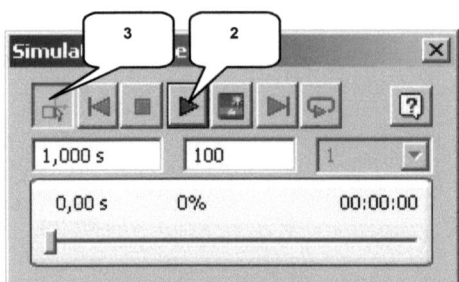

> ▶ **Wiedergabe** (2)
> ➤ Simulation ablaufen lassen
> ➤ **Konstruktionsmodus** (3)
> 📽 Film publizieren

7.20.8   Dämpfungsparameter der Hubzylinder ändern

Die Dämpfung des ersten Hubzylinders kann jetzt über die Eigenschaften des zweiten Hubzylinders gesteuert werden. Um das zu testen, soll die Dämpfung des zweiten Hubzylinders
bearbeitet werden. Lokalisieren Sie im Browser die zylindrische Gelenkverbindung der Bauteile **Hubzylinder-Kolben:2** und **Hubzylinder-Zylinder:2** und öffnen Sie die Eigenschaften.

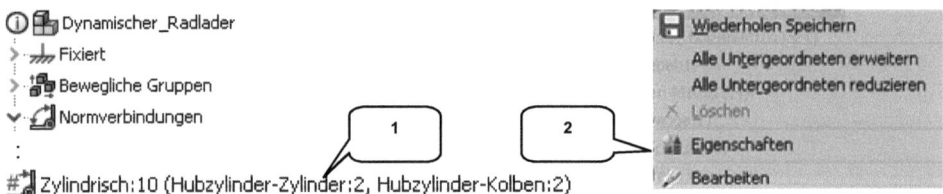

> **Rechte Maustaste** auf zylindrische Gelenkverbindung der Bauteile
>   **Hubzylinder-Zylinder:2, Hubzylinder-Kolben:2** (1)
> **Eigenschaften** (2)

Ändern Sie im Register **Freiheitsgrad (T)** den Wert der Dämpfung des zweiten Hubzylinders auf **0,5 N s/mm** und prüfen Sie anschließend, ob die Änderung auch auf die Eigenschaften des ersten Hubzylinders übertragen wurde.

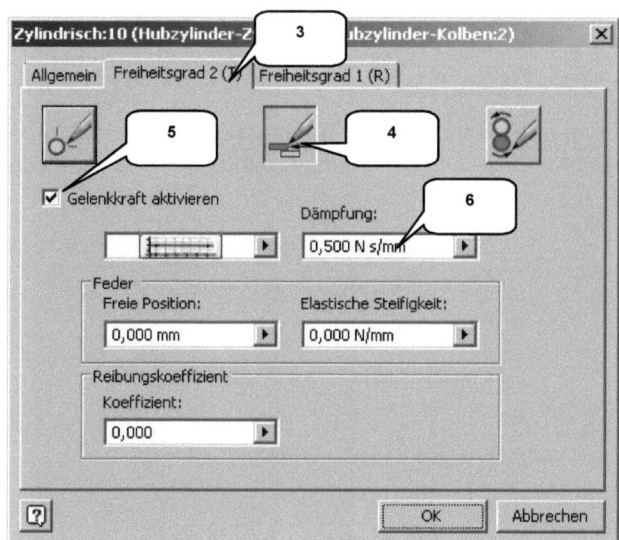

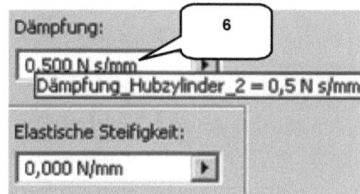

> Register *Freiheitsgrad* (T) (3)
> Gelenkkraft bearbeiten (4)
> Gelenkkraft aktivieren (5)
> Dämpfung: 0,5 N s/mm (6)
> ⬚ *OK*

7.20.9 Ausführen und Aufzeichnen der Simulation

Führen Sie eine weitere Simulation durch um sicherzustellen, dass der Mechanismus auch mit den geänderten Werten funktioniert.

🎞 Film publizieren
> Dateiname: Dyn-Sim-12-Parameter-2 (1)
> Dateityp: *.avi
> ⬚ *Speichern*

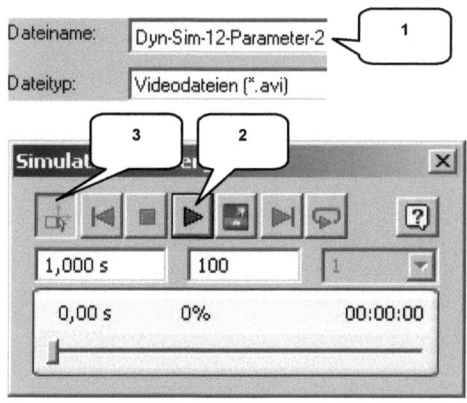

> Komprimierung: Microsoft Video 1
> Qualität: 100 %
> ⬚ *OK*

> ▶ *Wiedergabe* (2)
> Simulation ablaufen lassen
> ⬚ *Konstruktionsmodus* (3)
🎞 Film publizieren

💾 Speichern

7.21   Mechanismus und Redundanzen
7.21.1   Speichern einer Kopie der Baugruppe

Weil die folgende Übung eine umfassende Bearbeitung der Baugruppe erfordert, sollte die Datei jetzt unter einer anderen Bezeichnung gespeichert werden, mit der im Anschluss daran weitergearbeitet werden kann.

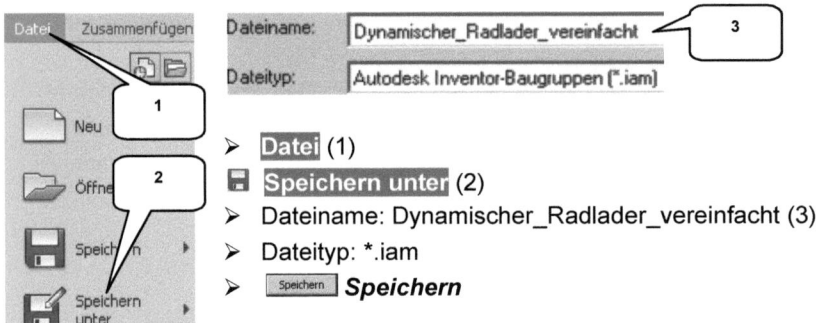

> Datei (1)
> Speichern unter (2)
> Dateiname: Dynamischer_Radlader_vereinfacht (3)
> Dateityp: *.iam
> Speichern **Speichern**

Dynamischer_Radlader_vereinfacht.iam
> Beziehungen
> Darstellungen
> Ursprung

Im Browser sollte noch einmal kontrolliert werden, ob jetzt auch wirklich die Kopie der Baugruppe (4) verwendet wird und nicht das Original. Anschließend kann in den Bereich der Dynamischen Simulation zurückgekehrt werden.

7.21.2   Grundlagen: Status des Mechanismus

Arbeitsbereich:
Dynamische Simulation

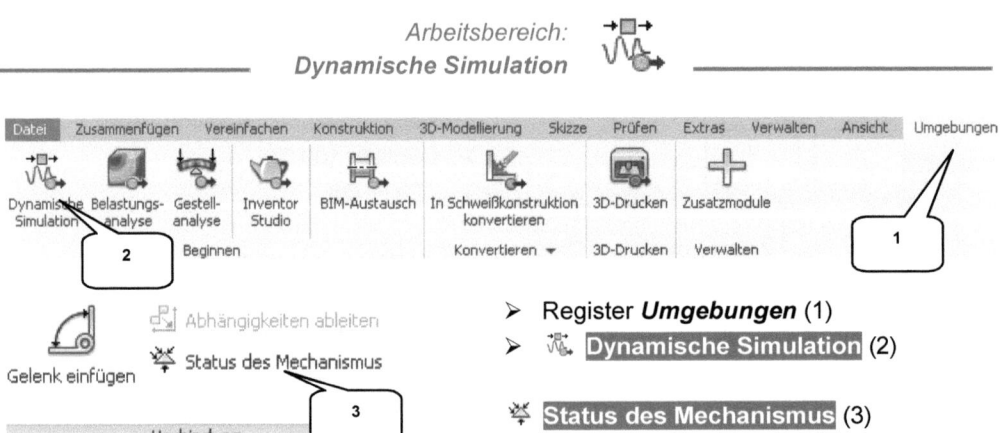

> Register **Umgebungen** (1)
> Dynamische Simulation (2)
> Status des Mechanismus (3)

Der Befehl *Status des Mechanismus* stellt Informationen zum Modellstatus (Redundanzen[17], Beweglichkeit, Körper) bereit und hilft dabei, Redundanzen zu lokalisieren.

7.21.3 Abrufen der aktuellen Modellinformationen

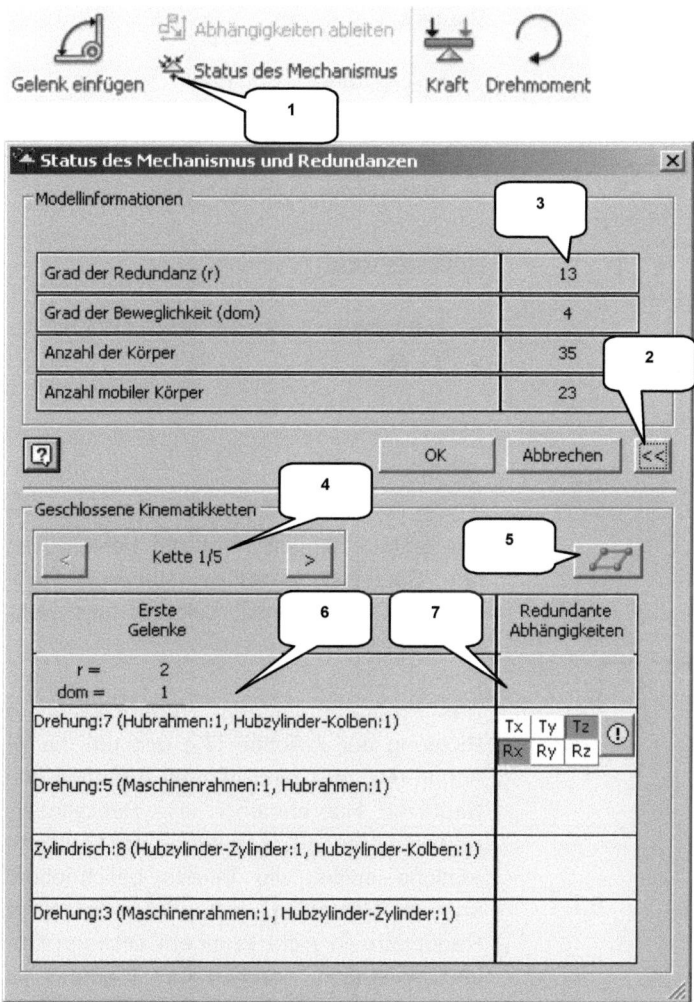

※ **Status des Mechanismus** (1)
Befehlsfenster >> erweitern (2)

Modellinformationen geben einen Überblick über den grundlegenden kinematischen Zustand der Baugruppe. Im Befehlsfenster ist zu erkennen, dass derzeit 13 *Redundanzen* vorhanden sind (3) und das System über insgesamt fünf geschlossene *Kinematikketten* verfügt (4). Sie können mit dem zugehörigen 🔲 Button (5) zusätzlich hervorgehoben werden. Alle Gelenkverbindungen einer kinematischen Kette werden in der Spalte *erste Gelenke* (6) aufgelistet, Redundanzen in der Spalte *redundante Abhängigkeiten* (7)[18].

---

[17] Redundanzen entstehen wenn sich Abhängigkeiten oder Gelenke innerhalb geschlossener Gelenkketten überlagern. Im Bereich der Dynamischen Simulation kann das unter Umständen den PC verlangsamen oder sogar die Berechnungsergebnisse verfälschen. Redundanzen werden im Browser durch das ⓘ Symbol gekennzeichnet.

[18] Redundanzen sind allerdings nicht auf einzelne Gelenke zurückzuführen, weshalb stets die gesamte kinematische Kette (teilweise auch die gesamte Baugruppe) überprüft werden muss. Sie sind generell ein theoretisches Rechenproblem des Programms, in der Praxis aber selten relevant.

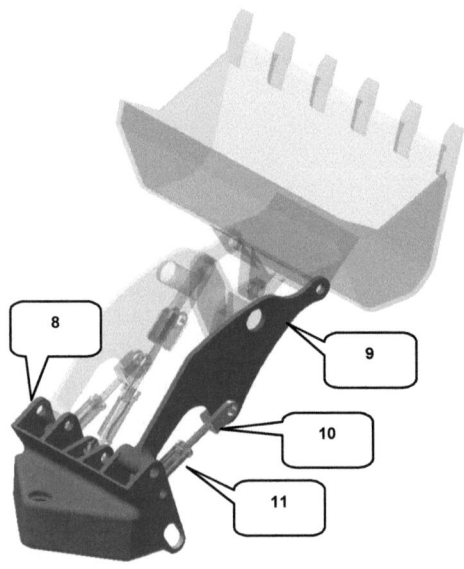

Die folgenden kinematischen Ketten gibt es in der Baugruppe:

Kinematikkette 1/5

Bauteile:

- ➢ Maschinenrahmen:1 (8)
- ➢ Hubrahmen:1 (9)
- ➢ Hubzylinder-Kolben:1 (10)
- ➢ Hubzylinder-Zylinder:1 (11)

Redundanzen:

- ➢ Hubrahmen:1 <> Hubzylinder-Kolben:1
- ➢ T_Z, R_X

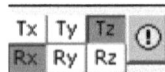

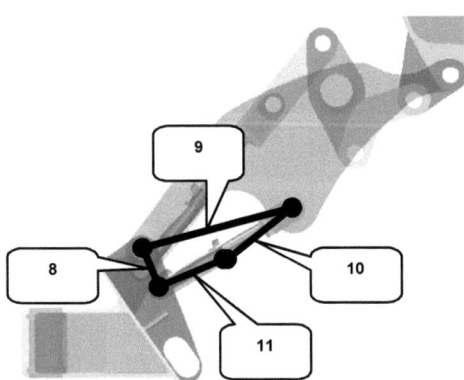

Die erste kinematische Kette besteht aus den Bauteilen Maschinenrahmen:1, Hubrahmen:1, Hubzylinder-Kolben:1 und Hubzylinder-Zylinder:1.

Das Programm erkennt *Redundanzen* in Richtung der Z-Achse (*T_Z*) und um die X-Achse (*R_X*) und lokalisiert sie zwischen den Bauteilen Hubrahmen:1 und Hubzylinder-Kolben:1. Diese Lokalisierung der Problemursache sollte, wie bereits beschrieben, eher als Vorschlag verstanden werden, da Redundanzen nicht in einem einzigen Gelenk entstehen, sondern das Ergebnis zu vieler Abhängigkeiten oder Gelenkverbindungen aller Bauteile einer kinematischen Kette sind.

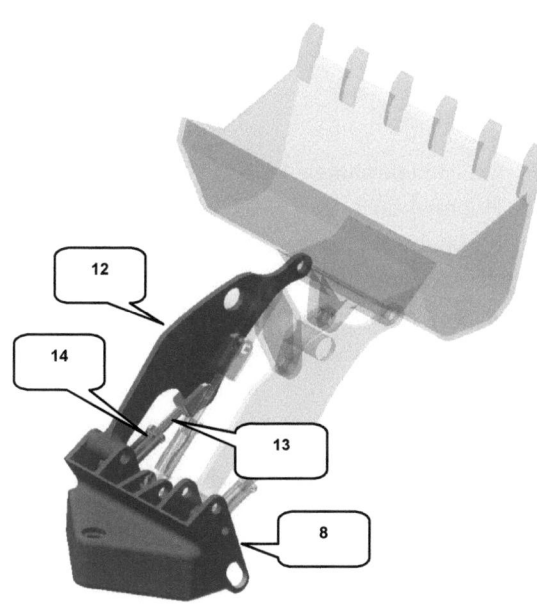

Kinematikkette 2/5:

Bauteile:

- ➢ Maschinenrahmen:1 (8)
- ➢ Hubrahmen:2 (12)
- ➢ Hubzylinder-Kolben:2 (13)
- ➢ Hubzylinder-Zylinder:2 (14)

Redundanzen:

- ➢ Hubrahmen:2 <> Hubzylinder-Kolben:2
- ➢ T_Z, R_X

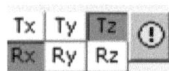

Kinematikkette 3/5:

Bauteile:

- ➢ Maschinenrahmen:1 (8)
- ➢ Hubrahmen:1 (9)
- ➢ Kipphebel:1 (15)
- ➢ Hubrahmen:2 (12)

Redundanzen:

- ➢ Hubrahmen:2 <> Kipphebel:1
- ➢ T_Y, T_Z, R_X, R_Y

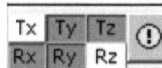

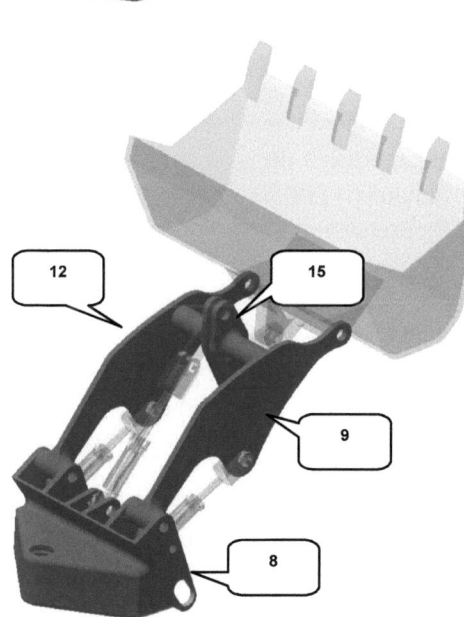

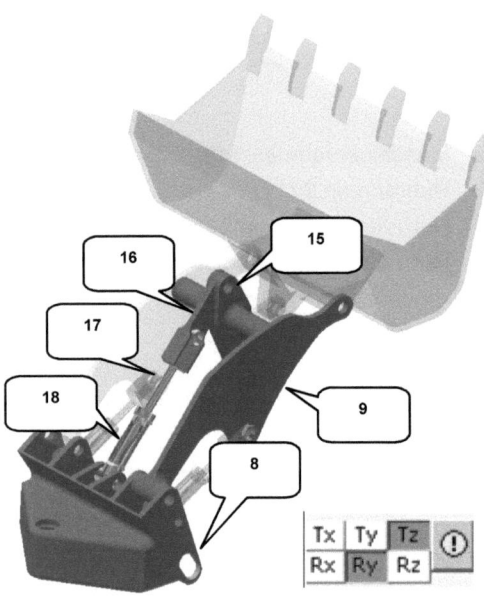

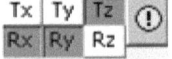

Kinematikkette 4/5:

Bauteile:

- ➢ Maschinenrahmen:1 (8)
- ➢ Hubrahmen:1 (9)
- ➢ Kipphebel:1 (15)
- ➢ Kippzylinder-Fixierung:1 (16)
- ➢ Kippzylinder-Kolben:1 (17)
- ➢ Kippzylinder-Zylinder:1 (18)

Redundanzen:

- ➢ Kipphebel:1 <> Kippzylinder-Fixierung:1
- ➢ T_Z, R_Y

Kinematikkette 5/5:

Bauteile:

- ➢ Maschinenrahmen:1 (8)
- ➢ Hubrahmen:1 (9)
- ➢ Schaufel:1 (19)
- ➢ Kippschwinge:1 (20)
- ➢ Kipphebel:1 (15)

Redundanzen:

- ➢ Kippschwinge:1 <> Schaufel:1
- ➢ T_Z, R_X, R_Y

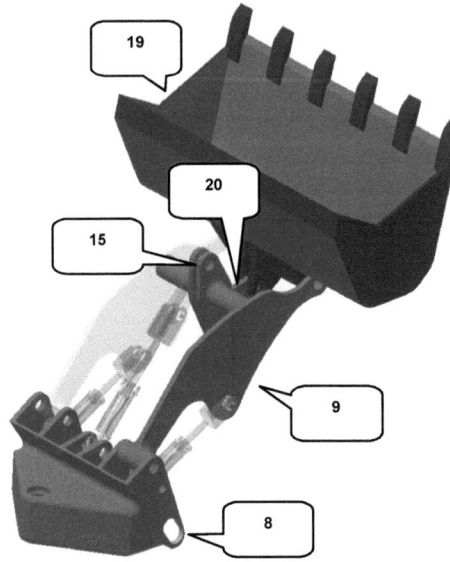

Das Befehlsfenster *Status des Mechanismus* kann geschlossen, die Baugruppe gespeichert und der Bereich der Dynamischen Simulation vorerst *verlassen* werden.

- ➢  **OK**
- 💾 Speichern
- ✔ Fertigstellen

7.22 Redundanzen minimieren
7.22.1 Korrekturmöglichkeiten redundanter Systeme

Redundanzen spielen im Bereich der Baugruppenmodellierung keine Rolle, da sie die Funktionalität der Baugruppe nicht beeinflussen (ähnlich verhält es sich im praktischen Bereich).

Im Bereich der Dynamischen Simulation ist das anders: Hier werden Redundanzen als problematisch betrachtet, weil sie die Rechenergebnisse beeinflussen oder verfälschen und die Rechengeschwindigkeit des PCs beeinflussen können. Daher sollte nach Möglichkeiten gesucht werden, vorhandene Redundanzen zu minimieren oder zu vermeiden. Die folgenden Lösungsansätze können dabei gewählt werden:

Löschen/ Deaktivieren überflüssiger Komponenten

Im Bereich der Dynamischen Simulation sollten möglichst die Komponenten einer Baugruppe vor der Simulation entfernt/ deaktiviert werden, die in den Simulationsprozess nicht integriert sind, also solche, die in keiner geschlossenen kinematischen Kette enthalten sind. Weil das oftmals einen großen Eingriff in die Konstruktion bedeutet, sollte speziell für die Simulation vorab eine Kopie der (zu vereinfachenden) Baugruppe erzeugt werden. Die eigentliche Baugruppe wird dann nicht beschädigt.

Komponenten zusammenfassen und vereinfachen

Bauteile die innerhalb einer geschlossenen kinematischen Kette fest miteinander verbunden sind (d. h. sie besitzen zueinander keine Freiheitsgrade) können vereinfacht werden. Das bedeutet, dass sie zusammengefasst und durch ein einzelnes Bauteil ersetzt werden.

Gelenkverbindungen im Baugruppenbereich durch andere Gelenke ersetzen

Werden vorhandene Gelenkverbindungen im Baugruppenbereich durch andere Gelenkverbindungen mit weniger Freiheitsgraden ersetzt, so können dadurch Redundanzen vermieden werden. Hierbei ist zu beachten, dass der Bewegungsablauf der geschlossenen kinematischen Kette dabei nicht eingeschränkt werden darf.

Gelenkverbindungen im Baugruppenbereich durch Abhängigkeiten ersetzen

Gelenkverbindungen können im Baugruppenbereich auch durch einfache Abhängigkeiten ersetzt werden. Die uneingeschränkte Funktionalität der kinematischen Kette ist auch hier zu beachten.

7.22.2 Löschen überflüssiger Bauteile

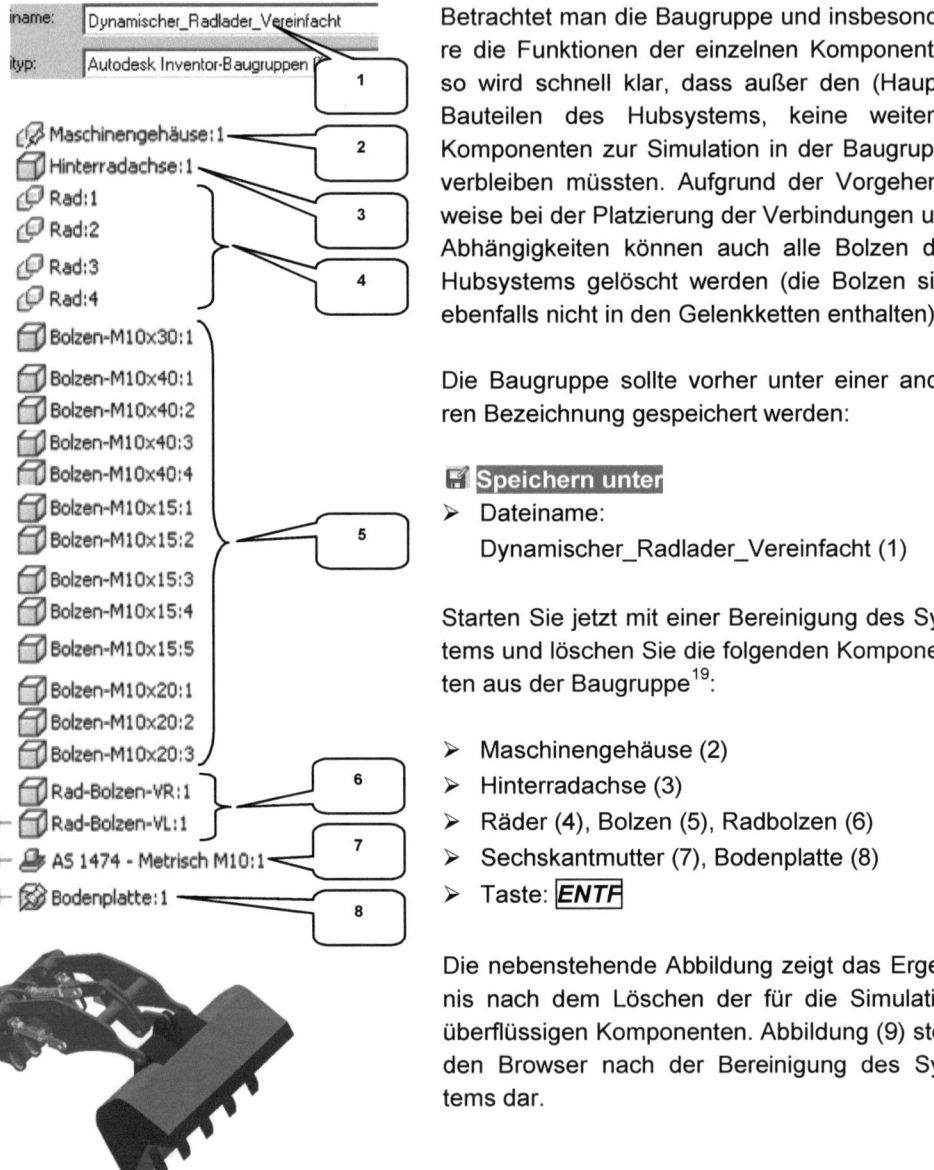

Betrachtet man die Baugruppe und insbesondere die Funktionen der einzelnen Komponenten so wird schnell klar, dass außer den (Haupt-) Bauteilen des Hubsystems, keine weiteren Komponenten zur Simulation in der Baugruppe verbleiben müssten. Aufgrund der Vorgehensweise bei der Platzierung der Verbindungen und Abhängigkeiten können auch alle Bolzen des Hubsystems gelöscht werden (die Bolzen sind ebenfalls nicht in den Gelenkketten enthalten).

Die Baugruppe sollte vorher unter einer anderen Bezeichnung gespeichert werden:

⊟ Speichern unter
➢ Dateiname:
   Dynamischer_Radlader_Vereinfacht (1)

Starten Sie jetzt mit einer Bereinigung des Systems und löschen Sie die folgenden Komponenten aus der Baugruppe[19]:

➢ Maschinengehäuse (2)
➢ Hinterradachse (3)
➢ Räder (4), Bolzen (5), Radbolzen (6)
➢ Sechskantmutter (7), Bodenplatte (8)
➢ Taste: *ENTF*

Die nebenstehende Abbildung zeigt das Ergebnis nach dem Löschen der für die Simulation überflüssigen Komponenten. Abbildung (9) stellt den Browser nach der Bereinigung des Systems dar.

---

[19] Die Reihenfolge der Komponenten im Browser wurde zur besseren Übersicht angepasst.

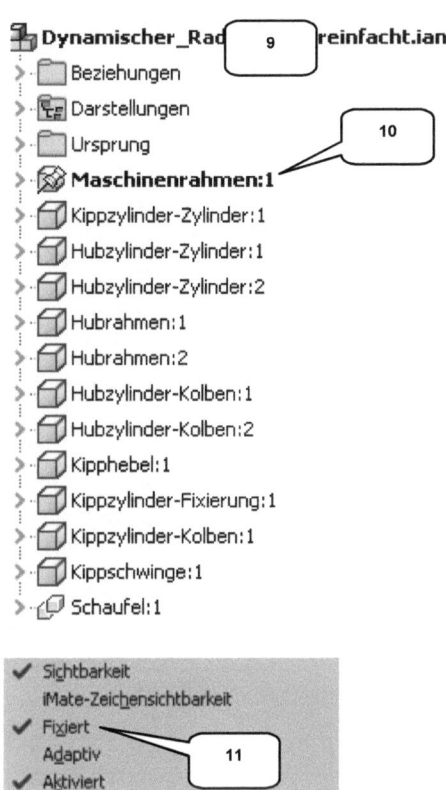

Bis dato war das Maschinengehäuse die feste Komponente der gesamten Baugruppe, weil es am Koordinatenursprung platziert und dort fixiert wurde. Ulle anderen Bauteile wurden daran befestigt. Da es aus der Baugruppe entfernt wurde muss jetzt eine neue Komponente als Basiselement definiert werden: der Maschinenrahmen.

Eine vorangehende Ausrichtung des Maschinenrahmens am Koordinatenursprung ist nicht erforderlich, sofern er nicht zwischenzeitlich verschoben wurde.

> ➤ **Rechte Maustaste** auf
>   **Maschinenrahmen** (10)
> ➤ **Fixiert** (11)

Richten Sie den Hubapparat und die Schaufel im Anschluss daran aus: Der Hubapparat soll, wie in der unteren Abbildung (12) dargestellt, bei gedrückter linker Maustaste nach unten gezogen werden, bis der untere Anschlag des Hubsystems erreicht ist.

Speichern Sie die Baugruppe danach und kehren Sie in den Bereich der Dynamischen Simulation zurück.

🖫 Speichern

7.22.3 Überprüfung von Mechanismus und Redundanzen

Arbeitsbereich:
Dynamische Simulation

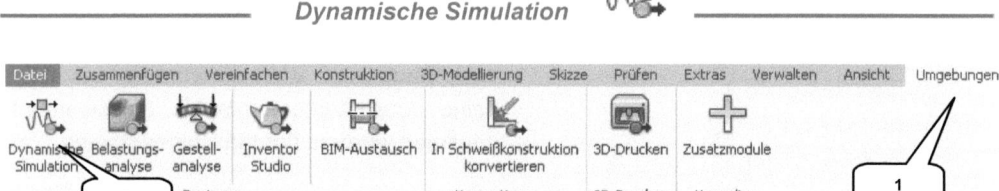

Vor der Optimierung der vereinfachten Baugruppe soll der **Status des Mechanismus** überprüft werden.

Grad der Redundanz (r)	13
Grad der Beweglichkeit (dom)	2
Anzahl der Körper	13
Anzahl mobiler Körper	12

> Register **Umgebungen** (1)

Dynamische Simulation (2)

Status des Mechanismus

	Vorher	Nachher
Grad der Redundanz	13	13
Grad der Beweglichkeit	4	2
Anzahl der Körper	35	13
Anzahl mobiler Körper	23	12

Der Grad der Redundanzen wurde leider nicht minimiert, weil diese ausschließlich im noch vorhandenen Hubapparat vorhanden sind. Aber: Der Grad der Beweglichkeit wurde von 4 auf 2 verringert, die Anzahl der Körper von 35 auf 13 und die Anzahl mobiler Körper von 23 auf 12, was zumindest eine verbesserte Rechenleistung während der Simulation zur Folge haben sollte.

Der Befehl kann jetzt beendet und der Bereich der Dynamischen Simulation vorerst wieder verlassen werden denn mit der Minimierung der Redundanzen soll im Bereich der Baugruppenmodellierung begonnen werden.

> **OK** (Status des Mechanismus beenden)

✔ **Fertigstellen**

7.22.4 Grundlagen: Konturvereinfachung

Um Baugruppen weiter zu vereinfachen können außerdem fest miteinander verbunden und zueinander unbewegliche Komponenten zusammengefasst werden. Sie werden aus der Baugruppe entfernt und als ein einziges kombiniertes Bauteil in die Baugruppe reimportiert. Eine Möglichkeit wäre hier z. B. der Befehl 🖼 *Konturvereinfachung*.

Konturvereinfachung Ersatz für Konturvereinfachung

Vereinfachung

➢ Befehlsgruppe *Vereinfachung*
🖼 Konturvereinfachung (1)

Mit dem Befehl *Konturvereinfachung* kann eine Baugruppe als ein einziges Bauteil abgespeichert werden, wobei entweder alle oder nur bestimmte Bauteile der Baugruppe mit einbezogen werden können. Außerdem kann festgelegt werden, ob bestimmte Konstruktionselemente (z. B. Bohrungen, Rundungen, Fasen) zu übernehmen bzw. zu entfernen sind. Das vereinfachte Objekt wird dann als Bauteil gespeichert und kann (wie z. B. im aktuellen Fall) als vereinfachtes Objekt in eine andere Baugruppe eingefügt werden.

7.22.5 Vereinfachen von Kipphebel, Kippschwinge und Schaufel

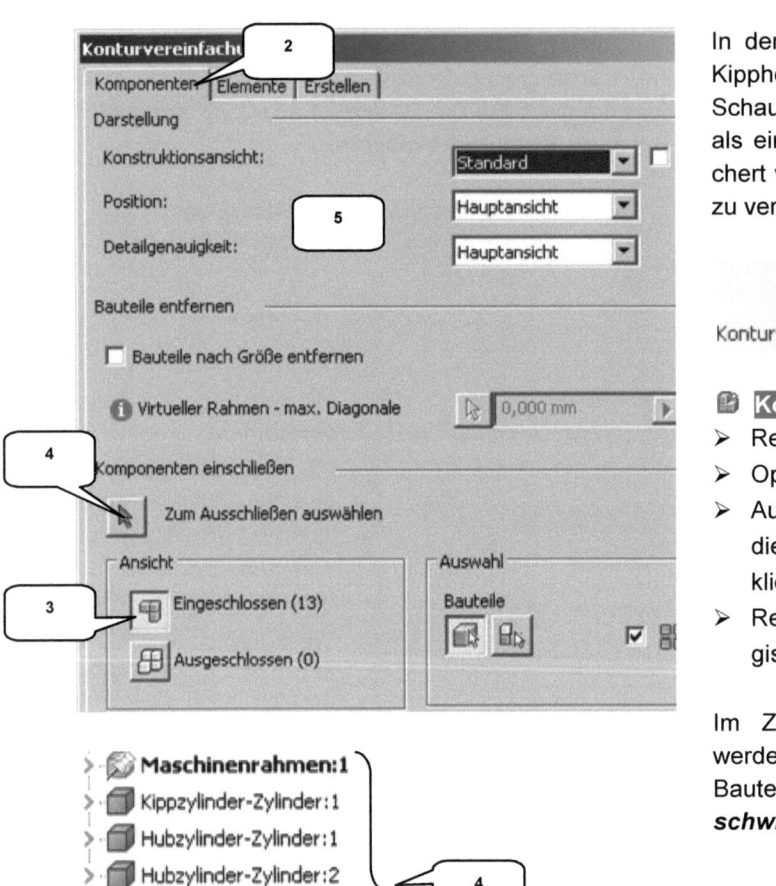

In der folgenden Übung sollen Kipphebel, Kippschwinge und Schaufel zusammengefasst und als ein einziges Bauteil gespeichert werden, um den Radlader zu vereinfachen.

Konturvereinfachung

- **Konturvereinfachung** (1)
- ➢ Register **Komponenten** (2)
- ➢ Option: Eingeschlossen (3)
- ➢ Ausschließen: im Browser die markierten Bauteile anklicken (4)
- ➢ Restliche Optionen des Registers übernehmen (5)

Im Zeichenbereich dargestellt werden sollten jetzt nur noch die Bauteile **Kipphebel**, **Kippschwinge** und **Schaufel** (6).

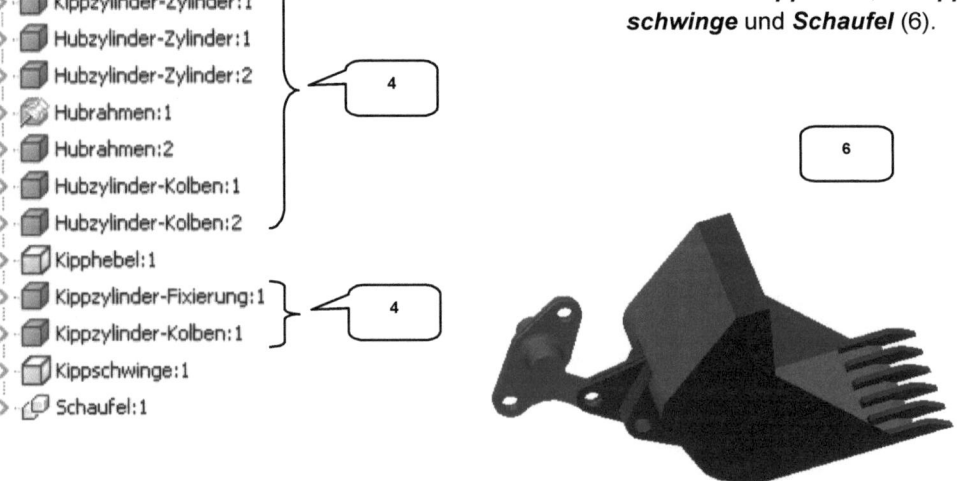

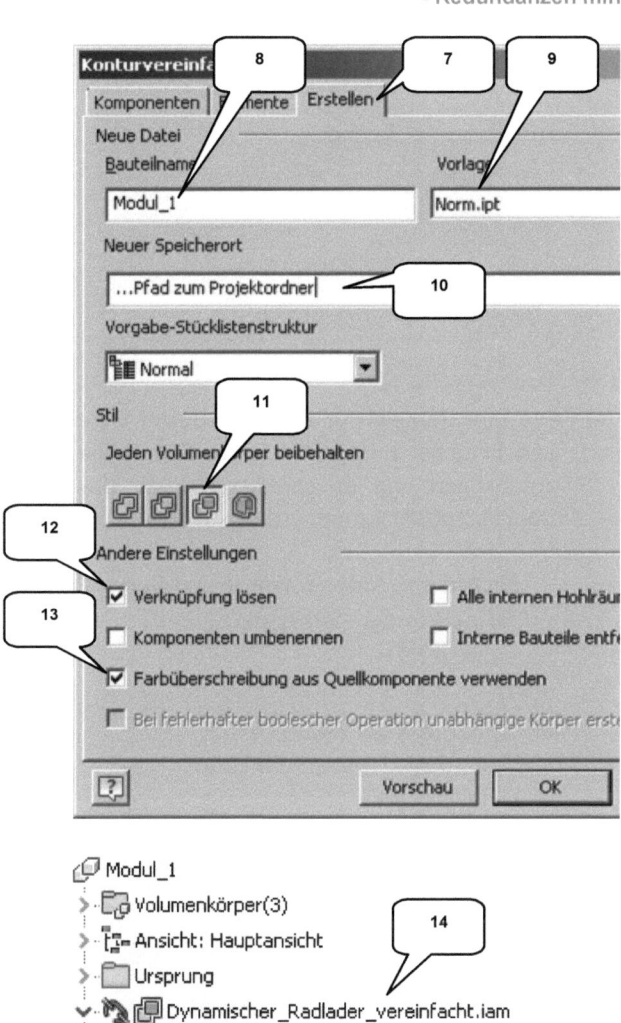

> Register **Erstellen** (7)
> Bauteilname: Modul_1 (8)
> Vorlage: Norm.ipt (9)
> Speicherort: Pfad zum Projekt-
> speicherort ggf. einstellen (10)
> Stil: Jeden Volumenkörper als Vo-
> lumenkörper erhalten (11)
> Aktivieren: Verknüpfung lösen (12)
> Aktivieren: Farbüberschreibung
> (13)
>   OK **OK**

Das Programm sollte das neue Bauteil automatisch öffnen. Betrachtet man den Browser des Bauteils so findet man darin einen Ordner **Dyna-mischer_Radlader_vereinfacht.iam** (14). Er enthält die drei Bauteile Kipp-hebel, Kippschwinge und Schaufel als einzelne Volumenkörper welche hier bei Bedarf ausgeblendet werden kön-nen (**rechte Maustaste > Sichtbar-keit**).

Das neue Bauteil sollte jetzt gespei-chert und danach geschlossen wer-den.

▣ **Speichern**
> Bauteil **schließen**

Bevor das vereinfachte Objekt **Mo-dul_1** in die Baugruppe eingefügt werden kann, sollten die nicht benötig-ten Bauteile daraus entfernt werden.

7.22.6 Vereinfache Komponente platzieren

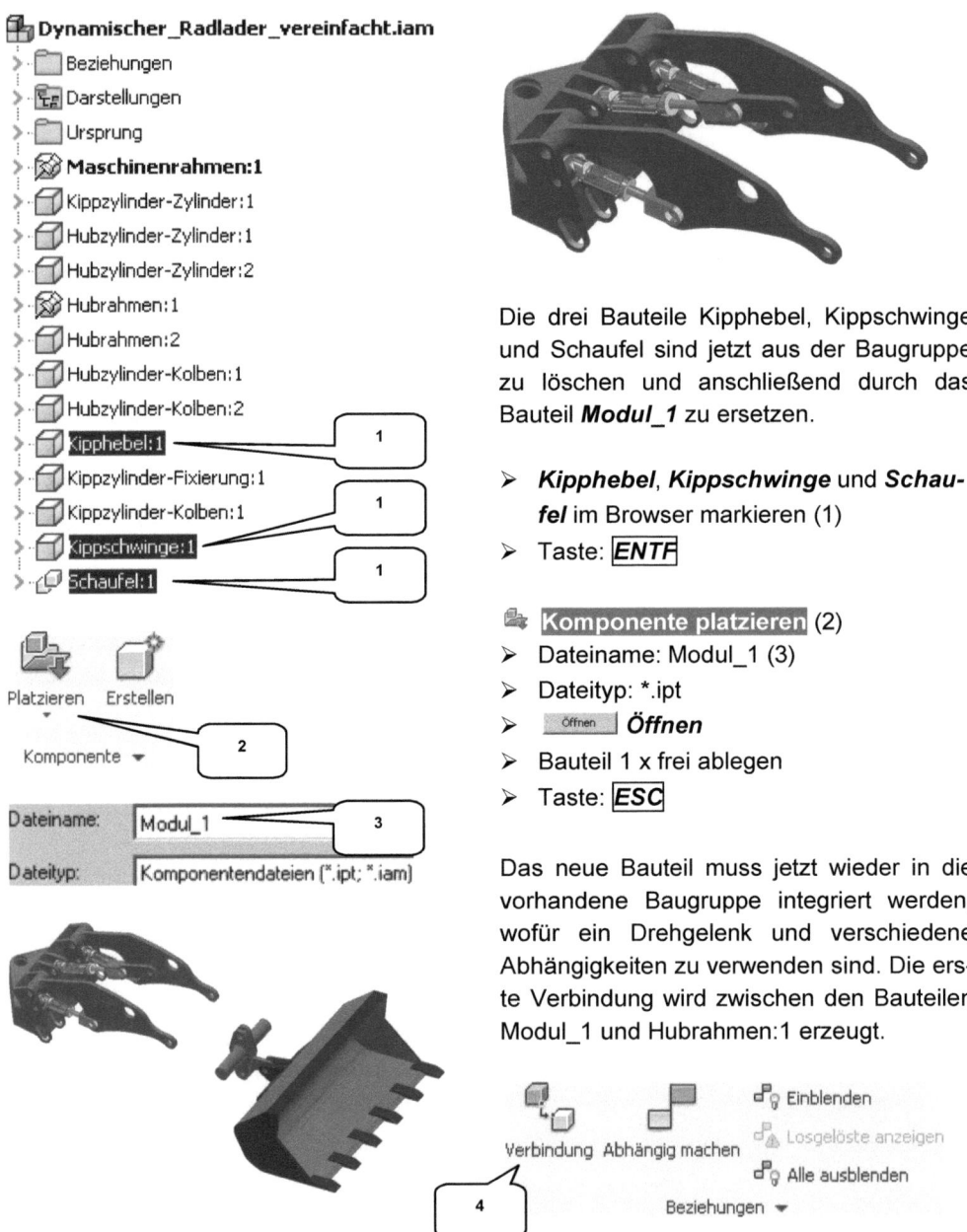

Die drei Bauteile Kipphebel, Kippschwinge und Schaufel sind jetzt aus der Baugruppe zu löschen und anschließend durch das Bauteil **Modul_1** zu ersetzen.

➢ **Kipphebel**, **Kippschwinge** und **Schaufel** im Browser markieren (1)
➢ Taste: ENTF

Komponente platzieren (2)
➢ Dateiname: Modul_1 (3)
➢ Dateityp: *.ipt
➢ Öffnen **Öffnen**
➢ Bauteil 1 x frei ablegen
➢ Taste: ESC

Das neue Bauteil muss jetzt wieder in die vorhandene Baugruppe integriert werden, wofür ein Drehgelenk und verschiedene Abhängigkeiten zu verwenden sind. Die erste Verbindung wird zwischen den Bauteilen Modul_1 und Hubrahmen:1 erzeugt.

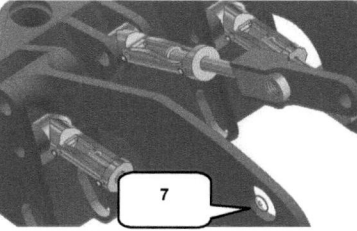
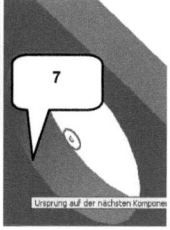

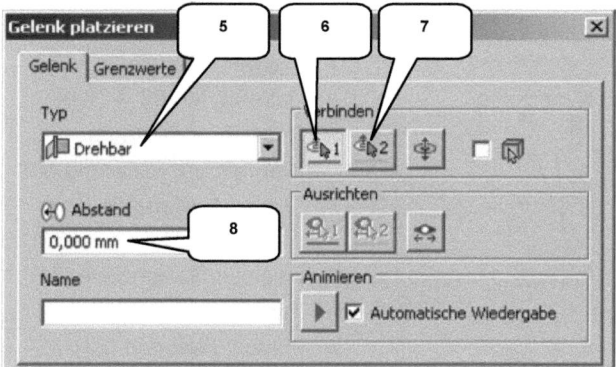

Verbindung (4)

➢ Typ: Drehbar (5)

➢ Verbinden 1: Zylinderkante
Modul_1 (6)

➢ Verbinden 2: Bohrungskante
Hubrahmen:1 (7)

➢ Abstand: 0 mm (8)

➢ ᴼᴷ **OK**

Modul_1 und Hubrahmen:2 sind durch eine axiale Abhängigkeit miteinander zu verbinden.

Abhängig machen

➢ Register *Baugruppe* (9)

➢ Typ: Passend (10)

➢ Modus: Passend (11)

➢ Versatz: 0 mm (12)

➢ Auswahl 1:
Zylinderfläche Modul_1 (13)

➢ Auswahl 2:
Bohrung Hubrahmen:2 (14)

➢ Anwenden *Anwenden*

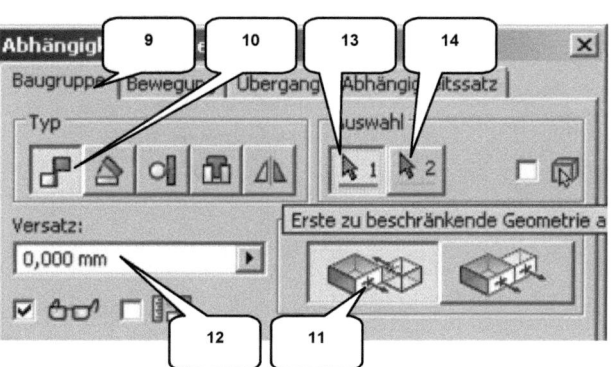

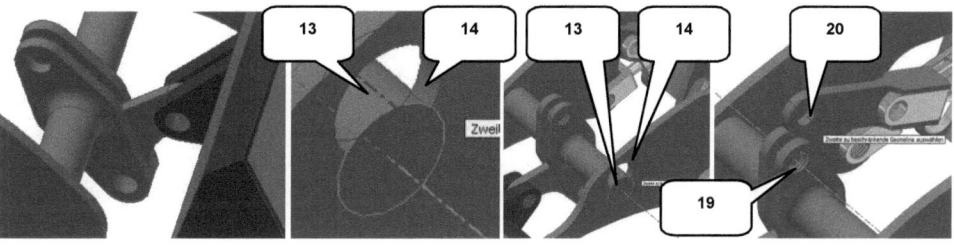

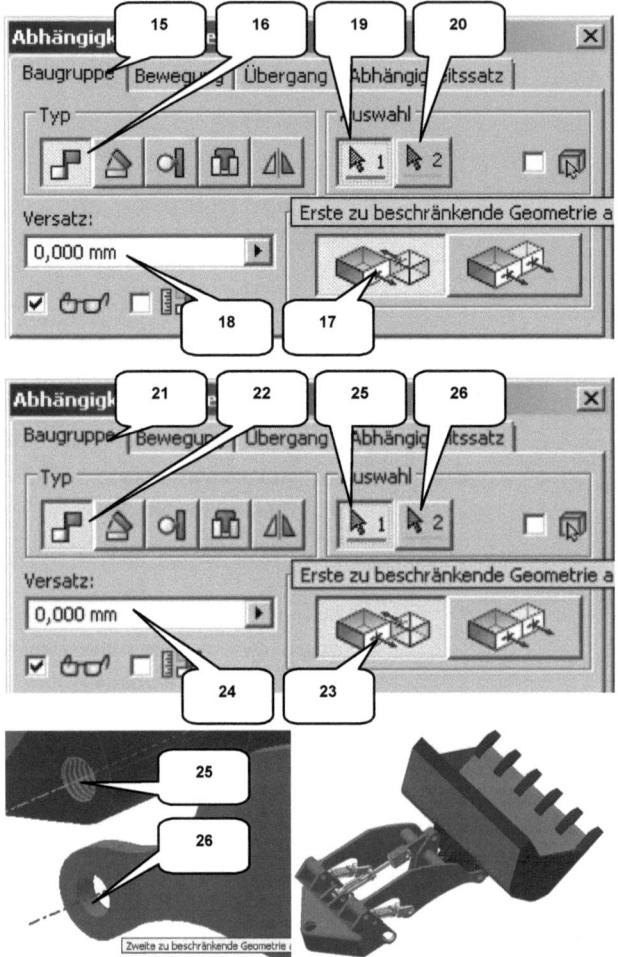

Modul_1:1 ist danach durch zwei axiale Abhängigkeiten mit Kippzylinder-Fixierung:1 und Hubrahmen:1 zu verbinden.

> Register **Baugruppe** (15)
> Typ: Passend (16)
> Modus: Passend (17)
> Versatz: 0 mm (18)
> Auswahl 1:
  Bohrung Modul_1 (19)
> Auswahl 2: Bohrung
  Kippzylinder-Fixierung (20)
> [Anwenden] **Anwenden**

> Register **Baugruppe** (21)
> Typ: Passend (22)
> Modus: Passend (23)
> Versatz: 0 mm (24)
> Auswahl 1: Bohrung
  Modul_1 (25)
> Auswahl 2: Bohrung
  Hubrahmen:1 (26)
> [OK] **OK**

[💾] **Speichern**

Wenn alles richtig gelaufen ist, dann sollte die Baugruppe jetzt wieder komplett und funktionstüchtig sein[20].

---

[20] Sollte beim Setzen der letzten Abhängigkeit eine Fehlermeldung erscheinen, hat das Programm möglicherweise einen internen Berechnungsfehler. In diesem Fall ist das Setzen der Abhängigkeit zu unterbrechen um die Bohrungen von Schaufel und Hubrahmen vorab aneinander auszurichten. Hierfür ist es empfehlenswert, den Hubrahmen:1 vorübergehend zu fixieren und ihn anschließend wieder zu lösen.

7.22.7 Geschweißte Gruppen

Arbeitsbereich:
Dynamische Simulation

| Datei | Zusammenfügen | Vereinfachen | Konstruktion | 3D-Modellierung | Skizze | Prüfen | Extras | Verwalten | Ansicht | Umgebungen |

Dynamische Belastungs- Gestell- Inventor BIM-Austausch In Schweißkonstruktion 3D-Drucken Zusatzmodule
Simulation analyse analyse Studio konvertieren

Beginnen   Konvertieren ▾   3D-Drucken   Verwalten

2

1

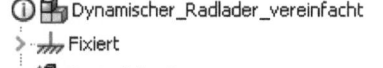
ⓘ 📦 Dynamischer_Radlader_vereinfacht
> 📐 Fixiert
∨ 📦 Bewegliche Gruppen
  > 📦 Kippzylinder-Zylinder:1
  > 📦 Hubzylinder-Zylinder:1
  > 📦 Hubzylinder-Zylinder:2
  > 📦 Hubrahmen:2
  > 📦 Hubzylinder-Kolben:1
  > 📦 Hubzylinder-Kolben:2
  > 📦 Kippzylinder-Fixierung:1
  > 📦 Kippzylinder-Kolben:1
  ∨ 📦 Geschweißte Gruppe:1 ◁——— **3**
    > 📦 Hubrahmen:1
    > 📦 Modul_1:1
> 📦 Normverbindungen
> 📦 Kraftverbindungen
> 📦 Externe Belastungen

➤ Register *Umgebungen* (1)
🔧 **Dynamische Simulation** (2)

Betrachtet man in der aktuellen Baugruppe den Browser im Bereich der Dynamischen Simulation, so findet man darin einen Ordner *Geschweißte Gruppe* (3). In der aktuellen Baugruppe befindet er sich innerhalb des Ordners *Bewegliche Gruppen* und er beinhaltet die Bauteile *Hubrahmen:1* und *Modul_1*. Befinden sich in Baugruppen Bauteile (nicht vereinfachte Bauteile, sondern einzelne Bauteile) die miteinander verbunden sind und während der Simulation gemeinsame Bewegung ausführen, so werden diese vom Programm automatisch gruppiert und als sogenannte Geschweißte Gruppen hinterlegt. Derartige Gruppierungen gelten nur für den Bereich der Dynamischen Simulation.

7.22.8 Überprüfung von Mechanismus und Redundanzen

Ob durch das Platzieren der vereinfachten Komponente *Modul_1* die Anzahl der Redundanzen verringert wurde, soll im *Status des Mechanismus* überprüft werden.

Grad der Redundanz (r)	6
Grad der Beweglichkeit (dom)	1
Anzahl der Körper	10
Anzahl mobiler Körper	9

🔧 **Status des Mechanismus**

	Vorher	*Nachher*
Grad der Redundanz	13	6
Grad der Beweglichkeit	2	1
Anzahl der Körper	13	10
Anzahl mobiler Körper	12	9

Die Anzahl der Redundanzen wurde von 13 auf 6 reduziert, was ein sehr gutes Ergebnis ist. Der Grad der Beweglichkeit wurde von 2 auf 1 reduziert, die Anzahl der Körper von 13 auf 10 und die Anzahl der mobilen Körper von 12 auf 9. Die vorangegangene Optimierung war also durchaus erfolgreich. Das Befehlsfenster kann somit geschlossen und der Bereich der Dynamischen Simulation vorerst wieder verlassen werden.

➤   OK   *OK* (Status des Mechanismus beenden)

✔ **Fertigstellen**

7.22.9 Gelenkverbindungen ersetzen

Weitere Redundanzen sollen eliminiert werden, indem das Drehgelenk zwischen den Bauteilen Hubzylinder-Kolben:1 und Hubrahmen:1 durch ein zylindrisches Gelenk ersetzt wird. Es enthält genau einen Freiheitsgrad weniger als das Drehgelenk und könnte genau deswegen eine weitere Redundanz vermeiden.

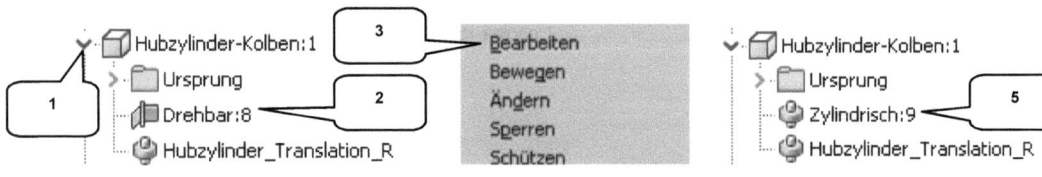

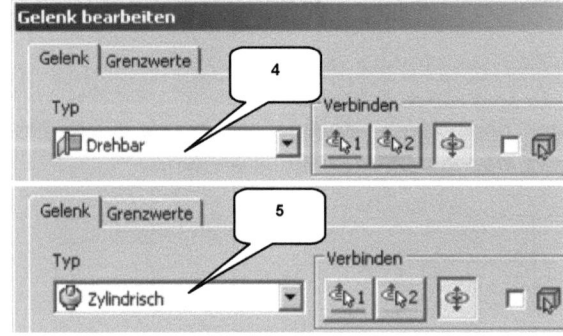

➤ *Hubzylinder-Kolben:1*
erweitern (1)

➤ *Rechte Maustaste*
Auf Gelenk *Drehbar* (2)

➤ *Bearbeiten* (3)

➤ Typ (alt): *Drehbar* (4)

➤ Typ (neu): *Zylindrisch* (5)

➤   OK   *OK*

7.22.10 Überprüfung von Mechanismus und Redundanzen

Arbeitsbereich:
Dynamische Simulation

Ob das Ersetzen des Drehgelenks durch ein zylindrisches Gelenk auch tatsächlich zu einer Minimierung der Redundanzen geführt hat, ist erneut zu überprüfen.

Grad der Redundanz (r)	5
Grad der Beweglichkeit (dom)	1
Anzahl der Körper	10
Anzahl mobiler Körper	9

> Register **Umgebungen** (1)
> **Dynamische Simulation** (2)

Status des Mechanismus

	Vorher	Nachher
Grad der Redundanz	6	5
Grad der Beweglichkeit	1	1
Anzahl der Körper	10	10
Anzahl mobiler Körper	9	9

Die Redundanzen wurden von 6 auf 5 reduziert, die restlichen Parameter sind unverändert und das Ziel der Eliminierung einer Redundanz wurde damit erreicht.

Neben der Möglichkeit Gelenkverbindungen durch andere Gelenkverbindungen auszutauschen, gibt es auch die Option, Gelenkverbindungen durch einfache Abhängigkeiten zu ersetzen. Das Ergebnis ist allerdings dasselbe: überflüssige Gelenkzuweisungen im Bereich der Dynamischen Simulation werden damit unterbunden und Redundanzen minimiert.

Die Baugruppe sollte gespeichert werden, um anschließend den Bereich der Dynamischen Simulation kurzfristig zu verlassen.

> ⬜ OK **OK** (Status des Mechanismus beenden)
✔ **Fertigstellen**
💾 **Speichern**

7.22.11 Gelenkverbindungen durch Abhängigkeiten ersetzen

Um eine weitere Redundanz aus der Baugruppe zu entfernen, soll das Drehgelenk zwischen den Bauteilen Hubzylinder-Kolben:2 und Hubrahmen:2 gelöscht und durch eine einfache axiale Abhängigkeit ersetzt werden.

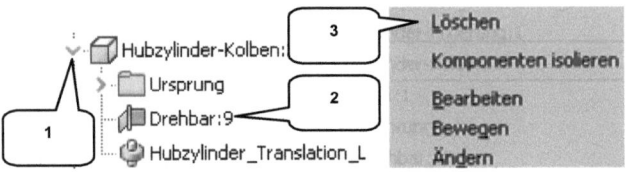

> **Hubzylinder-Kolben:2**
> erweitern (1)
> **Rechte Maustaste**
> auf Gelenk **Drehbar** (2)
> **Löschen** (3)

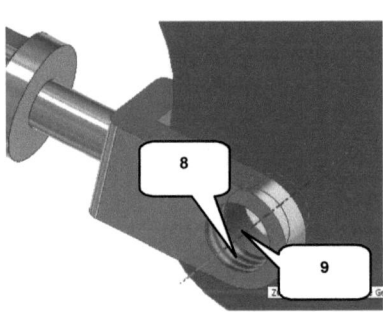 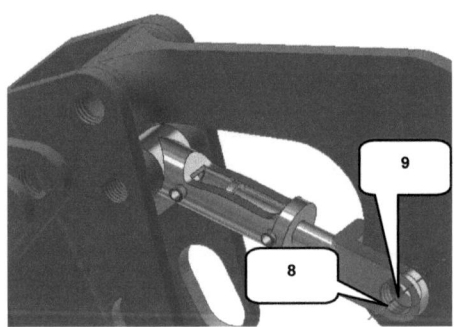

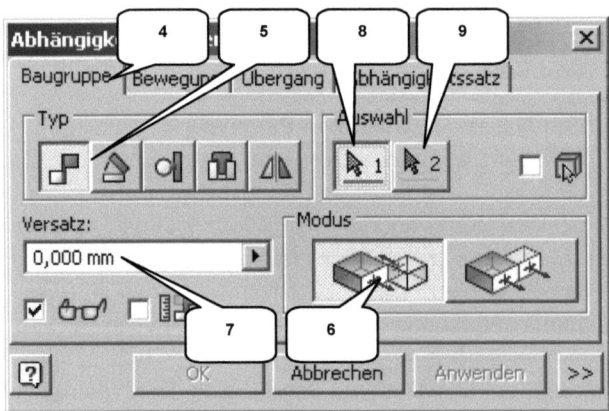

⬚ Abhängig machen

> Register **Baugruppe** (4)
> Typ: Passend (5)
> Modus: Passend (6)
> Versatz: 0 mm (7)
> Auswahl 1: Bohrung
>   Hubzylinder-Kolben:2 (8)
> Auswahl 2:
>   Bohrung Hubrahmen:2 (9)
> ▭ ᴼᴷ **OK**

⬚ Speichern

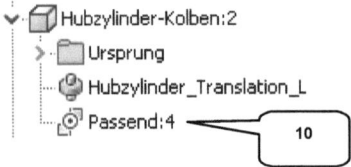

Die neue Abhängigkeit (10) müsste jetzt im Browser zu sehen sein.

7.22.12 Überprüfung von Mechanismus und Redundanzen

Arbeitsbereich:
Dynamische Simulation

Um die Auswirkungen der zuletzt erfolgten Optimierung auf die Baugruppe zu überprüfen, ist erneut in den Bereich der Dynamischen Simulation zu wechseln um den Status des Mechanismus zu überprüfen.

Grad der Redundanz (r)	4
Grad der Beweglichkeit (dom)	1
Anzahl der Körper	10
Anzahl mobiler Körper	9

➢ Register *Umgebungen* (1)

 (2)

	Vorher	Nachher
Grad der Redundanz	5	4
Grad der Beweglichkeit	1	1
Anzahl der Körper	10	10
Anzahl mobiler Körper	9	9

Die Anzahl der Redundanzen wurde von 5 auf 4 reduziert und die restlichen Parameter sind unverändert. Die Optimierungsmaßnahmen zur Reduzierung der Redundanzen könnten mit Sicherheit noch weiter durchgeführt werden, allerdings besteht dann auch immer die Gefahr, dass letztendlich zu sehr in den Mechanismus eingegriffen und dessen Funktionalität beeinträchtigt wird. An dieser Stelle soll die Optimierung der Baugruppe also beendet werden. Vergleicht man den aktuellen Status des Mechanismus mit der anfänglichen Ausgangssituation, so sind deutliche Verbesserungen zu erkennen.

	Ausgangssituation	Aktueller Stand	Delta
Grad der Redundanz	13	4	-9
Grad der Beweglichkeit	4	1	-3
Anzahl der Körper	35	10	-25
Anzahl mobiler Körper	23	9	-14

An dieser Stelle soll noch einmal betont werden, dass Berechnungen im Bereich der Dynamischen Simulation durchaus auch mit Redundanzen möglich sind. Allerdings kann es zu Abweichungen in der Berechnung oder erhöhter Rechendauer kommen. In jedem Fall sollte vor der Optimierung einer Baugruppe genau überlegt werden, ob Aufwand und Nutzen des oftmals sehr hohen Bearbeitungsaufwandes zur Reduzierung von Redundanzen in einer gesunden Relation zueinander stehen. Generell sollten derartig einschneidende Bearbeitungen einer Baugruppe zumindest niemals in der Originaldatei durchgeführt werden.

➢   OK   *OK* (Status des Mechanismus beenden)

7.23   *Festgelegte Bewegungen*
7.23.1   *Grundlagen: Festgelegte Bewegung*

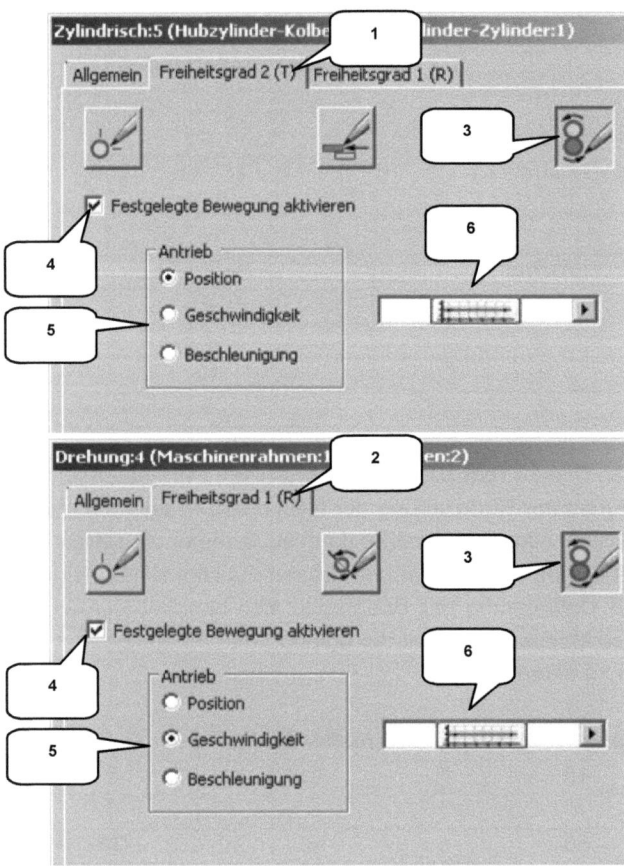

Werden im Bereich der Dynamischen Simulation *Antriebe* benötigt, so können diese z. B. über vorhandene Gelenkverbindungen definiert werden. Dabei sollte zuerst entschieden werden, welches Gelenk angetrieben werden soll. Danach ist mit *rechter Maustaste* auf das Gelenk zu klicken um im Kontextmenü die *Eigenschaften* auszuwählen. Besteht ein Gelenk aus verschiedenen Freiheitsgraden, so ist an dieser Stelle zu entscheiden, ob der Antrieb *translatorisch* (1) oder *rotatorisch* (2) erfolgen soll. Wurde der entsprechende Freiheitsgrad ausgewählt, so ist der Bereich der *festgelegten Bewegung* zu öffnen (3) und zu *aktivieren* (4). Im Anschluss daran kann aus den Antriebsoptionen *Position*, *Geschwindigkeit* und *Beschleunigung* (5) ausgewählt und der *Wert* definiert werden (6).

7.24   Gleichförmige Translation
7.24.1 Hubzylinder mit konstanter Geschwindigkeit beaufschlagen

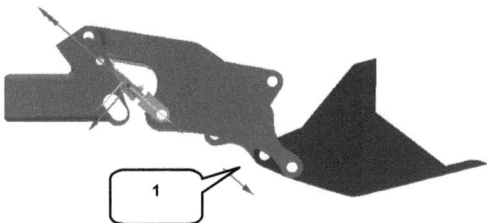

Die einfachste Form der Bewegung ist die gleichförmige Bewegung. Als Beispiel soll das Hubsystem in der folgenden Übung konstant nach oben bewegt werden, wofür der erste Hubzylinder mit einer gleichförmigen Geschwindigkeit zu beaufschlagen ist.

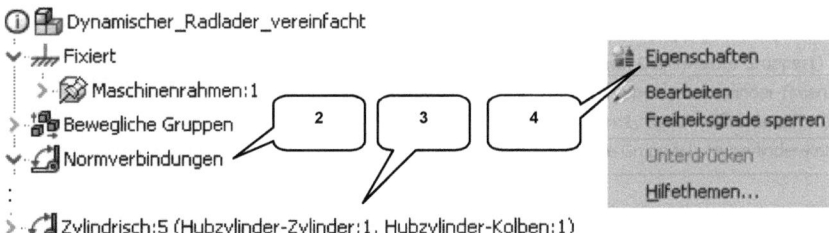

➤ Hubsystem ggf. noch einmal ganz nach unten ziehen (1)
➤ *Normverbindungen* erweitern (2)
➤ *Rechte Maustaste* auf zylindrische Gelenkverbindung der Bauteile
  Hubzylinder-Zylinder:1, Hubzylinder-Kolben:1 (3)
➤ *Eigenschaften* (4)

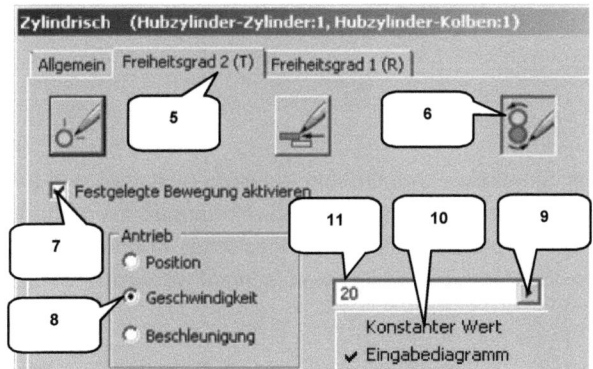

➤ Register *Freiheitsgrad (T)* (5)
➤ Festgelegte Bewegung bearbeiten (6)
➤ Festgelegte Bewegung aktivieren (7)
➤ Geschwindigkeit (8)
➤ Eingabefeld erweitern (9)
➤ Konstanter Wert (10)
➤ Geschwindigkeit: 20 mm/s (11)
➤  *OK*

➤ 🖫 Speichern

7.24.2 Ausführen und Aufzeichnen der Simulation

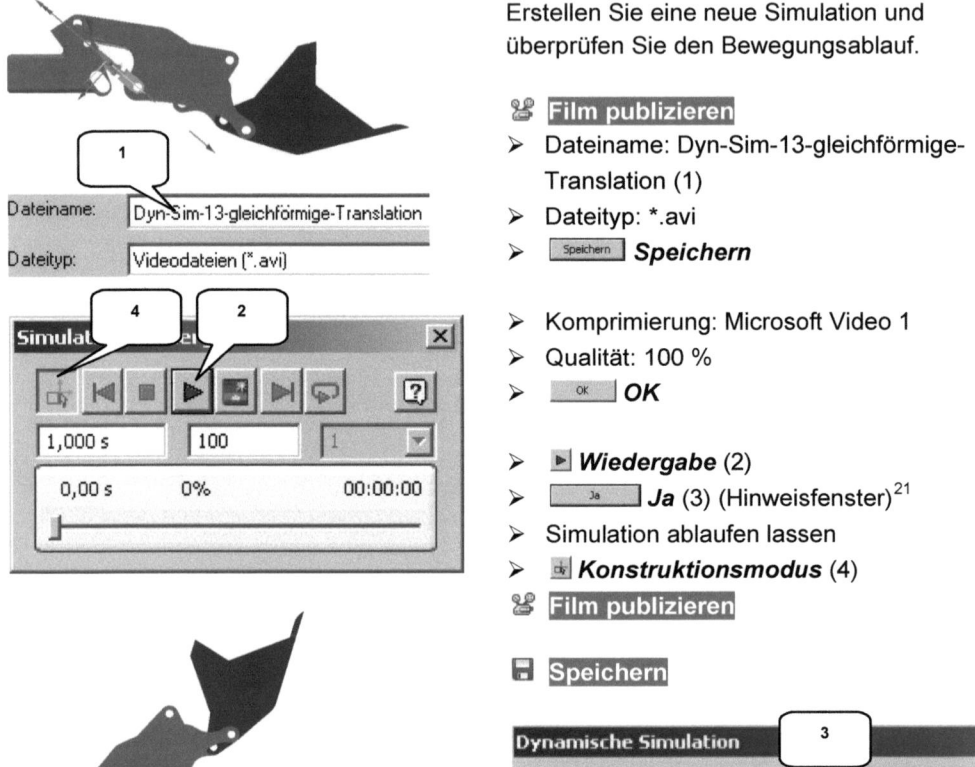

Erstellen Sie eine neue Simulation und überprüfen Sie den Bewegungsablauf.

🎬 **Film publizieren**
➤ Dateiname: Dyn-Sim-13-gleichförmige-Translation (1)
➤ Dateityp: *.avi
➤ [Speichern] **Speichern**

➤ Komprimierung: Microsoft Video 1
➤ Qualität: 100 %
➤ [OK] **OK**

➤ ▶ **Wiedergabe** (2)
➤ [Ja] **Ja** (3) (Hinweisfenster)[21]
➤ Simulation ablaufen lassen
➤ ▣ **Konstruktionsmodus** (4)
🎬 **Film publizieren**

💾 **Speichern**

Der Hubapparat sollte sich während der Simulation gleichmäßig aufwärts bewegen und am Ende die oben dargestellte Position erreichen[22]. Der Antrieb des Hubapparates anhand einer festgelegten Bewegung war also erfolgreich. Ähnliche Resultate können erzielt werden, wenn Gelenke z. B. mit Kräften oder Drehmomenten beaufschlagt werden.

---

[21] Die Meldung des Programms auf vorhandene **Konflikte zwischen Freiheitsgraden/ Grenzen und festgelegten Bewegungen** kann mit [Ja] bestätigt werden, da dieser Konflikt (gleichförmige Geschwindigkeit <> Begrenzung eines Drehgelenks) nicht vor Ablauf der Simulationsdauer (1 s) eintreten wird.

[22] Sollte sich der Hubapparat in der Simulation nicht nach oben bewegen, müsste der Wert der Geschwindigkeit auf (-)**20 mm/s** korrigiert werden.

7.25   Gleichmäßig beschleunigte Translation
7.25.1   Grundlagen: Gelenkkraft

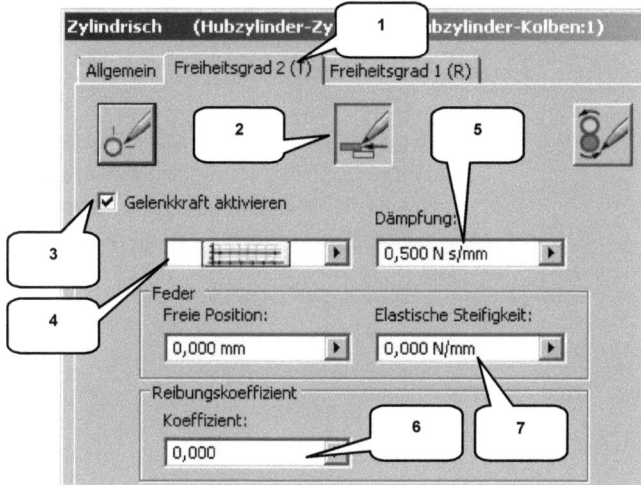

Sollen **Kräfte** oder **Drehmomente** in den Bewegungsablauf eines Mechanismus eingreifen, so können diese ebenfalls über die **Eigenschaften** eines Gelenkes definiert werden. In der Registerkarte des entsprechenden **Freiheitsgrades** (1) muss in diesem Fall der Bereich der **Gelenkkraft** (bzw. des **Gelenkmoments**) geöffnet (2) und aktiviert werden (3). Neben der Werteeingabe (4) können außerdem Parameter wie Dämpfung (5), Reibung (6) und Steifigkeit (7) hinterlegt werden.

7.25.2   Hubzylinder gleichmäßig beschleunigen

Der gleichförmige Antrieb des Hubzylinders über eine konstante Geschwindigkeit soll jetzt wieder deaktiviert und durch eine gleichmäßig beschleunigte Bewegung ersetzt werden. Hierfür ist in derselben zylindrischen Gelenkverbindung anstelle der gleichförmigen Geschwindigkeit eine gleichmäßig beschleunigte Kraft zu platzieren.

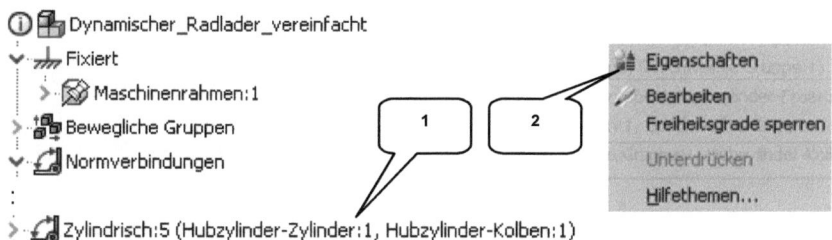

> **Rechte Maustaste** auf zylindrische Gelenkverbindung der Bauteile **Hubzylinder-Zylinder:1, Hubzylinder-Kolben:1** (1)
> **Eigenschaften** (2)

Deaktivieren Sie zuerst die noch aktive Bewegung, denn die konstante Beschleunigung soll über eine Antriebskraft definiert werden.

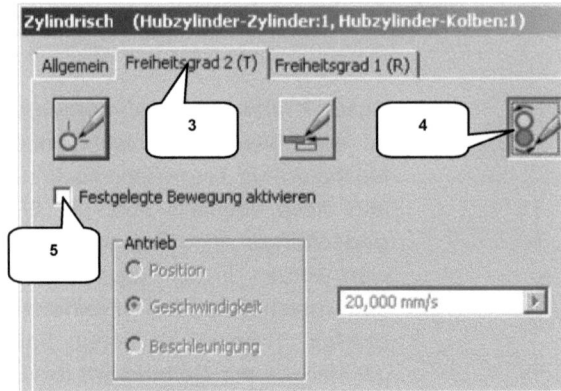

> Register *Freiheitsgrad (T)* (3)
> Festgelegte Bewegung bearbeiten (4)
> Festgelegte Bewegung deaktivieren (5)

Im Bereich der *Gelenkkraft* soll die gleichmäßig beschleunigte translatorische Kraft im Anschluss daran über das *Eingabediagramm* definiert werden.

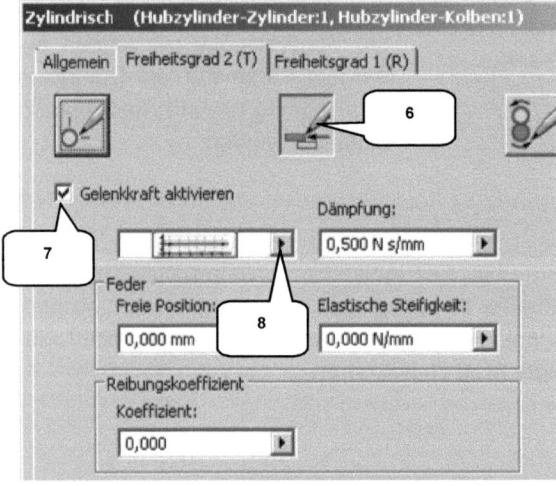

> Gelenkkraft bearbeiten (6)
> Gelenkkraft aktivieren (7)
> Eingabefeld erweitern (8)
> Eingabediagramm (9)

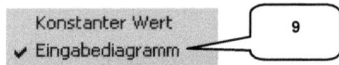

Mit dem *Eingabediagramm* steht im Bereich der Dynamischen Simulation ein weiteres Tool zur Verfügung, mit dem ungleichförmige Bewegungsabläufe definiert werden können.

Das Programm besteht aus einem grafischen Bereich, der den Kräfte- bzw. Drehmomentenverlauf über die Simulationsdauer wiederspiegelt. Weiterhin gibt es einen Eingabebereich, in welchem Form, Größe und Dauer eines Kraft-/ Drehmomentenverlaufes zu definieren sind. Die Eingaben können gespeichert oder als Tabelle exportiert und bereits gespeicherte Eingabewerte können importiert werden.

Die Kraft im Hubzylinder soll jetzt über die Simulationsdauer von einer Sekunde konstant von 0 N auf 300 N erhöht werden, wofür diesmal das *Eingabediagramm* zu verwenden ist. Die Kurvendefinition soll außerdem gespeichert werden.

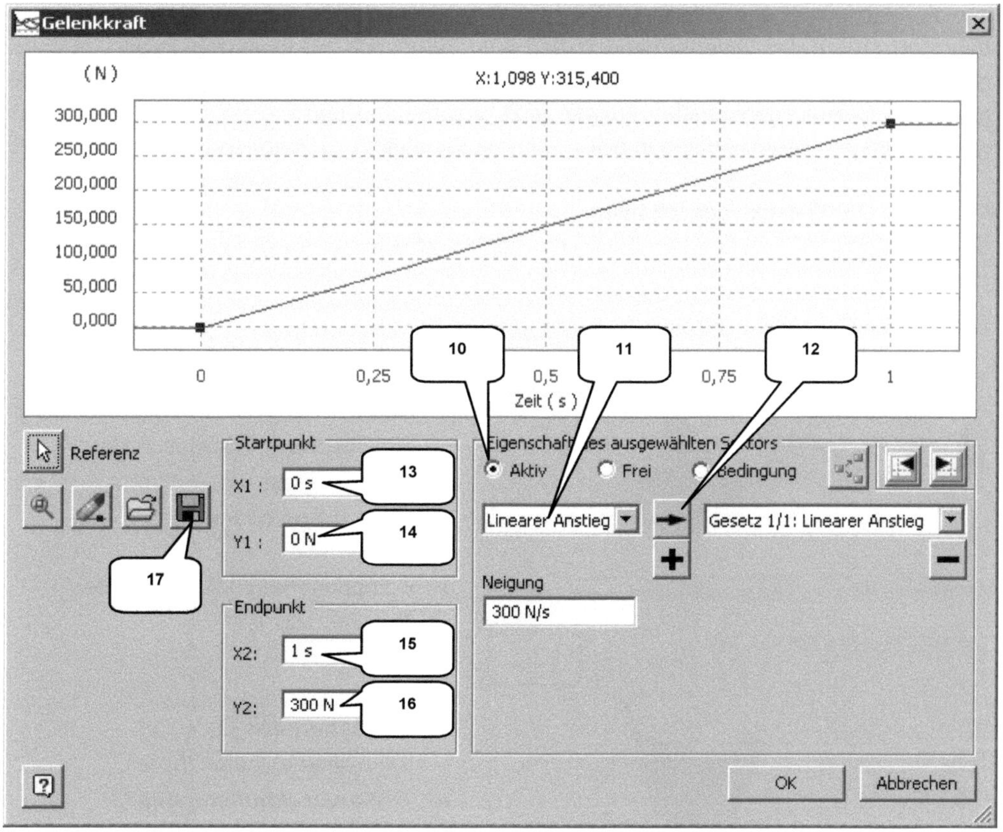

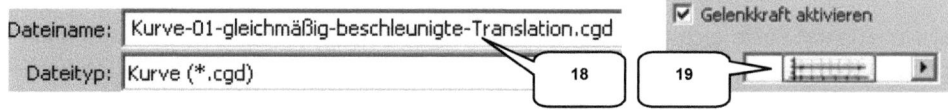

- ➤ Sektor: Aktiv (10)
- ➤ Gesetz: Linearer Anstieg (11)
- ➤ Aktuelles Gesetz ersetzen (12)
- ➤ Startzeit X1: 0 s (13)

- ➤ Startwert Y1: 0 N (14)
- ➤ Endzeit X2: 1 s (15)
- ➤ Endwert Y2: 300 N (16)
- ➤ Kurve speichern (17)

- ➤ Dateiname: Kurve-01-gleichmäßig-beschleunigte-Translation (18)
- ➤ Dateityp: *.cgd 
- ➤ Speichern **Speichern**
- ➤ OK **OK** (Gelenkkraft)

Werden Kräfte oder Drehmomente über das Eingabediagramm definiert, so wird das Einga-befenster (19) in den Gelenkeigenschaften grün dargestellt. So kann man in den Gelenkei-genschaften auf einen Blick erkennen, ob das Eingabediagramm bearbeitet wurde oder nicht. Die Gelenkeigenschaften können jetzt geschlossen und die Baugruppe gespeichert werden, um den neuen Antrieb in einer weiteren Simulation zu überprüfen.

➢ ▭ *OK* (Gelenkeigenschaften)

▭ Speichern

7.25.3 Ausführen und Aufzeichnen der Simulation

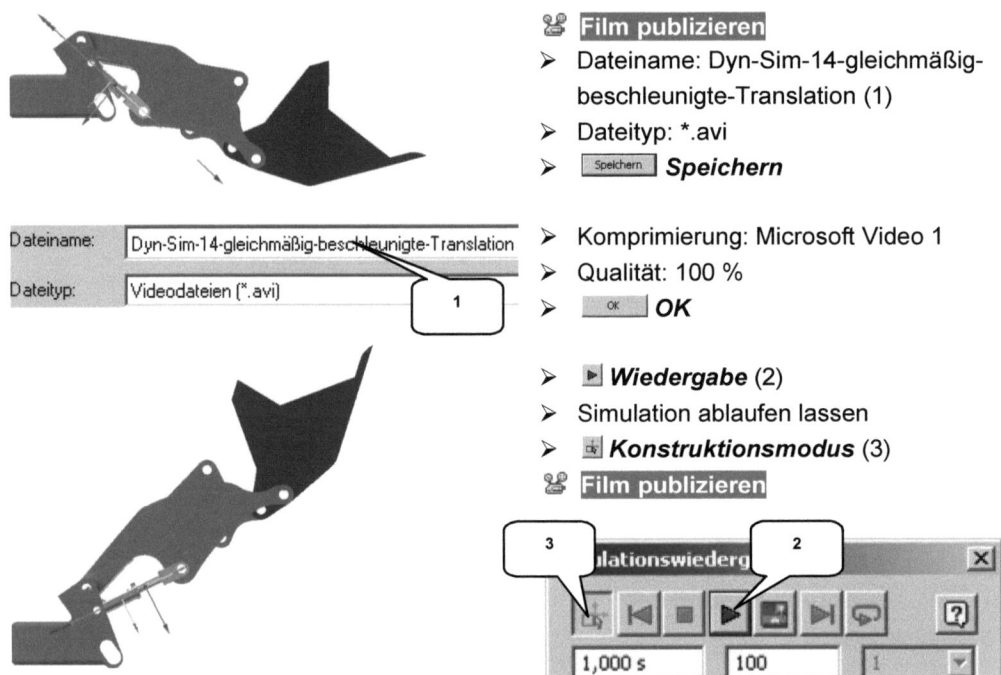

▭ Film publizieren

➢ Dateiname: Dyn-Sim-14-gleichmäßig-beschleunigte-Translation (1)

➢ Dateityp: *.avi

➢ ▭ *Speichern*

➢ Komprimierung: Microsoft Video 1

➢ Qualität: 100 %

➢ ▭ *OK*

➢ ▶ *Wiedergabe* (2)

➢ Simulation ablaufen lassen

➢ ▭ *Konstruktionsmodus* (3)

▭ Film publizieren

| Dateiname: | Dyn-Sim-14-gleichmäßig-beschleunigte-Translation |
| Dateityp: | Videodateien (*.avi) |

Der Hubapparat sollte sich nach einiger Zeit langsam nach oben bewegen[23] und dann im-mer schneller werden, um letztendlich kräftig an der oberen Begrenzung des Drehgelenks anzuschlagen. Der gleichmäßig beschleunigte Bewegungsablauf ist deutlich zu erkennen.

---

[23] Sollte sich der Hubapparat in der Simulation nicht nach oben bewegen, müssten die Gelenkeigenschaften erneut bearbeitet und der Endpunkt der Kraft (Y2) im Eingabediagramm auf (-)*300 N* (16) korrigiert werden.

7.26 Ungleichmäßig beschleunigte Translation
7.26.1 Hubzylinder ungleichmäßig beschleunigen

Auch ungleichmäßig beschleunigte Antriebe können über das Eingabediagramm definiert werden, was in der folgenden Übung umzusetzen ist. Die vorhandene Kurvendefinition mit der aktuell gleichmäßig beschleunigten Bewegung soll gelöscht und durch eine ungleichmäßig beschleunigte Bewegung in Form einer harmonischen Sinuskurve ersetzt werden.

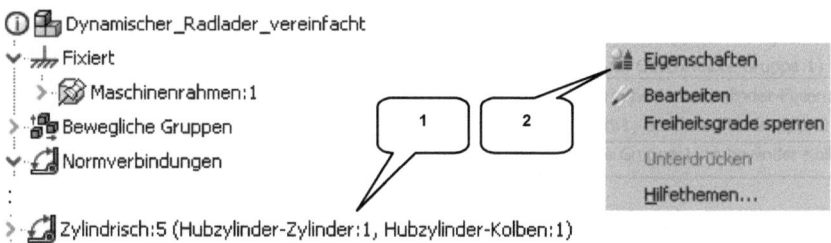

> ➤ **Rechte Maustaste** auf zylindrische Gelenkverbindung der Bauteile
> **Hubzylinder-Zylinder:1, Hubzylinder-Kolben:1** (1)
> ➤ **Eigenschaften** (2)

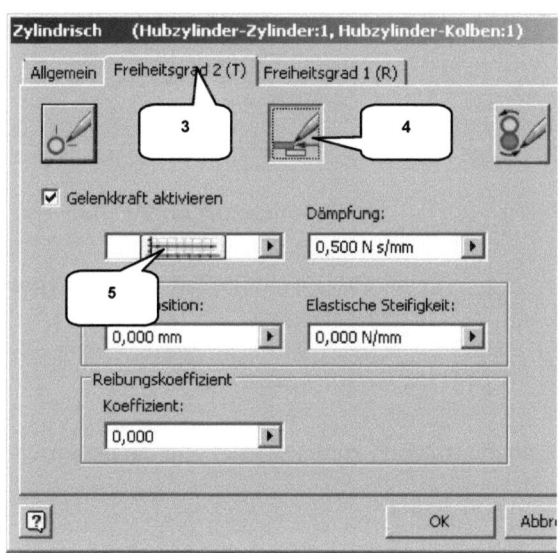

➤ Register **Freiheitsgrad (T)** (3)
➤ Gelenkkraft bearbeiten (4)
➤ Eingabediagramm (5)

Nachdem das Eingabediagramm geöffnet wurde sollten die aktuellen Einstellungen zuerst gelöscht werden.

Hierfür bietet das Programm eine einfache Lösung: die Option 🗗 **Kurvendefinition löschen**.

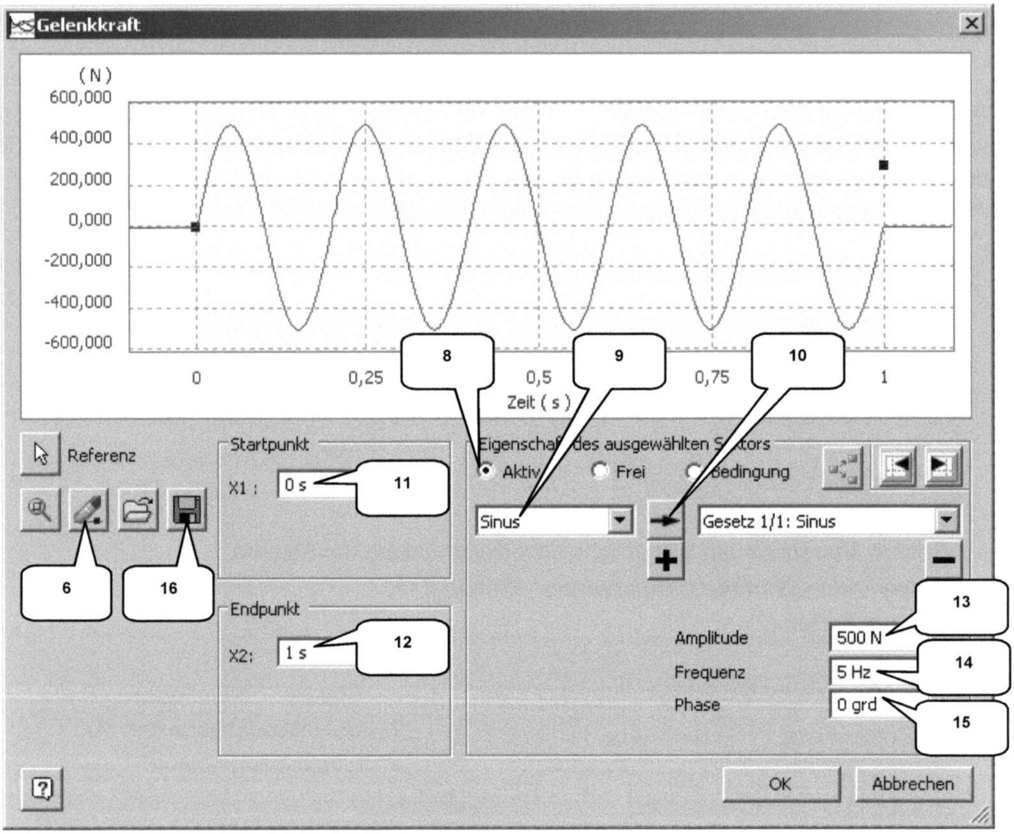

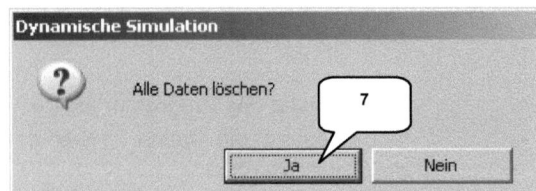

> 🖊 **Kurvendefinition löschen** (6)

Das Programm fordert zur Sicherheit eine Bestätigung.

> ▭ **Ja** (7)

Das Eingabediagramm wird jetzt in den Ausgangszustand zurückgesetzt und die neuen Einstellungen können vorgenommen werden.

➤ Sektor: Aktiv (8)
➤ Gesetz: Sinus (9)
➤ Aktuelles Gesetz ersetzen (10)
➤ Startzeit X1: 0 s (11)
➤ Endzeit X2: 1 s (12)

➤ Amplitude: 500 N (13)
➤ Frequenz: 5 Hz (14)
➤ Phase: 0 ° (15)
➤ Kurve speichern (16)

Dateiname:	Kurve-02-ungleichmäßig-beschleunigte-Translation	17
Dateityp:	Kurve (*.cgd)	

➤ Dateiname: Kurve-02-ungleichmäßig-beschleunigte-Translation (17)
➤ Dateityp: *.cgd
➤ Speichern **Speichern**
➤ OK **OK** (Gelenkkraft)
➤ OK **OK** (Gelenkeigenschaften)

⊟ Speichern

7.26.2 Ausführen und Aufzeichnen der Simulation

Die ungleichmäßig beschleunigte Bewegung soll simuliert und als Video gespeichert werden.

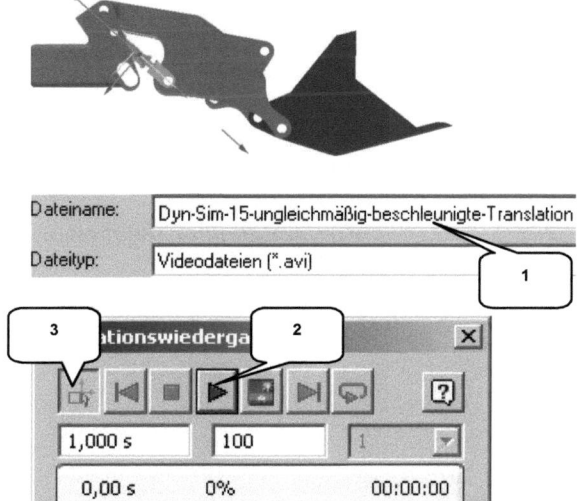

≌ Film publizieren
➤ Dateiname: Dyn-Sim-15-ungleichmäßig-beschleunigte-Translation (1)
➤ Dateityp: *.avi
➤ Speichern **Speichern**

➤ Komprimierung: Microsoft Video 1
➤ Qualität: 100 %
➤ OK **OK**

➤ ▶ **Wiedergabe** (2)
➤ Simulation ablaufen lassen
➤ **Konstruktionsmodus** (3)
≌ Film publizieren

7.26.3 Öffnen der Einstellungen der gleichmäßig beschleunigten Translation

Der ungleichmäßig beschleunigte Antrieb des ersten Hubzylinders sollte zuerst wieder durch einen gleichmäßig beschleunigten Antrieb ersetzt werden, wofür die Eigenschaften der zylindrischen Gelenkverbindung zu öffnen und zu bearbeiten sind.

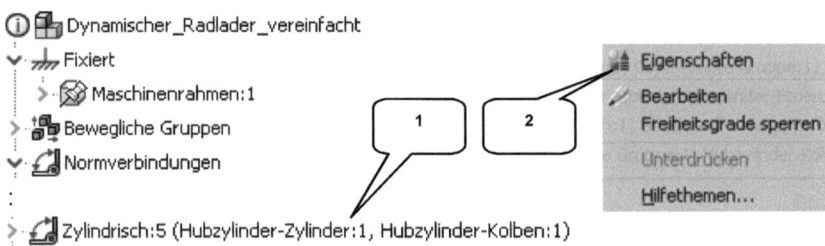

> **Rechte Maustaste** auf zylindrische Gelenkverbindung der Bauteile **Hubzylinder-Zylinder:1, Hubzylinder-Kolben:1** (1)
> **Eigenschaften** (2)

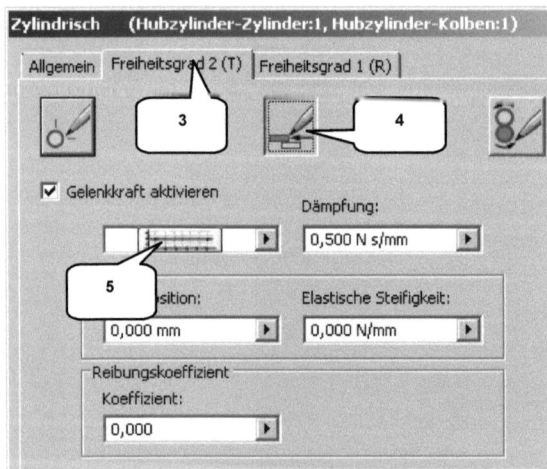

Wechseln Sie in das Register des translatorischen Freiheitsgrades und aktivieren Sie das Eingabediagramm der Gelenkkraft.

> Register **Freiheitsgrad (T)** (3)
> Gelenkkraft bearbeiten (4)
> Eingabediagramm (5)

Die noch vorhandenen Eingabewerte müssen zunächst gelöscht werden.

> **Kurvendefinition löschen** (6)

Das Programm fordert zur Sicherheit eine Bestätigung.

> **Ja** (7)

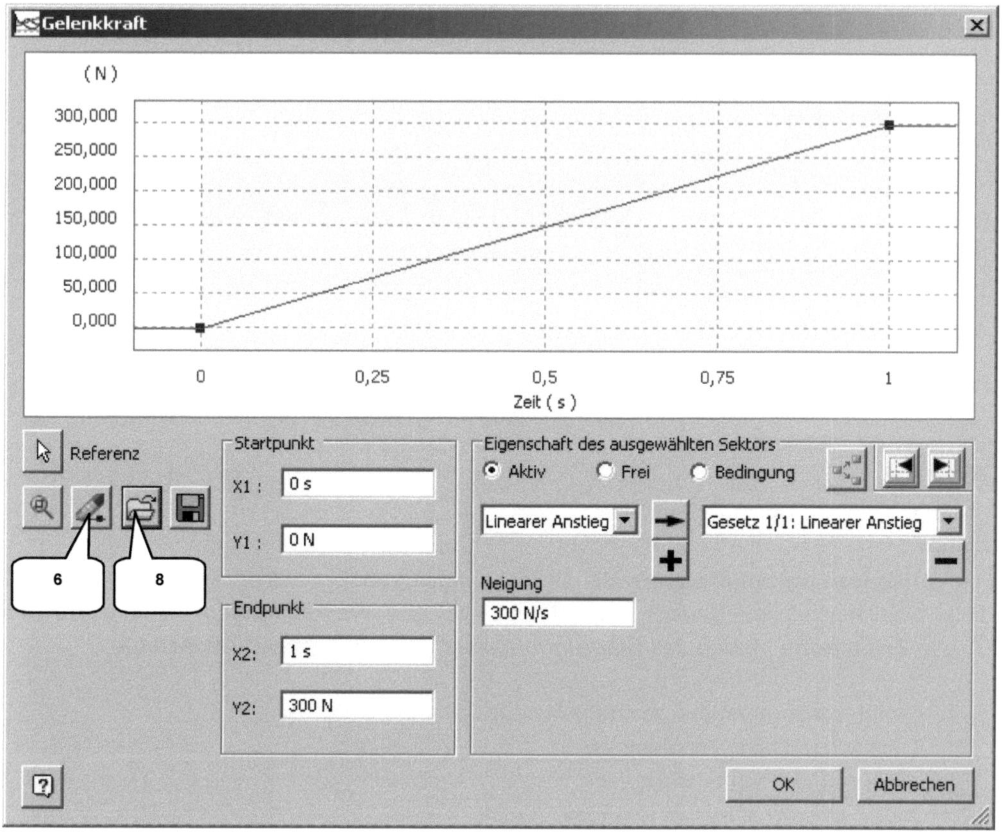

Sobald das Eingabediagramm bereinigt wurde, können über den Befehl *Öffnen* die in einer vorherigen Übung bereits gespeicherten Eingabewerte der gleichmäßig beschleunigten Translation importiert werden.

Dateiname: Kurve-01-gleichmäßig-beschleunigte-Translation.cgd

> ➢ 🗁 *Öffnen* (8)
> ➢ Pfad zum Projektordner wählen
> ➢ Dateiname: Kurve-01-gleichmäßig-beschleunigte-Translation (9)
> ➢ Dateityp: *.cgd
> ➢ [Öffnen] *Öffnen*
> ➢ [OK] *OK* (Gelenkkraft)
> ➢ [OK] *OK* (Gelenkeigenschaften)

7.27   Ausgabediagramm
7.27.1   Grundlagen: Ausgabediagramm

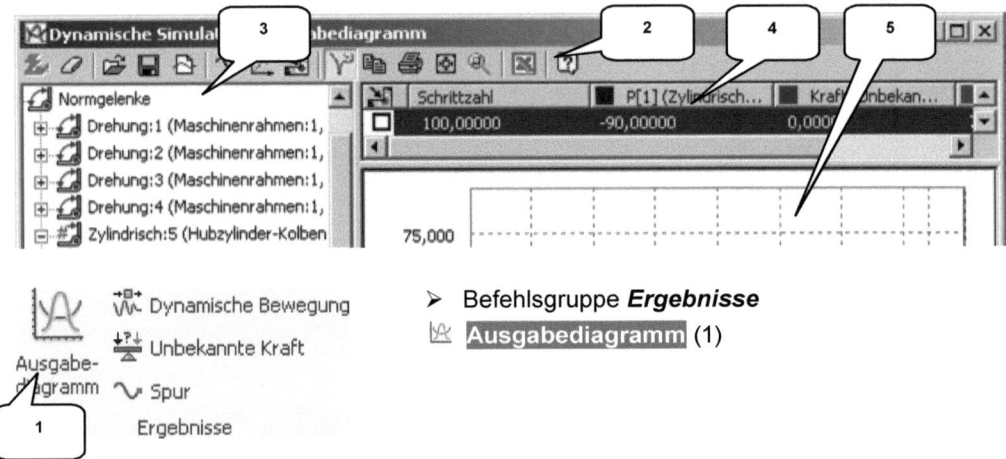

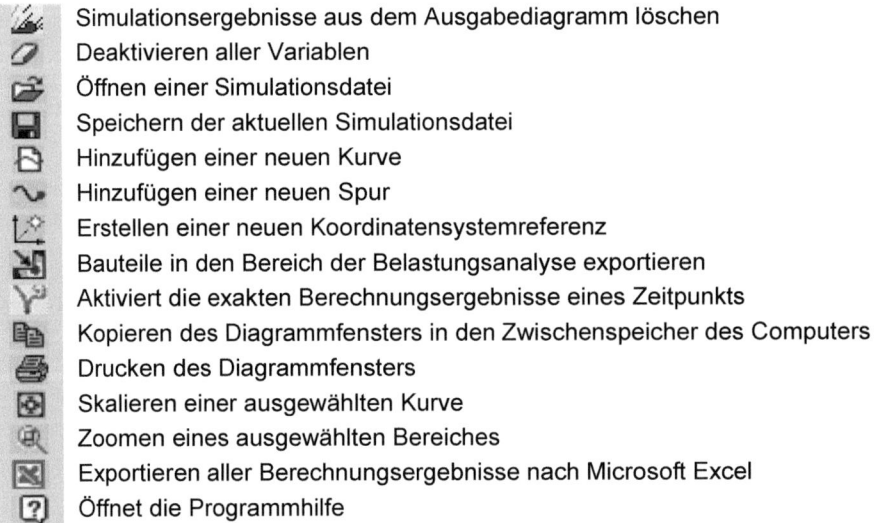

> Befehlsgruppe *Ergebnisse*
> Ausgabediagramm (1)

Das *Ausgabediagramm* enthält alle Berechnungsergebnisse einer Simulation und stellt diese tabellarisch sowie grafisch dar. Es beinhaltet eine *Werkzeugleiste* (2), den *Browser* (3), die *Zeitschritte* (4) und das *Diagrammfenster* (5) und die folgenden *Befehle*:

	Simulationsergebnisse aus dem Ausgabediagramm löschen
	Deaktivieren aller Variablen
	Öffnen einer Simulationsdatei
	Speichern der aktuellen Simulationsdatei
	Hinzufügen einer neuen Kurve
	Hinzufügen einer neuen Spur
	Erstellen einer neuen Koordinatensystemreferenz
	Bauteile in den Bereich der Belastungsanalyse exportieren
	Aktiviert die exakten Berechnungsergebnisse eines Zeitpunkts
	Kopieren des Diagrammfensters in den Zwischenspeicher des Computers
	Drucken des Diagrammfensters
	Skalieren einer ausgewählten Kurve
	Zoomen eines ausgewählten Bereiches
	Exportieren aller Berechnungsergebnisse nach Microsoft Excel
	Öffnet die Programmhilfe

Im *Browser* des Ausgabediagramms findet man die bereits bekannten Ordner *Norm-* und *Kraftgelenke*, den Ordner *Benutzervariablen*, den Ordner *Referenzrahmen* (wenn eigene Koordinaten definiert wurden) und die Ordner *Spuren* sowie *Exportieren nach FEM*.

Letzterer listet die Bauteile und Zeitschritte auf, die - sofern geschehen - für einen Export in den Bereich der Belastungsanalyse vorbereitet wurden. Im Zeitschrittfenster werden alle im Browser aktivierten Variablen tabellarisch aufgelistet, worin derzeit lediglich die Spalte *Zeit* zu finden sein dürfte. Sollten weitere Spalten aufgelistet werden, kann die Grundeinstellung durch einen Klick auf den Button *Gesamte Auswahl aufheben* (6) zurückgesetzt werden.

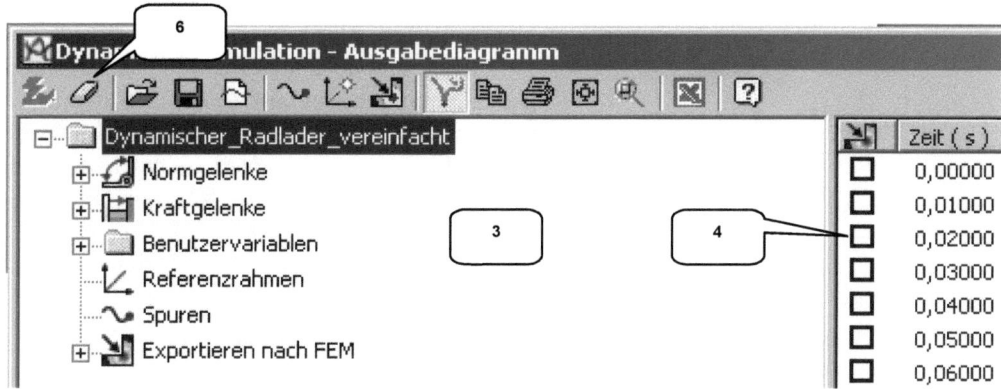

7.27.2 Kraft im zweiten Hubrahmen ermitteln

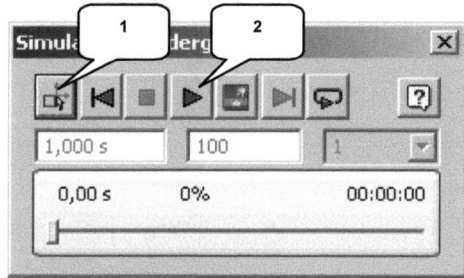

Die Simulation sollte jetzt noch einmal wiederholt werden, wobei das Ausgabediagramm geöffnet bleiben muss. Nach der Simulation darf diesmal <u>nicht</u> in den *Konstruktionsmodus* zurückgekehrt werden!

➢ *Konstruktionsmodus* (1)
➢ ▶ *Wiedergabe* (2)

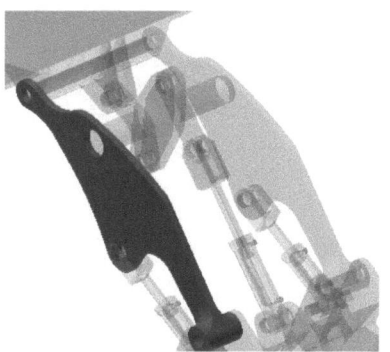

Weil der zweite Hubrahmen des Radladers später in den Bereich der Belastungsanalyse überführt werden soll, müssen vorab einige Randbedingungen geklärt werden. Z. B. sollte ein Simulationszeitpunkt ermittelt werden, an dem besonders hohe Belastungen zu erwarten sind. Zur Bestimmung dieses Zeitpunkts wäre es sinnvoll, die Belastungen in den Gelenken des zweiten Hubrahmens zu betrachten.

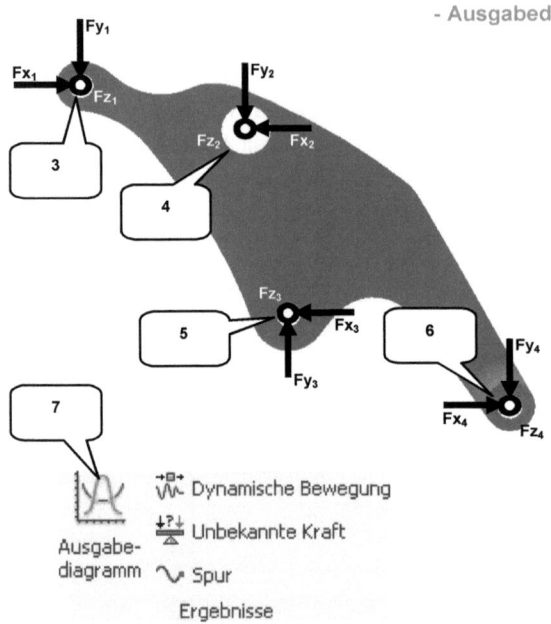

Betrachtet man den Hubrahmen genauer, so ist zu erkennen, dass zur Bestimmung des richtigen Zeitpunkts für die Belastungsanalyse vier Gelenkverbindungen infrage kommen: das Drehgelenk zwischen Schaufel und Hubrahmen (3), das Drehgelenk zwischen Kipphebel und Hubrahmen (4), das Drehgelenk zwischen HubzylinderKolben und Hubrahmen (5) oder das Drehgelenk zwischen Hubrahmen und Maschinengehäuse (6). Öffnen Sie jetzt das *Ausgabediagramm*, um die folgenden Änderungen durchzuführen.

> Befehlsgruppe *Ergebnisse*
> Ⓜ Ausgabediagramm (7)

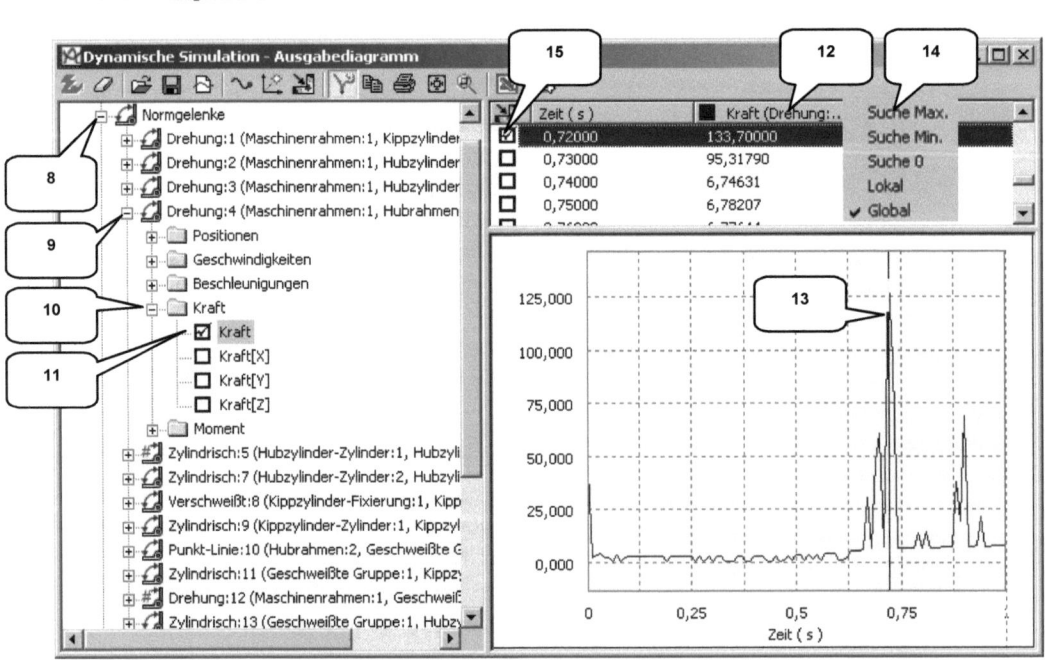

Erweitert man den Browser darin und erweitert man weiterhin den Ordner *Normgelenke*, so sollte hier das Drehgelenk der Bauteile *Maschinenrahmen* und *Hubrahmen:2* geöffnet, der Ordner *Kraft* erweitert und die darin enthaltene gleichnamige *Kraft* aktiviert werden.

➢ Ordner *Normgelenke* erweitern (8)
➢ *Drehgelenk* der Bauteile *Maschinenrahmen* und *Hubrahmen:2* erweitern (9)
➢ Ordner *Kraft* erweitern (10)
➢ Aktivieren: *Kraft* (11)

In der tabellarischen Darstellung des Diagramms wird jetzt eine weitere Spalte *Kraft* (12) angezeigt. Sie spiegelt den Kraftverlauf des Drehgelenks über den gesamten Simulations-zeitraum wider. Betrachtet man das Diagramm etwas genauer, so ist darin zu sehen, dass diese Kraft auf Position (13) ihren Maximalwert zu erreichen scheint. Klickt man jetzt mit der linken Maustaste per Doppelklick darauf, so erscheint eine vertikale schwarze Linie. Außer-dem wird die entsprechende Zeile in der darüberliegenden Tabelle markiert. Ob man mit dieser Vorgehensweise tatsächlich den maximalen Wert der Kraft dieses Gelenks ermitteln kann, ist allerdings fraglich. Eine präzise Auskunft darüber kann lediglich mit der Suchfunkti-on erfolgen.

➢ *Rechte Maustaste* auf die Überschrift der Spalte *Kraft* (12)
➢ Suche Max. (14)

Das Programm ermittelt das Maximum dieser Spalte und aktiviert die entsprechende Zeile. Der *maximale Kraftaufwand*[24] dieses Gelenks könnte in etwa bei *133 N* liegen und zum Zeitpunkt von etwa *0,72 s* stattfinden (Kraft und Zeitpunkt können abweichen!).

7.27.3 Ergebnisse speichern und exportieren

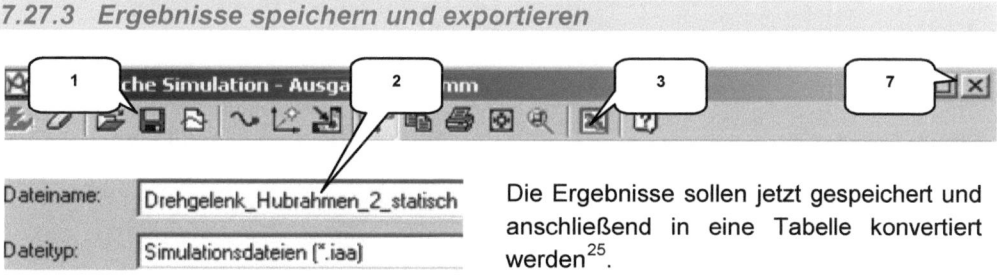

Dateiname: Drehgelenk_Hubrahmen_2_statisch

Dateityp: Simulationsdateien [*.iaa]

Die Ergebnisse sollen jetzt gespeichert und anschließend in eine Tabelle konvertiert werden[25].

---

[24] In der Praxis sollten Sie stets verschiedene Maximalwerte von Kräften und Drehmomenten in unterschiedlichen Ge-lenkverbindungen ermitteln, um Vergleichswerte zu schaffen. Die Untersuchung eines einzelnen Wertes ist selten aus-sagekräftig genug, um auch realistische Werte für auftretende Spannungen in einem Bauteil ermitteln zu können.
[25] Einige der Befehle im Programm erfordern eine vollständig installierte Version von Microsoft® Excel. So z. B. die Gewindefunktion im Programm oder auch die hier angesprochene Möglichkeit, Berechnungsergebnisse aus dem Be-reich der Dynamischen Simulation in eine Tabelle zu exportieren. Sollte kein Microsoft® Excel vorhanden sein, muss dieser Schritt übersprungen werden.

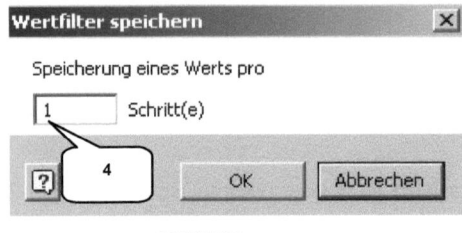

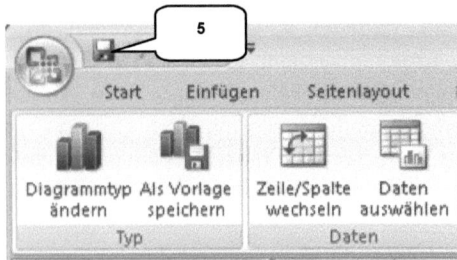

> *Simulation speichern* (1)
> Dateiname:
> Drehgelenk_Hubrahmen_2_statisch (2)
> Dateityp: *.iaa
> Speichern *Speichern*

> *Daten nach Excel exportieren* (3)
> Möchten Sie die ausgewählte Kurve in Excel exportieren?: Ja *Ja*
> Speicherung ... pro Schritt: *1* Schritt (4)
> OK *OK*

In Excel findet man einen Reiter *Diagramm* mit dem Kurvenverlauf und einen Reiter *Daten* (6) mit den Berechnungsergebnissen. Speichern und schließen Sie Excel und auch das Ausgabediagramm.

Speichern (Excel) (5)
> Dateiname:
> Drehgelenk_Hubrahmen_2_statisch (6)
> Dateityp: Excel-Arbeitsmappe
> Speichern *Speichern*

X Schließen (Microsoft® Excel)
> *Ausgabediagramm schließen*
> *Konstruktionsmodus*
Speichern (Inventor)

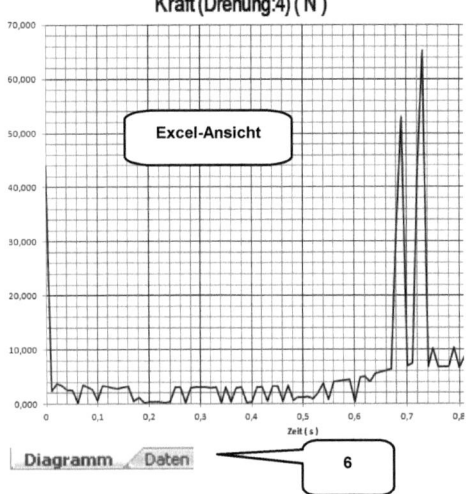

7.28   Externe Kräfte
7.28.1   Grundlagen: Kraft und Drehmoment

Um das Verhalten eines Mechanismus unter Einwirkung einer zusätzlichen Last zu untersuchen, können externe *Kräfte* beaufschlagt werden, deren Wirkrichtung entlang vorhandener Kanten, lotrecht zu Flächen oder Ebenen oder durch Richtungsvektoren definiert werden kann.

7.28.2   Externe Kräfte definieren

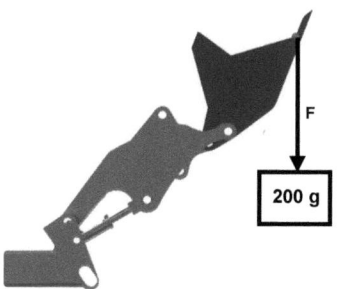

In der folgenden Übung soll eine in Richtung der Schwerkraft wirkende Kraft simuliert werden, die an der Schaufel angreift. Sie könnte z. B. durch ein Gewicht hervorgerufen werden, das mit der Schaufel durch ein Stahlseil verbunden wurde.

> Befehlsgruppe *Laden*
> Kraft (1)

Zuerst ist die Position zu bestimmen an der die Kraft angreifen soll, wofür die markierte Position an der Schaufel auszuwählen ist. Anschließend sind Größe und Wirkrichtung der Kraft und zu definieren. Es soll ein Gewicht von 0,2 Kg simuliert werden was frei an einem Seil hängt. Die Kraft (ca. 2 N) wirkt in Richtung der Schwerkraft, also in negativer Y-Richtung des Koordinatensystems.

> Position: Ecke der Schaufel wählen (2)
> Feste Belastungsrichtung (3)
> Befehlsfenster >> erweitern (4)
> Vektorkomponenten verwenden (5)

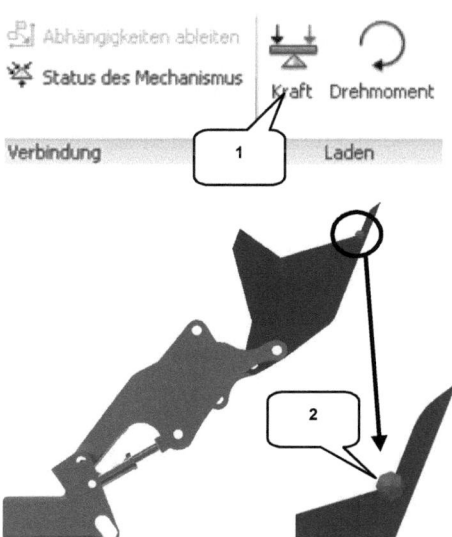

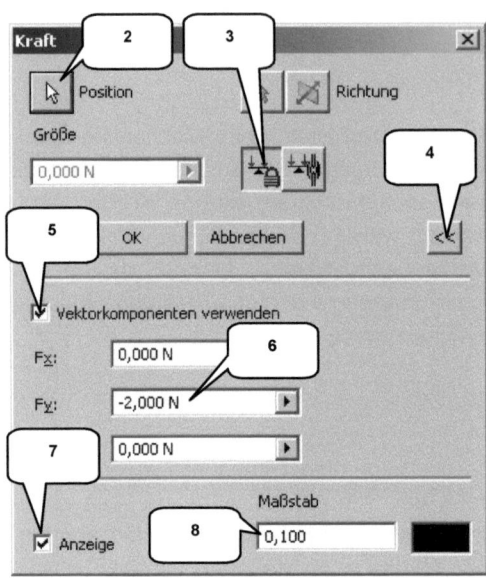

> F_Y: -2 N (6)
> Aktivieren: Anzeige (7)
> Maßstab: 0,1 (8)
> ◻ OK **OK**

Die zusätzliche Kraft, wird im Browser im Ordner **externe Belastungen** dargestellt (9). Speichern Sie die Baugruppe und führen Sie eine weitere Simulation durch.

⊟ **Speichern**

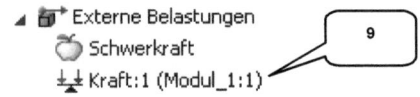

7.28.3 Ausführen und Aufzeichnen der Simulation

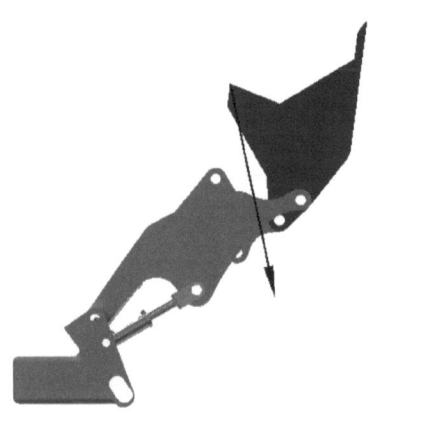

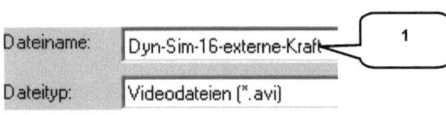

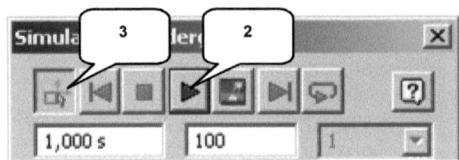

🎥 **Film publizieren**
> Dateiname:
>   Dyn-Sim-16-externe-Kraft (1)
> Dateityp: *.avi
> Speichern **Speichern**

> Komprimierung: Microsoft Video 1
> Qualität: 100 %
> ◻ OK **OK**

> ▶ **Wiedergabe** (2)
> Simulation ablaufen lassen
> ▣ **Konstruktionsmodus** (3)
🎥 **Film publizieren**

Dem Hubapparat sollte es jetzt wesentlich schwerer fallen, den oberen Totpunkt zu erreichen, die zusätzliche Kraft zeigt also ihre Wirkung. Weitere Betrachtungen sind im Ausgabediagramm durchzuführen.

7.28.4 Kraft im Hubrahmen unter zusätzlicher Last ermitteln

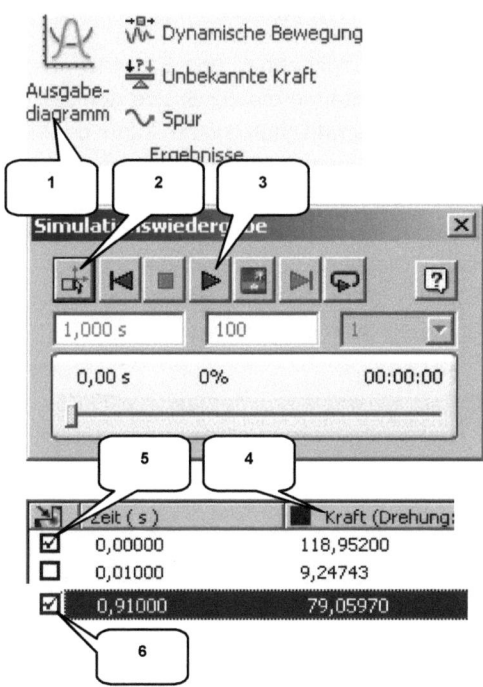

Ausgabediagramm (1)

Die Simulation muss wiederholt werden ohne das Ausgabediagramm dabei zu schließen. Aktivieren Sie den Konstruktionsmodus und starten Sie die Simulation erneut.

> ➤ **Konstruktionsmodus** (2)
> ➤ **Wiedergabe** (3)

> ➤ **Rechte Maustaste** auf die Überschrift der Spalte **Kraft** (4)
> ➤ Suche Max.

Der Maximalwert der Kraft in diesem Gelenk liegt zum Zeitpunkt **t = 0 s** bei ca. **119 N**. Einen ebenfalls hohen Wert von in etwa **79 N** findet man bei **t = 0,91 s**. Beide Zeitschritte sollten zusätzlich im Zeitschrittfenster markiert werden (5, 6). Das Ausgabediagramm kann jetzt geschlossen und die Baugruppe gespeichert werden.

> ➤ **Ausgabediagramm schließen**
> ➤ **Konstruktionsmodus**
> **Speichern**

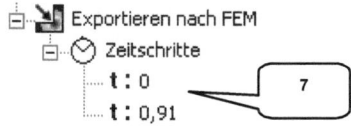

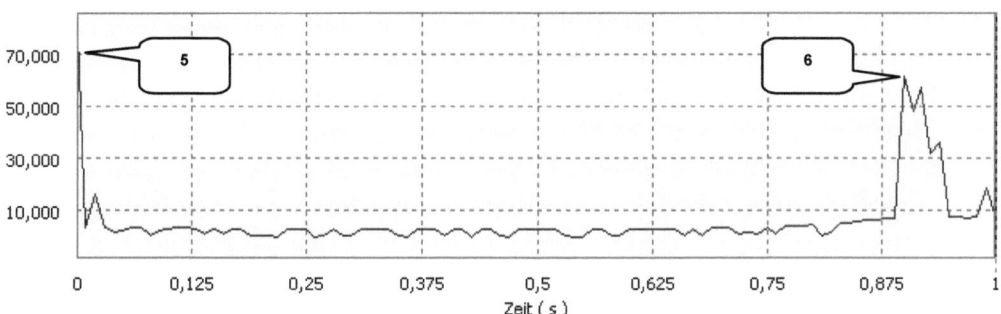

7.29 Spuren
7.29.1 Grundlagen: Spur

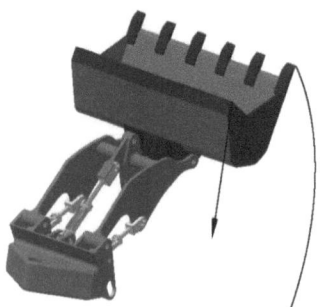

Spuren spiegeln Bewegungsbahnen von Bauteilen wider und können diese weiterhin als 2D-Skizze ableiten. Die Darstellung der kinematischen Werte kann dabei vektoriell oder als Kurvenverlauf erfolgen. Der abgeleitete Bewegungspfad (Spur) entspricht der Anordnung vieler Positionspunkte des Referenzbauteils während des Simulationsverlaufs. Die als 2D-Skizze abgeleitete Spur kann anschließend einem beliebigen Bauteil der Baugruppe zugeordnet und darin integriert werden.

7.29.2 Spur einfügen

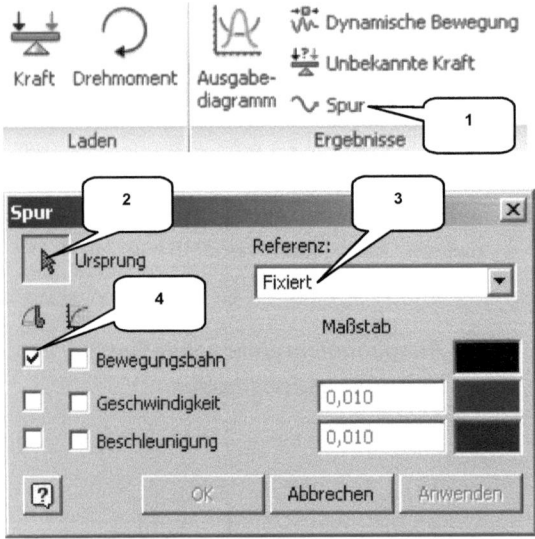

➢ Befehlsgruppe **Ergebnisse**
➢ ᭧ **Spur** (1)

Die Bewegungsbahn eines Punktes an der Schaufel soll während der Simulation abgeleitet werden, wofür ein Eckpunkt der Schaufel zu wählen ist.

➢ Ursprung: Ecke Schaufel (2)
➢ Referenz: Fixiert (3)
➢ Aktivieren: Bewegungsbahn (4)
➢ ⬛ **OK**

Um die Bewegungsbahn aufzeichnen zu können muss erneut simuliert werden.

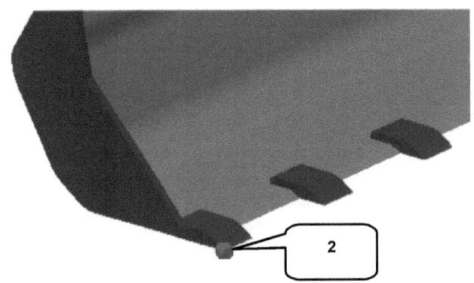

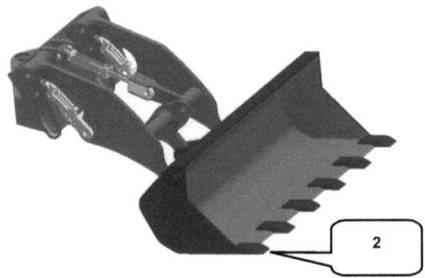

7.29.3 Ausführen und Aufzeichnen der Simulation

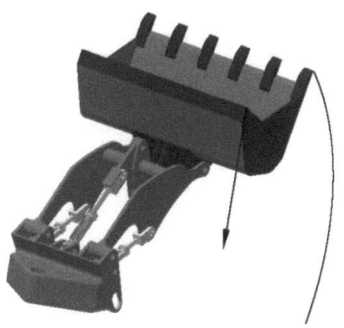

🎞 **Film publizieren**
- ➢ Dateiname: Dyn-Sim-17-Spur (1)
- ➢ Dateityp: *.avi
- ➢ `Speichern` *Speichern*

- ➢ Komprimierung: Microsoft Video 1
- ➢ Qualität: 100 %
- ➢ `OK` *OK*

- ➢ ▶ *Wiedergabe* (2)
- ➢ Simulation ablaufen lassen
- ➢ 🔧 *Konstruktionsmodus* (3)

🎞 **Film publizieren**

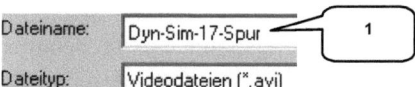

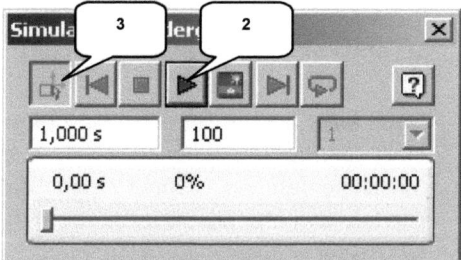

Der Hubapparat führt den bereits bekannten Bewegungsablauf durch und das Programm zeichnet dabei den Pfad des Referenzpunkts an der Schaufel auf (4). Dieser Pfad soll jetzt als Skizze exportiert und in ein anderes Bauteil eingefügt werden, wofür das Ausgabediagramm erneut zu öffnen ist.

Speichern Sie die Baugruppe davor.

💾 **Speichern**

7.29.4 Spuren als Skizze in andere Bauteile exportieren

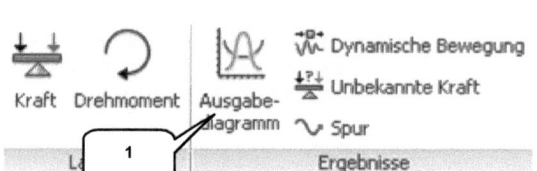

 **Ausgabediagramm** (1)

- ➢ ▶ *Wiedergabe*

Erweitert man im Browser den Ordner **Spuren** (2) so findet man darin die zuletzt erstellte **Spur:1** (3). Der Klick mit der rechten Maustaste darauf öffnet das Kontextmenu, worin die Option **In Skizze exportieren** zu aktivieren ist.

➢ **Rechte Maustaste** auf **Spur:1** (3)
➢ **In Skizze exportieren** (4)

Das Programm erwartet nun die Auswahl eines in der Baugruppe enthaltenen Bauteils, in welches die Skizze mit der Bewegungsbahn (spur) integriert werden soll. Verwenden Sie dafür das Bauteil **Maschinenrahmen**.

➢ **Maschinenrahmen** anklicken (5)

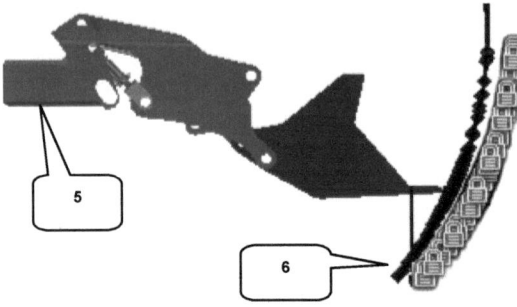

Nach einer kurzen Berechnungszeit erstellt das Programm die neue Skizze im Maschinenrahmen. Öffnet man das Bauteil, so kann die neue Skizze darin bearbeitet werden.

Betrachtet man die Bewegungsbahn etwas genauer, so ist zu erkennen, dass sie aus einzelnen Punkten besteht, welche fixiert wurde. Sie entsprechen der jeweiligen Position des Spur-Punktes zum zugehörigen Zeitschritt. Die einzelnen Punkte werden durch Splines miteinander verbunden.

Das Bauteil **Maschinenrahmen.ipt** kann jetzt wieder **geschlossen** werden aber die Baugruppe **Dynamischer _Radlader_vereinfacht.iam** muss weiterhin geöffnet bleiben.

7.30 Bauteile für eine Belastungsanalyse vorbereiten
7.30.1 Bauteil und lasttragende Flächen auswählen

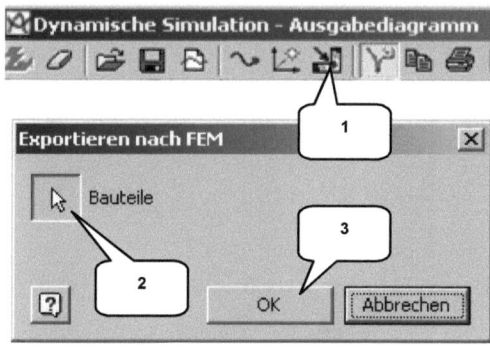

Nachdem die zu analysierenden Zeitpunkte bereits festgelegt wurden, muss das Bauteil noch definiert werden, das später im Bereich der Belastungsanalyse analysiert werden soll. Der dafür benötigte Befehl ⬛ *Exportieren nach FEM* kann direkt aus dem Ausgabediagramm heraus geöffnet werden.

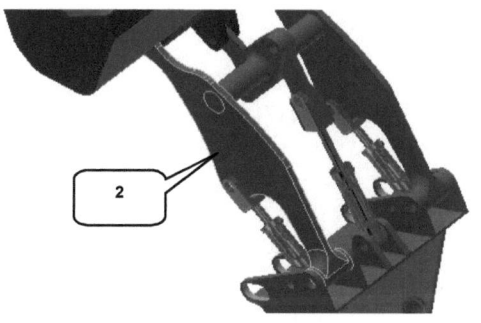

> ⬛ *In FEM exportieren* (1)
> Bauteil: Hubrahmen:2 anklicken (2)
> ⬛ *OK* (Modell überbestimmt)
> ⬛ *OK* (3)

Das Programm erwartet jetzt die Auswahl der lasttragenden Flächen, womit die Flächen der bestehenden Gelenkverbindungen gemeint sind mit denen der Hubrahmen an den angrenzenden Bauteilen befestigt wurde.

HINWEIS: Sollte das Fenster *Auswahl lasttragender Flächen für FEM* nicht automatisch geöffnet werden, so kann es alternativ auch manuell gestartet werden. Hierfür ist im Browser des *Ausgabediagramms* der Ordner *Exportieren nach FEM* (4) zu erweitern, dann mit *rechter Maustaste* auf das darin enthaltene Bauteil *Hubrahmen:2* (5) zu klicken und im Kontextmenü die Option *Lasttragende Flächen bearbeiten* (6) zu starten.

Die einzelnen Gelenkverbindungen des Hubrahmens zu den angrenzenden Bauteilen sollten jetzt nacheinander überprüft und gegebenenfalls korrigiert werden. Hierfür sind die jeweiligen Gelenke im Befehlsfenster auszuwählen und den geometrischen Elementen zuzuweisen.

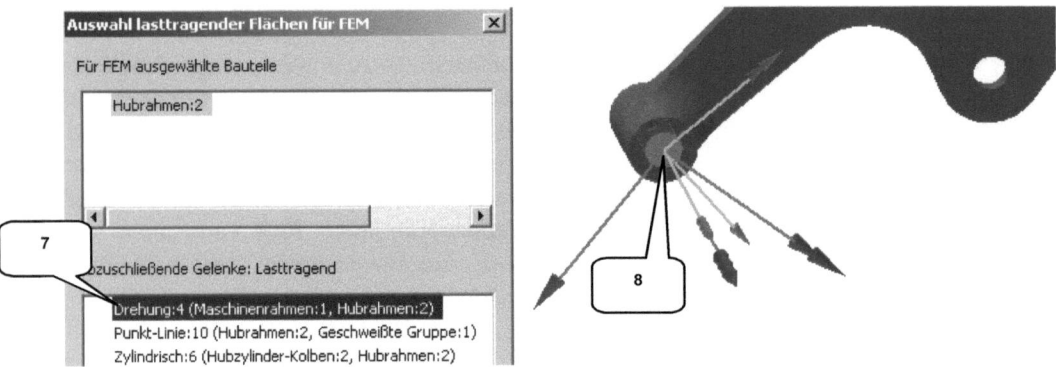

> Aktivieren: Drehgelenk *Maschinenrahmen:1, Hubrahmen:2* (7)
> Auswahl: Markierte Bohrungsfläche am Hubrahmen (8)

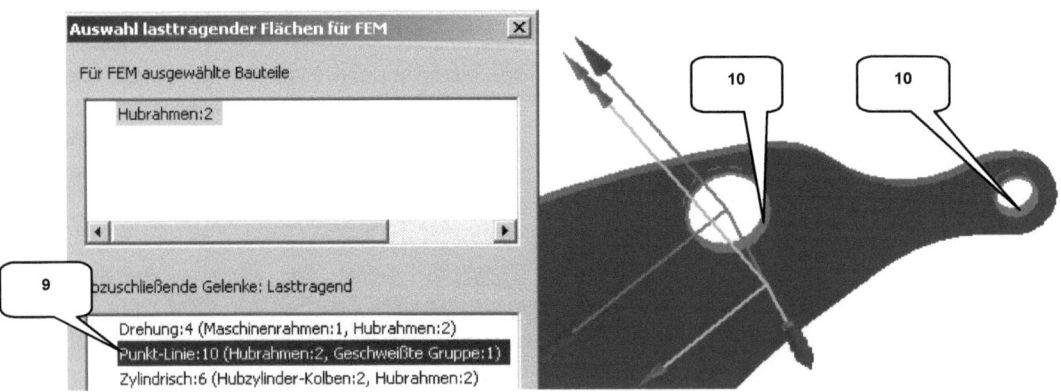

> Aktivieren: Punkt-Linien-Gelenk *Hubrahmen:2, Geschweißte Gruppe:1* (9)
> Auswahl: Markierte Bohrungsflächen am Hubrahmen (10)
> ⬛ OK *OK*

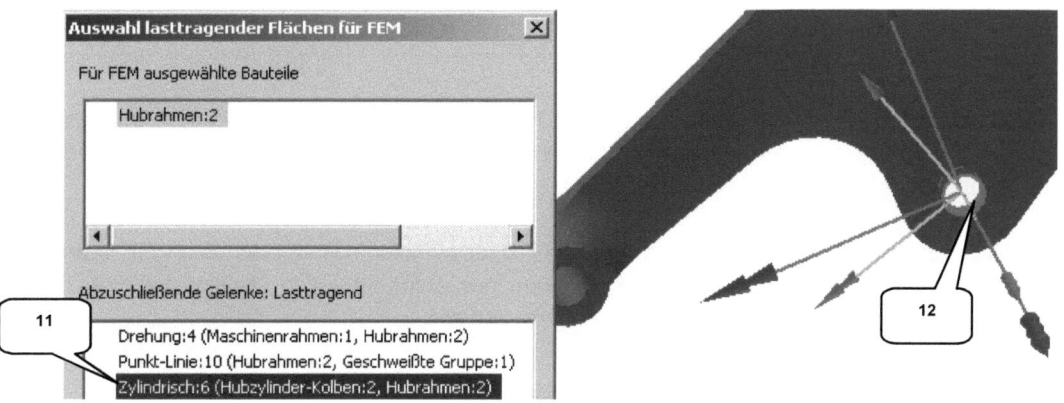

> Aktivieren: Zylindrisches Gelenk *Hubzylinder-Kolben:2, Hubrahmen:2* (11)
> Auswahl: Markierte Bohrungsfläche am Hubrahmen (12)
> `OK` *OK*

Auch das Ausgabediagramm kann jetzt wieder geschlossen werden. Aktivieren Sie den Konstruktionsmodus, speichern Sie die Baugruppe, verlassen Sie den Bereich der Dynamischen Simulation und schließen Sie die Baugruppe abschließend

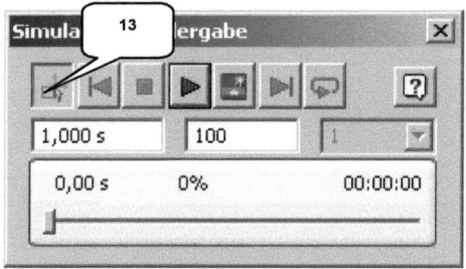

> *Ausgabediagramm schließen*
> *Konstruktionsmodus* (13)

✓ Fertigstellen
💾 Speichern (Baugruppe)
> *Schließen* (Baugruppe)

Wie genau die zuletzt für den Export vorbereiteten Simulationsergebnisse im Bereich der *Belastungsanalyse (FEM)* weiterverarbeitet werden können, wird im Buch:

> *Autodesk® Inventor® - Belastungsanalyse (FEM)*

genauer erläutert. Einen Auszug daraus finden Sie auf den folgenden Seiten dieses Buches.

8 Schlusswort

Der Autor des Buches hofft, dass Sie bei der Arbeit mit dem Programm und dem Übungs-projekt viel Spaß hatten. Der Inhalt des Buches wurde sorgfältig geprüft. Leider können Fehler nicht ausgeschlossen werden.

Wenn Ihnen während der Arbeit mit dem Buch Fehler auffallen sollten oder wenn Sie Ideen zur Verbesserung des Inhaltes haben, ist Ihnen der Autor für jeden Hinweis per E-Mail dankbar. Konstruktive Anmerkungen können jederzeit an:

> *schlieder@cad-trainings.de*

gesendet werden.

Vielen Dank.

Auszug aus dem Inventor-Grundlagenbuch

Bauteile und Baugruppen können in Autodesk® Inventor® einer *FEM-Analyse* unterzogen werden. Dort wird ihr strukturmechanisches Verhalten unter Last simuliert, um daraus Rückschlüsse auf kritische Bereiche ziehen zu können, deren Optimierung dann bereits während der Konstruktionsphase möglich ist. Die Studien können zu einem bestimmten Zeitpunkt und mit fest definierten Lasten und Auflagern stattfinden, oder parametrisch unter Verwendung beliebiger Variablen. Auch Analysen der Eigenfrequenzen eines Bauteils sind möglich. Weiterhin können Bauteile einer Topologieoptimierung unterzogen werden. Unter Beachtung aller Lasten und Auflager berechnet das Programm dabei die Möglichkeiten, welche Bereiche eines Bauteils entfernt werden können, ohne die Stabilität des Bauteils wesentlich zu beeinflussen. Somit kann das Konstruktionsprinzip der minimalen Masse konsequent umgesetzt werden.

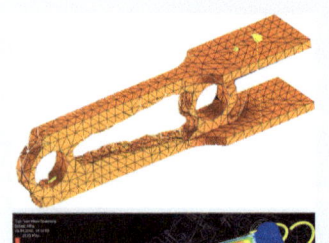

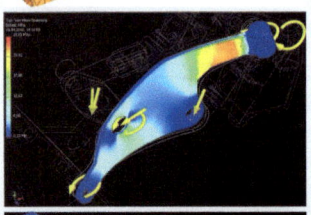

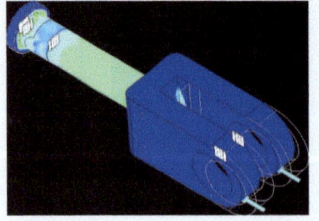

Die folgenden Bereiche werden behandelt:

➢ Erstellen von Einzelpunkt-Studien, parametrischen Studien und Modalanalysen
➢ Parameter aus der dynamischen Simulation in den FEM-Bereich übernehmen
➢ Platzieren und Bearbeiten von Abhängigkeiten, Kräften, Drehmomenten oder Drücken
➢ Generieren und Verfeinern von FEM-Netzen
➢ Präzisieren von Bauteiloberflächen
➢ Besonderheiten der Kontakteigenschaften zwischen Bauteiloberflächen
➢ Der Umgang mit dünnwandigen Bauteilen
➢ Erstellen, Animieren und Aufzeichnen von Bauteilverformungen
➢ Topologische Optimierung von Bauteilen mit dem Formengenerator
➢ Exportieren der Simulationsergebnisse

Weitere Informationen zu diesem und anderen Büchern erhalten Sie auf der Website:

➢ *http://www.cad-trainings.de*

Christian Schlieder

LEICHT VERSTÄNDLICH - KOMPLEXES ÜBUNGSBEISPIEL

Autodesk®
Inventor® 2018

BELASTUNGSANALYSE (FEM)

Viele praktische Übungen am
Konstruktionsobjekt
RADLADER

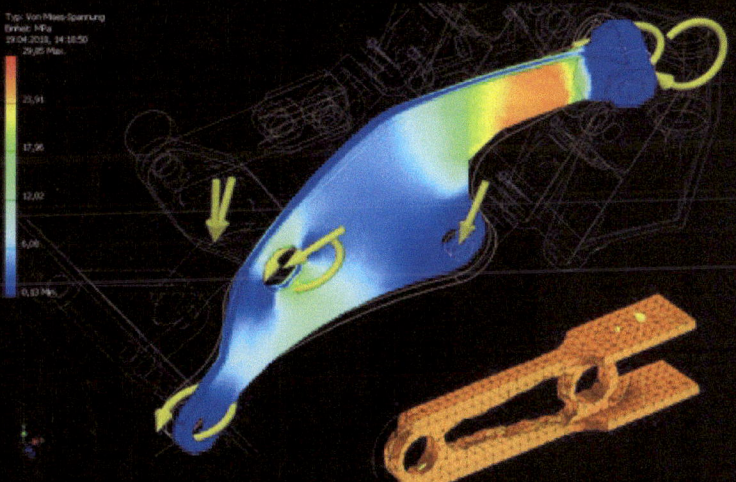

Modalanalysen, Einzelpunkt-Studien, parametrische Studien,
Datenmigration aus der dynamischen Simulation, Platzieren von
Lasten und Auflagern, Erstellen und Bearbeiten von FEM-Netzen,
Präzisieren von Kontaktflächen, Vorbereiten dünnwandiger Teile,
Topologieoptimierung mit dem Formengenerator, Ergebnisexport

INHALTSVERZEICHNIS

1 Grundlegendes zum Buch

Dieses Buch ist ein Aufbaukurs für Fortgeschrittene, die mit den Grundlagen von **Autodesk® Inventor® 2018** bereits vertraut sind. Es wird empfohlen vor der Arbeit mit diesem Buch die folgenden beiden Übungsbücher zu erarbeiten:

> *Autodesk® Inventor® 2018 – Grundlagen in Theorie und Praxis*
> *Autodesk® Inventor® 2018 – Dynamische Simulation*

Bauteile und Baugruppen können in Autodesk® Inventor® einer **FEM-Analyse** unterzogen werden. Dort wird ihr strukturmechanisches Verhalten unter Last simuliert, um daraus Rückschlüsse auf kritische Bereiche ziehen zu können, deren Optimierung dann bereits während der Konstruktionsphase möglich ist. Die Studien können zu einem bestimmten Zeitpunkt und mit fest definierten Lasten und Auflagern stattfinden, oder parametrisch unter Verwendung beliebiger Variablen. Auch Analysen der Eigenfrequenzen eines Bauteils sind möglich. Weiterhin können Bauteile einer Topologieoptimierung unterzogen werden. Unter Beachtung aller Lasten und Auflager berechnet das Programm dabei die Möglichkeiten, welche Bereiche eines Bauteils entfernt werden können, ohne die Stabilität des Bauteils wesentlich zu beeinflussen. Somit kann das Konstruktionsprinzip der minimalen Masse konsequent umgesetzt werden.

Die folgenden *Themen der Belastungsanalyse* werden behandelt:

> Erstellen von Einzelpunkt-Studien, parametrischen Studien und Modalanalysen
> Parameter aus der dynamischen Simulation in den FEM-Bereich übernehmen
> Platzieren und Bearbeiten von Abhängigkeiten, Kräften, Drehmomenten oder Drücken
> Generieren und Verfeinern von FEM-Netzen
> Präzisieren von Bauteiloberflächen
> Besonderheiten der Kontakteigenschaften zwischen Bauteiloberflächen
> Der Umgang mit dünnwandigen Bauteilen
> Erstellen, Animieren und Aufzeichnen von Bauteilverformungen
> Topologische Optimierung von Bauteilen mit dem Formengenerator
> Exportieren der Simulationsergebnisse

- Projektordner erstellen -

5   Grundlegende Vorbereitungen

Bevor mit der Umsetzung des Projekts gestartet werden kann sind die folgenden Schritte zwingend umzusetzen:

5.1   Projektordner erstellen

Auf dem PC ist an geeigneter Stelle ein neuer Ordner (der Projektordner) mit folgender Bezeichnung zu erstellen:

> *Inventor-2018-Übung-Belastungsanalyse*

5.2   Download der Übungsdateien

Die zum Buch gehörenden Übungsdateien sind von der folgenden Website herunterzuladen:

> *http://www.cad-trainings.de/html/Download.html*
> Dort das Buch *Inventor® 2018 - Belastungsanalyse* suchen
> Auf den Download-Link klicken
> Die ZIP-Datei im Projektordner (s. o.) speichern
> Die ZIP-Datei darin entpacken

5.3   Aktivierung des Einzelbenutzerprojekts

Inventor® arbeitet in Projekten, was die Koordination zusammenhängender Dateien und Einstellungen vereinfacht. Eine Projektdatei (*.ipj) sichert alle Informationen und Querverweise eines Projekts. Das ist wichtig, wenn später komplexe Baugruppen archiviert oder von einem PC auf einen anderen übertragen werden sollen.

Im Register *Erste Schritte* (Befehlsgruppe *Starten*) ist der Befehl Projekte zu öffnen, um das benötigte Projekt *Inventor-2018-Belastungsanalyse.ipj* zu aktivieren.

- Aktivierung des Einzelbenutzerprojekts -

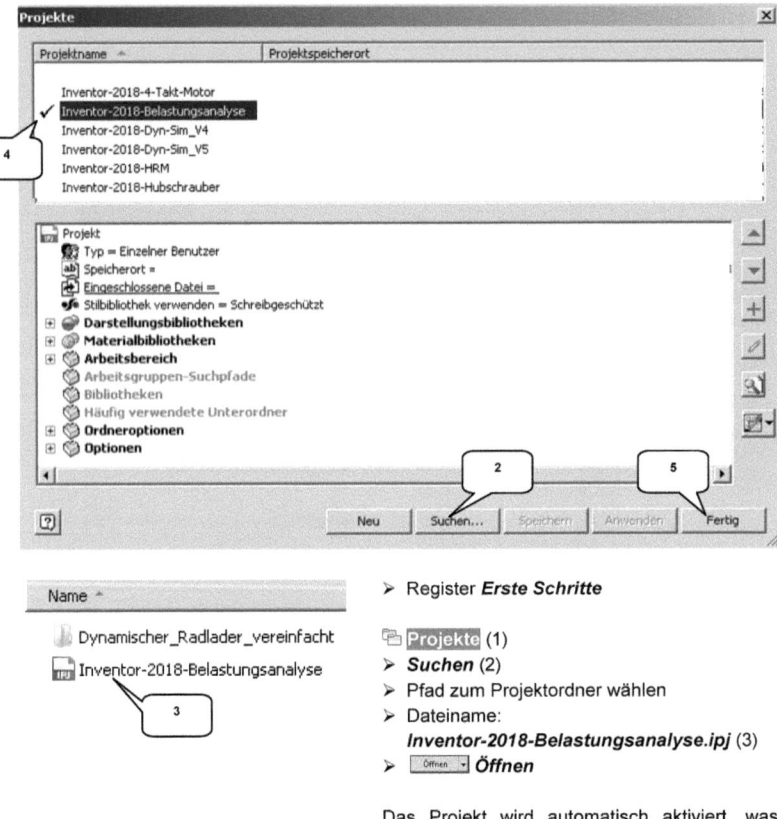

> Register *Erste Schritte*

📇 Projekte (1)
> *Suchen* (2)
> Pfad zum Projektordner wählen
> Dateiname:
  Inventor-2018-Belastungsanalyse.ipj (3)
> ⬚ *Öffnen*

Das Projekt wird automatisch aktiviert, was durch einen kleinen *Haken* in der entsprechenden Zeile (4) signalisiert wird.

> ⬚ *Fertig* (5)

5.4   Die Baugruppe im Überblick

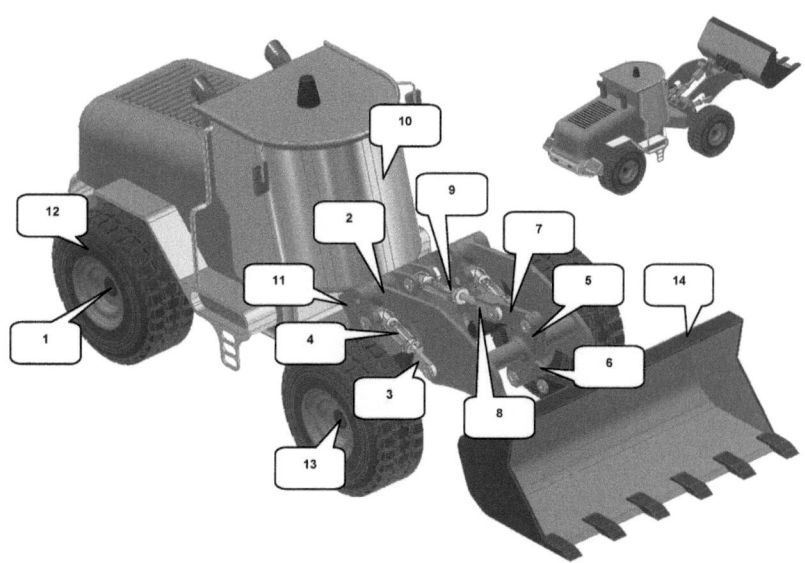

1) Hinterradachse
2) Hubrahmen
3) Hubzylinder-Kolben
4) Hubzylinder-Zylinder
5) Kipphebel

6) Kippschwinge
7) Kippzylinder-Fixierung
8) Kippzylinder-Kolben
9) Kippzylinder-Zylinder
10) Maschinengehäuse

11) Maschinenrahmen
12) Rad
13) Radbolzen
14) Schaufel

6   Die Umgebung der Belastungsanalyse

6.1   Funktionen der Belastungsanalyse

Weil die Fertigungskosten eines Bauteils erheblich während der Konstruktionsphase beeinflusst werden, sollten bereits hier möglichst viele Varianten eines Bauteils untersucht und miteinander verglichen werden. Die theoretisch ermittelte optimale Variante des Bauteils kann dann anschließend als Prototyp gefertigt werden, um weitere Analysen daran durchzuführen.

Im Bereich der Inventor® Belastungsanalyse können Bauteile und Baugruppen auf ihr Verhalten im Lastfall untersucht werden. Dabei können verschiedene Materialeigenschaften und Konstruktionsvarianten miteinander verglichen werden, lokal ermittelte Bereiche mit höheren Spannungen genauer untersucht und die optimierten Ergebnisse zurück in das Bauteil übertragen werden. Alle Simulationsergebnisse können als Bewegungsablauf animiert und aufgezeichnet, bzw. als Simulationsbericht exportiert werden.

6.2   Arten der Inventor®-Belastungsanalyse

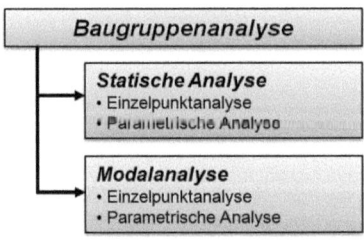

Die Belastungsanalyse ermöglicht grundsätzlich die Studie an Bauteilen und Baugruppen, wobei eine Baugruppenanalyse letztendlich auch auf eine Optimierung ausgewählter Bauteile ausgerichtet ist.

Baugruppen und Bauteile können als:

➢ *Statische Analyse (Einzelpunkt)*[1]
➢ *Statische Studie (parametrisch)*[2]
➢ *Modalanalyse (Einzelpunkt)*[3]
➢ *Modalanalyse (parametrisch)*[4]

untersucht werden.

Wurden alle konstruktiven Schwachstellen

---

[1] Objektstudie mit fest definierten Randbedingungen.
[2] Objektstudie mit variablen Randbedingungen.
[3] Objektstudie zu den Eigenschwingungen mit fest definierten Randbedingungen.
[4] Objektstudie zu den Eigenschwingungen mit variablen Randbedingungen.

- Grundlegender Aufbau des Analysebereiches -

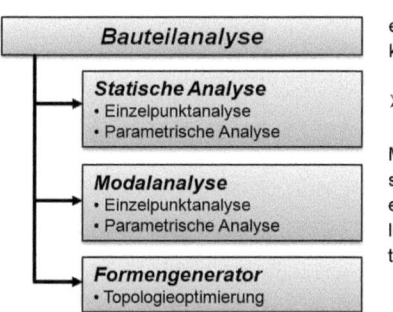

eines Bauteils ermittelt und korrigiert, so kann es weiterhin anhand einer:

➤ **Topologieoptimierung**[5]

Mit dem Inventor®-Formen Generator gestaltet werden. Hier wird geprüft, inwieweit eine Gewichts- und Massenreduktion möglich ist, ohne die Stabilität des Bauteils kritisch zu beeinflussen.

6.3 Grundlegender Aufbau des Analysebereiches
6.3.1 Baugruppe DYNAMISCHER_RADLADER_VEREINFACHT öffnen

In der folgenden Übung soll das Bauteil **Hubrahmen.ipt** analysiert werden. Es wurde zu diesem Zweck bereits im Bereich der dynamischen Simulation analysiert (siehe Buch Autodesk® Inventor® 2018 - Dynamische Simulation), konfiguriert und für den Export in den Bereich der Belastungsanalyse vorbereitet. Um diese, für das Bauteil bereits definierten Randbedingungen auch in der Umgebung der Belastungsanalyse verfügbar zu machen, muss allerdings die gesamte Baugruppe **Dynamischer_Radlader_vereinfacht.iam** geöffnet werden (würde nur das Bauteil geöffnet werden, wären keine Randbedingungen wie Lasten oder Auflager verfügbar).

An dieser Stelle sollte auch noch einmal geprüft werden, ob das korrekte Projekt geöffnet wurde.

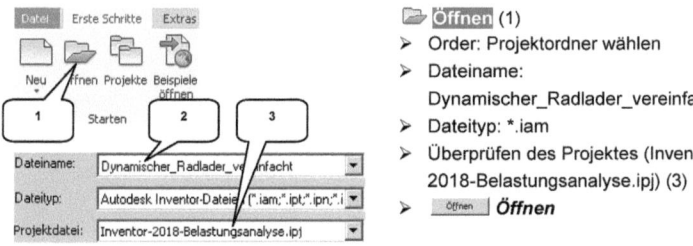

📂 Öffnen (1)
➤ Order: Projektordner wählen
➤ Dateiname:
   Dynamischer_Radlader_vereinfacht (2)
➤ Dateityp: *.iam
➤ Überprüfen des Projektes (Inventor-
   2018-Belastungsanalyse.ipj) (3)
➤ Öffnen **Öffnen**

---

[5] Berechnungsverfahren zur Gewichts- und Massenreduktion von Bauteilen unter Beachtung der Randbedingungen.

- Grundlegender Aufbau des Analysebereiches -

6.3.2 Befehlsgruppen in der Belastungsanalyse

Im Bereich der **Belastungsanalyse** sollten die **Befehlsgruppen** zuerst auf ihre Vollständig-keit kontrolliert werden.

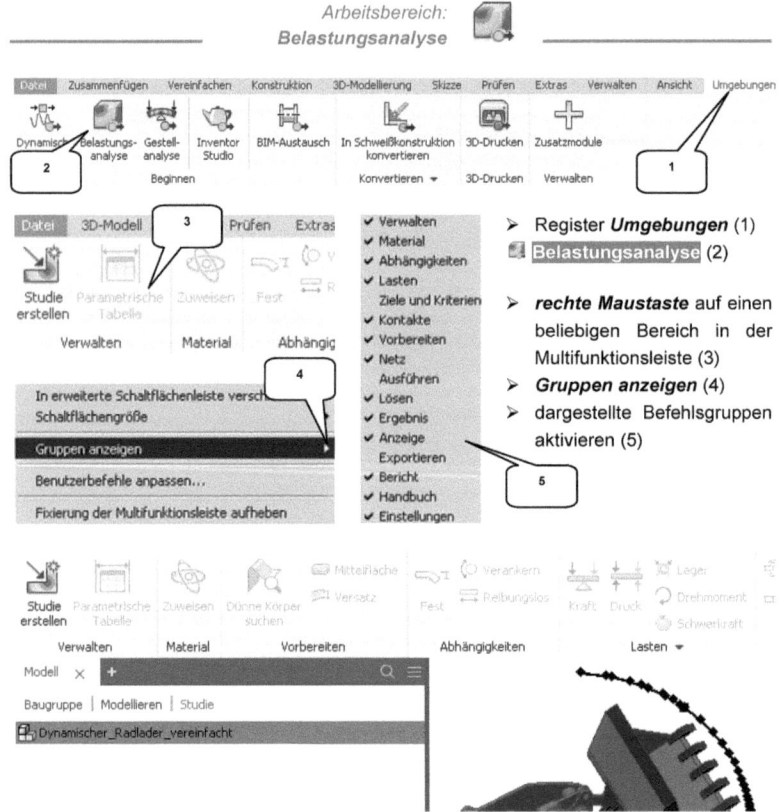

> Register **Umgebungen** (1)
>
> **Belastungsanalyse** (2)
>
> **rechte Maustaste** auf einen beliebigen Bereich in der Multifunktionsleiste (3)
>
> **Gruppen anzeigen** (4)
>
> dargestellte Befehlsgruppen aktivieren (5)

Die folgenden **Befehlsgruppen** finden Sie im Bereich der **Belastungsanalyse**.

- Grundlegender Aufbau des Analysebereiches -

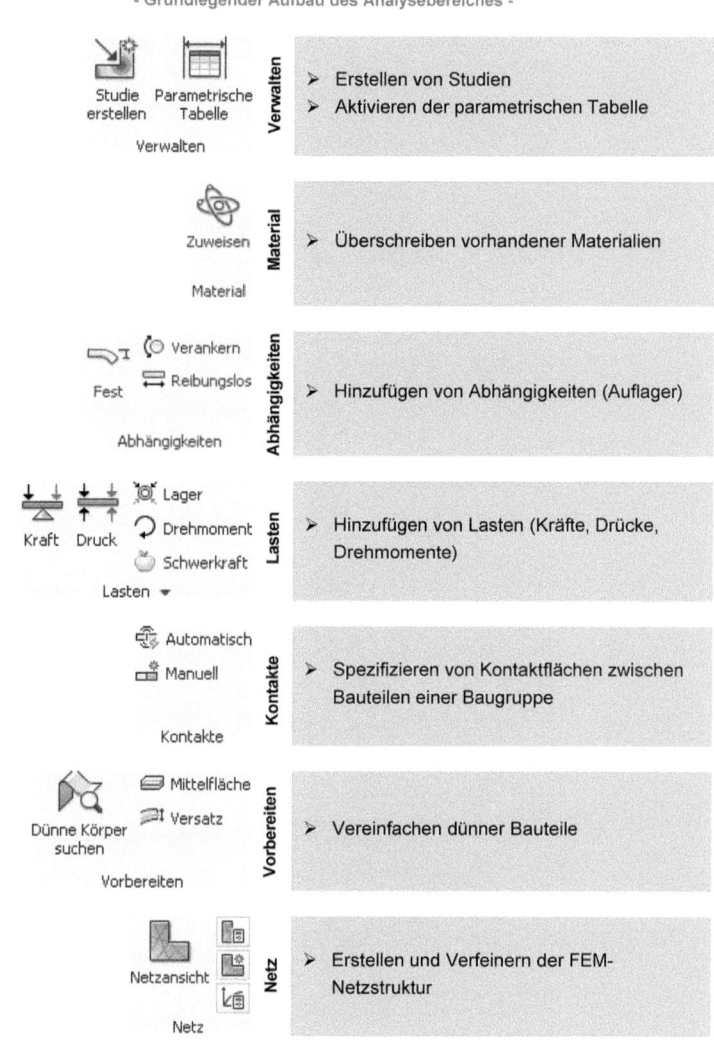

- Grundlegender Aufbau des Analysebereiches -

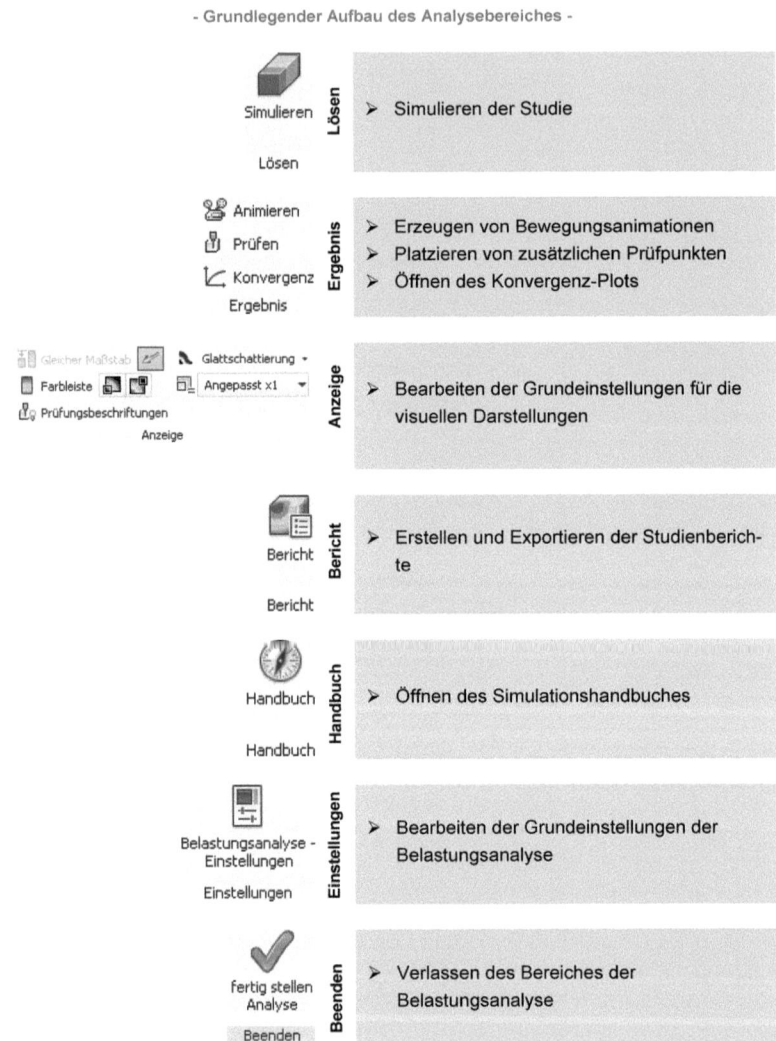

- Grundlegender Aufbau des Analysebereiches -

6.3.3 Browser

Der **Browser** der Belastungsanalyse spiegelt alle Einga-bewerte und die Ergebnisse einer Simulation wider. Die folgenden **Ordner** können darin vorhanden sein:

➢ **Studie** (1)

Die Studie findet man (nach der Bauteil- bzw. Baugrup-penbezeichnung) an oberster Stelle im Browser. Sie ent-hält die grundlegenden Eigenschaften, wie z. B. Name oder Typ.

➢ **Material** (2)

Im Ordner **Material** werden alle Bauteile einer Baugrup-pe aufgelistet, deren Material überschrieben wurde.

➢ **Abhängigkeiten** (3)

Im Ordner **Abhängigkeiten** werden alle Randbedingun-gen hinterlegt, mit denen die Bauteile befestigt wurden.

➢ **Lasten** (4)

Im Ordner **Lasten** werden alle Belastungen hinterlegt, die auf die Bauteile wirken.

➢ **Kontakte** (5)

Werden Baugruppen analysiert, dann sind im Ordner **Kontakte** alle Kontaktbedingungen zwischen den Bautei-len hinterlegt.

➢ **Netz** (6) und **Ergebnisse** (7)

Die beiden Ordner **Netz** und **Ergebnisse** beinhalten die Netzstruktur und die Berechnungsergebnisse.

- Randbedingungen definieren -

7 Studien statisch bestimmter Bauteile

7.1 Randbedingungen definieren

Von **statisch bestimmten Bauteilen** soll in diesem Zusammenhang gesprochen werden, wenn Bauteile innerhalb von Baugruppen bereits im Bereich der dynamischen Simulation analysiert und dort für den Export in den Bereich der Belastungsanalyse vorbereitet wurden.

Einmal davon abgesehen, dass die Aufbereitung einer Baugruppe im Bereich der dynamischen Simulation sehr aufwändig ist, können Bauteile im Bereich der Belastungsanalyse sehr schnell analysiert werden, weil ihnen lediglich noch ein passendes Material zugewiesen werden muss. Denn es müssen weder Abhängigkeiten noch Lasten gesetzt werden, weil das Bauteil bereits aus dem Bereich der dynamischen Simulation heraus durch verschiedene Kräfte und Momente vollständig statisch bestimmt präsentiert wird.

Eine solche Bestimmung der Kräfteverhältnisse im Bereich der dynamischen Simulation ist auch äußerst präzise. D.h. die Berechnungsergebnisse werden immer wesentlich genauer sein, als würden alle Lasten und Auflager erst im Bereich der Belastungsanalyse definiert werden.

7.1.1 Grundlagen: Neue Studie erstellen

Mit dem Erstellen einer **neuen Studie** wird die grundlegende Richtung der Analyse festgelegt. D.h. auf welche Eigenschaften ein Bauteil bzw. einer Baugruppe eigentlich untersucht werden soll.

Studienbezeichnung und **Konstruktionsziel** werden zuerst definiert. Weiterhin sind der **Studientyp**, bei Baugruppen die **Kontakteigenschaften** und gegebenenfalls weitere Einstellungen im **Modellzustand** festgelegt.

Die Eigenschaften einer Studie können jederzeit wieder geändert und bearbeitet werden indem mit der **rechten Maustaste** im Browser auf die Studie geklickt und die Option **Studieneigenschaften bearbeiten** des Kontextmenüs gewählt wird.

- Randbedingungen definieren -

7.1.2 Einzelpunkt-Studie erstellen

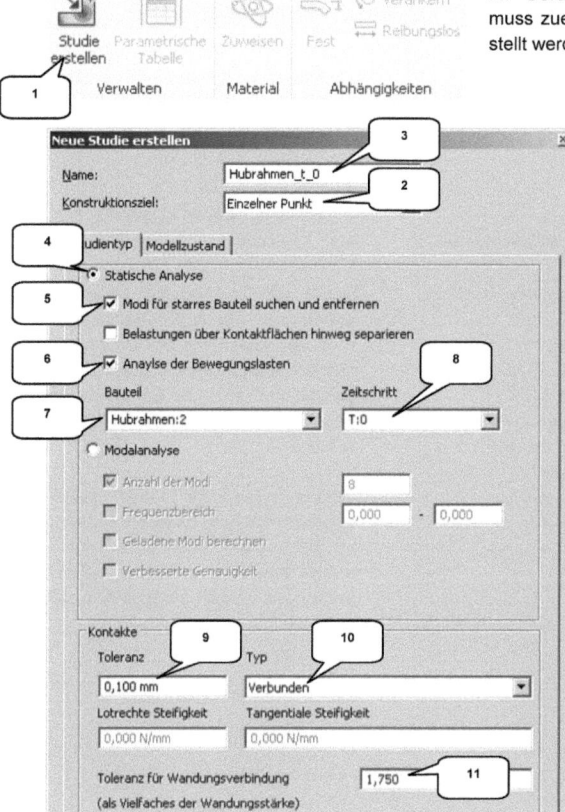

Im Bereich der Belastungsanalyse muss zuerst eine neue ⬛ **Studie** erstellt werden.

Als **Konstruktionsziel** kann die Option **Einzelner Punkt** übernommen werden und als Bezeichnung **Hubrahmen_t_0**. Weiterhin soll eine **statische Analyse** des Bauteils erfolgen, wobei zusätzlich die Option **Modi für starres Bauteil suchen und entfernen**[6] zu aktivieren ist. Um einen bestimmten Zeitpunkt der Analyse auswählen zu können, der bereits im Bereich der dynamischen Simulation vorbereitet wurde, müssen zusätzlich die Option **Analyse der Bewegungslasten** aktiviert, das Bauteil **Hubrahmen:2** ausgewählt und der **Zeitschritt T:0** festgelegt werden. Die Einstellungen im Bereich **Kontakte** sind ebenfalls zu prüfen.

---

[6] Die Option „Modi für starres Bauteil suchen und entfernen" hilft dem Programm, statisch nicht einwandfrei definierte Randbedingungen um fehlende Abhängigkeiten zu ergänzen und somit überflüssige Freiheitsgrade zu eliminieren. Das verhindert unnötige Fehlermeldungen und minimiert die benötigte Rechenkapazität.

- Randbedingungen definieren -

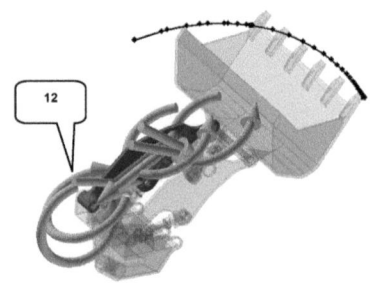

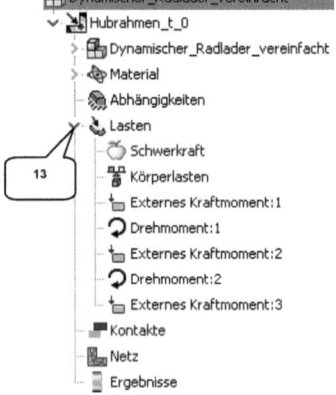

- ![] **Studie erstellen** (1)
- ➤ Konstruktionsziel: Einzelner Punkt (2)
- ➤ Name: Hubrahmen_t_0 (3)
- ➤ Studientyp: Statische Analyse (4)
- ➤ Aktivieren: Modi für starres Bauteil ... (5)
- ➤ Aktivieren: Analyse für Bewegungslast. (6)
- ➤ Bauteil: Hubrahmen:2 (7)
- ➤ Zeitschritt: T:0 (8)
- ➤ Toleranz: 0,1 mm (9)
- ➤ Typ: Verbunden (10)
- ➤ Toleranz für Wandungsverb.: 1,75 (11)
- ➤ [OK] *OK*

Wurde die Studie erstellt so aktiviert das Programm auch die restlichen Befehle. Außerdem
wird die Darstellung der Baugruppe verändert:
Das zu analysierende Bauteil wird farblich dargestellt und alle zum Simulationszeitpunkt wirkenden Lasten werden mit gelben Pfeilen (12)
symbolisiert.

Wird im Browser der Ordner *Lasten* (13) erweitert, so findet man darin alle Kräfte und Momente. Sie wurden bereits im Bereich der dynami-
schen Simulation ermittelt ($\sum F_{x,y,z}=0$; $\sum M_{x,y,z}=0$)
und in den Bereich der Belastungsanalyse über-
tragen.

7.1.3 Grundlagen: Handbuch

(i) **Handbuch** (1)

Startet man den Befehl *Handbuch* so wird der Browser geöffnet. Hier kann zwischen zwei
verschiedenen Optionen auswählt werden:

- Randbedingungen definieren -

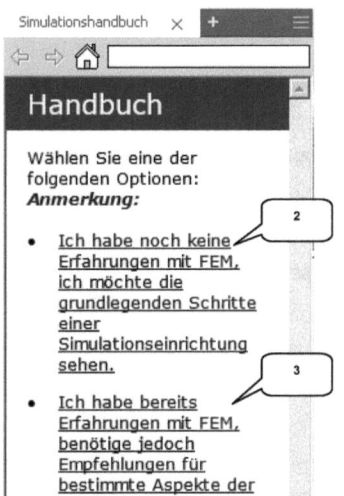

1) *Ich habe noch keine Erfahrungen mit FEM...* (2) öffnet im Browser einen FEM-Grundlagenbereich, worin grundlegende Schritte zum Einrichten und Ausfüllen einer FEM-Analyse erklärt werden. Hierbei geht es z. B. um das Erstellen einer Simulation, das Zuweisen von Materialien oder das Definieren von Abhängigkeiten bis hin zur eigentlichen Simulation.

2) *Ich habe bereits Erfahrungen mit FEM...* (3) wird im Browser einen erweiterten Auswahlbereich öffnen. Hier können weiterführende Handbücher zu den Bereichen: Belastungen, Abhängigkeiten, Kontakte, Netzdarstellung und der Auswertung der Berechnungsergebnisse geöffnet werden.

7.1.4   Grundlagen: Belastungsanalyse-Einstellungen

Der Befehl *Belastungsanalyse - Einstellungen* ermöglicht die Definition der (wie der Name schon sagt) grundlegenden Einstellungen für den Bereich der Belastungsanalyse.

Im Register *Allgemein* (2) werden die Standardvorgaben des *Studientyps* (statische Analyse oder Modalanalyse) (3), des *Vorgabeziels* (Einzelpunktanalyse oder parametrische Analyse) (4) ausgewählt, sowie Vorgaben zur Behandlung von *Kontaktflächen* (5) für die Analyse von Baugruppen definieren.

Im Register *Berechnung* (6) werden die Randbedingungen der Berechnungseigenschaften festgelegt. Die *maximale Anzahl der H-Verfeinerungen* (7) kann zwischen 0 und 5 variieren (0 entspricht einem geringen Grad der Verfeinerung - also sehr großen Netzelementen - und 5 entspricht einem sehr hohen Grad der Verfeinerung - also einem sehr feinen Netz).

- Randbedingungen definieren -

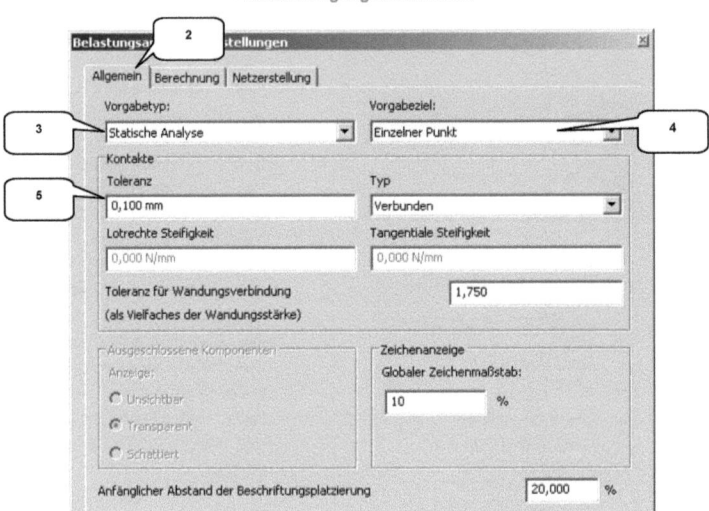

Die Berechnungen werden anhand des vorgegebenen H-Wertes solange verfeinert, bis die **Stopp-Bedingung** (8) erfüllt wurde. Sie wird als Prozentangabe (von 0...100%) hinterlegt und beeinflusst ebenfalls die Genauigkeit der Rechenergebnisse.

Eine weitere Option der Beeinflussung der Berechnungsgenauigkeit ist die Definition des **Schwellenwerts für H-Verfeinerungen** (9). Er definiert die Häufigkeit der Verfeinerungen lokaler Bereiche. Dieser Wert kann zwischen 0 und 1 festgelegt werden, wobei 0 einer maximalen Verfeinerung (viele Bereiche mit erhöhter lokaler Netzdichte) und 1 wenigen Verfeinerungen (wenige Bereiche mit erhöhter lokaler Netzdichte) entspricht. Der Standardwert liegt bei 0,75.

Im Register **Netzerstellung** (10) werden die geometrischen Vorgaben für die Erstellung der einzelnen Netzelemente festgelegt: Je kleiner die Elementgrößen definiert werden, desto genauer sind zwar die Berechnungsergebnisse, desto höher ist allerdings auch der Rechen- und damit verbundene Zeitaufwand.

- Randbedingungen definieren -

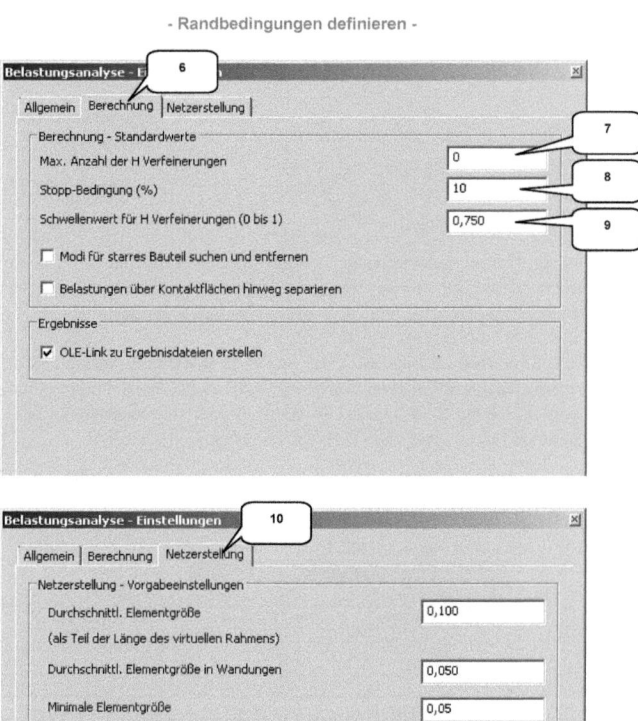

- Randbedingungen definieren -

7.1.6 Materialien zuweisen

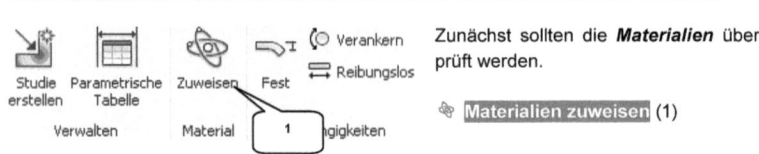

Zunächst sollten die **Materialien** überprüft werden.

Materialien zuweisen (1)

Im geöffneten Befehlsfenster werden jetzt alle Bauteile der Baugruppe aufgelistet. Auch wenn letztendlich nur ein einziges Bauteil einer Studie unterzogen werden soll, müssen dennoch alle Bauteile mit einem gültigen Material versehen werden.

Die ① **Hinweis-Symbole** in der Spalte **Originalmaterial** weisen darauf hin, dass derzeit keine gültigen Materialien vorhanden sind: jedes Bauteilmaterial muss also überschrieben werden. Hierfür ist mit der linken Maustaste auf die entsprechende Zelle zu klicken und das jeweilige Material aus dem Menü auszuwählen.

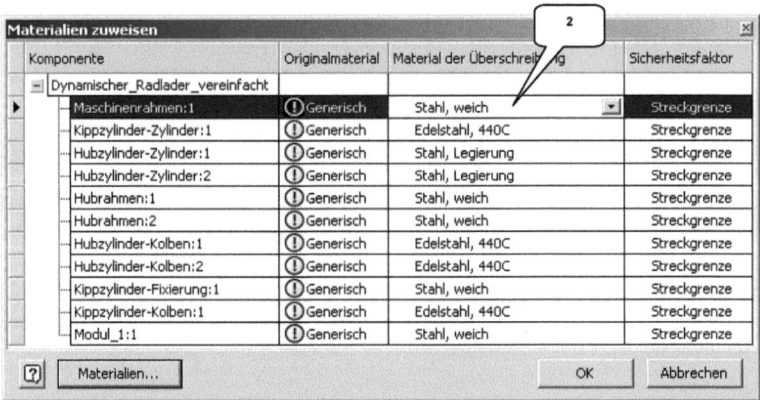

➢ Markierte Zelle anklicken (2)
➢ Material: Stahl, weich
➢ Spalte **Material der Überschreibung** komplett übernehmen wie dargestellt
➢ OK **OK**

7.2 Durchführen der Simulation
7.2.1 Grundlagen: Simulieren

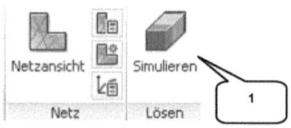

🖉 **Simulieren** (1)

Der Befehl **Simulieren** startet die Berechnung des Programms anhand der vorgegebenen Lasten und Auflager.

Bei einer Einzelpunktstudie wird im gleichnamigen Befehlsfenster automatisch die Option **Nur aktueller Konfigurationssatz** (2) aktiviert (die Simulation erfolgt dann anhand festgelegter Parameter). Bei parametrischen Studien stehen weiterhin die Optionen **Kompletter Konfigurationssatz** (3) (alle Parameterkombinationen werden berechnet) und **Intelligenter Konfigurationssatz** (4) (die Basiskonfiguration und der Rest wird interpoliert) zur Verfügung.

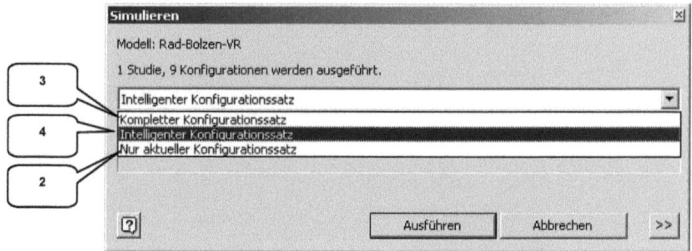

7.2.2 Simulation ausführen

Nachdem die Materialien zugeordnet wurden, kann die Simulation bereits gestartet werden.

🖉 **Simulieren** (1)
> [Ausführen] **Ausführen**

- Ergebnisanalyse -

7.3   Ergebnisanalyse

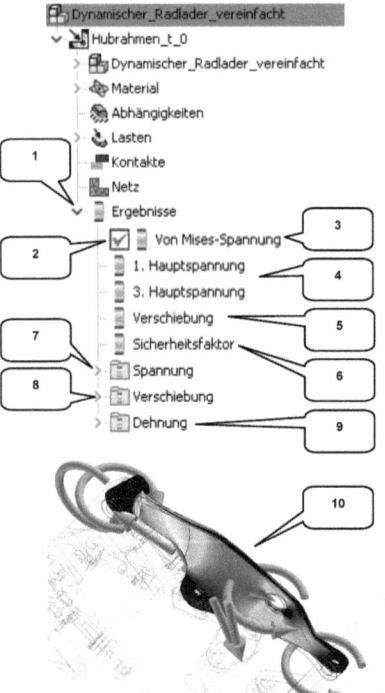

Nachdem die Simulation vollständig durchgeführt wurde kann im Browser der Ordner **Ergebnisse** (1) erweitert werden. Er enthält alle Berechnungsergebnisse einer Simulation, welche per Doppelklick darauf aktiviert werden können. Welches der Ergebnisse aktuell aktiviert ist, wird durch das ☑ **Haken-Symbol** gekennzeichnet (2).

Außer bei Modalanalysen werden nach einer Simulation automatisch die Ergebnisse der **Von Mises-Spannung**[7] (3) (auch Vergleichsspannung bzw. Gestaltänderungshypothese) im Browser aktiviert und im Zeichenbereich dargestellt.

Weiterhin können die **1.** und **3. Hauptspannung** (4), die **Verschiebung** (5) (Verformung) und der **Sicherheitsfaktor** (6) angezeigt werden.

Im unteren Bereich des Browsers findet man außerdem die drei Ordner **Spannung** (7), **Verschiebung** (8) und **Dehnung** (9). Sie beinhalten die verschiedenen Normal- und Schub- und Tangentialspannungen.

HINWEIS: Sollte das Bauteil (10) nach der Simulation lediglich *grau* und nicht *farblich* dargestellt werden, so muss die entsprechende Grundeinstellung überprüft werden: Hierfür ist im Register **Ansicht** des Programms zu kontrollieren, ob in der Befehlsgruppe **Darstellung** die Option **Texturen** aktiviert ist.

---

[7] Die Von Mises-Spannung (nach Richard Edler von Mises) ist die am häufigsten verwendete Methode zur Berechnung von Belastungszuständen in Bauteilen.

- Ergebnisanalyse -

7.3.1   Kräfte und Momente

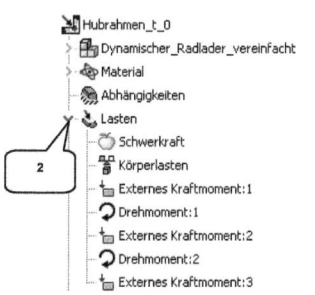

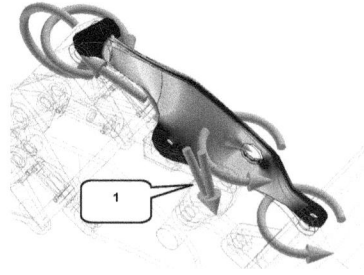

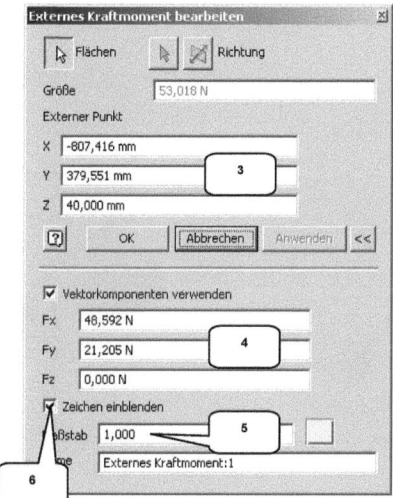

Betrachtet man den Arbeitsbereich des Programms, so ist zu erkennen, dass alle zum Zeitpunkt der Simulation auf das Bauteil **Hubrahmen** wirkenden Lasten durch verschiedene **Pfeile** (1) dargestellt werden, deren rein symbolische Darstellung nicht aussagekräftig ist.

Ihre genaue Größe, Position und Wirkrichtung kann nur bestimmt werden, wenn im Browser der Ordner **Lasten** (2) erweitert und die entsprechende Kraft oder das entsprechende Drehmoment bearbeitet wird (**rechte Maustaste > Bearbeiten**). Im Befehlsfenster können dann der theoretisch berechnete Kraftangriffspunkt (3) und die einzelnen Kraftvektoren (4) entnommen werden.

Sollten die symbolisch dargestellten Kraftvektoren den Blick auf das Bauteil zu sehr verdecken, können die Pfeile entweder im Fenster über den Faktor **Maßstab** (5) verkleinert, oder generell ausgeblendet werden (6).

- Ergebnisanalyse -

7.3.2 Grundlagen: Begrenzungsbedingungen

Sollen nicht nur ein symbolischer Kraftvektor, sondern alle Lasten- und Auflagerbedingungen zeitgleich ausgeblendet werden, so können die *Begrenzungsbedingungen* deaktiviert werden.

7.3.3 Begrenzungsbedingungen deaktivieren

Die *Begrenzungsbedingungen* sind zu deaktivieren.

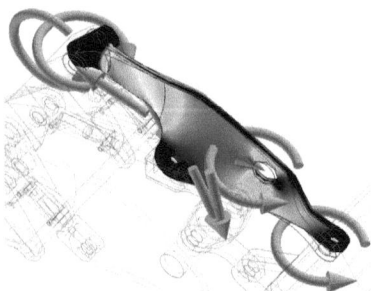

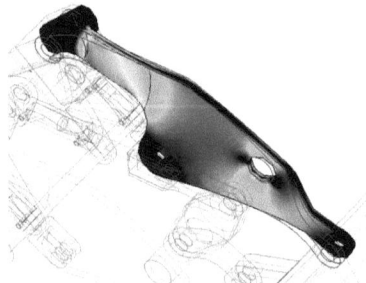

a) <u>aktivierte</u> Begrenzungsbedingungen   a) <u>deaktivierte</u> Begrenzungsbedingungen

7.3.4 Grundlagen: Schattierungen

- Ergebnisanalyse -

Wurde eine Simulation erfolgreich ausgeführt, so werden die Berechnungsergebnisse auch im Bauteil/ in der Baugruppe selbst farblich dargestellt. Das Farbspektrum reicht dabei von Blau (geringe Werte) bis rot (erhöhte Werte).

Eine *Farbleiste* (2) zeigt passend zum Farbverlauf die ermittelten Berechnungsergebnisse an. Die *Farbübergänge* auf dem Bauteil selbst können in drei verschiedenen Optionen dargestellt werden:

➢ Option: *Glattschattierung* (mit weichen Farbübergängen) (3)
➢ Option: *Konturschatten* (mit harten Farbübergängen) (4)
➢ Option: *Keine Schattierung* (einfarbig) (5)

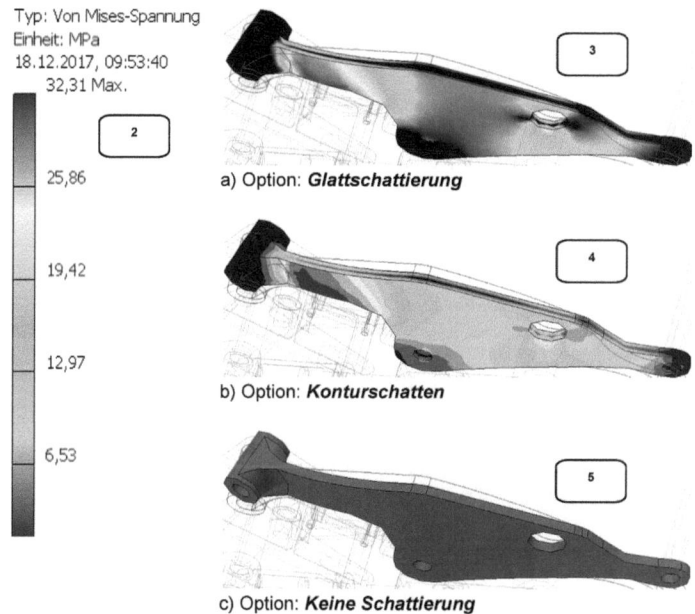

Typ: Von Mises-Spannung
Einheit: MPa
18.12.2017, 09:53:40
32,31 Max.

a) Option: *Glattschattierung*

b) Option: *Konturschatten*

c) Option: *Keine Schattierung*

- Ergebnisanalyse -

7.3.5 Grundlagen: Farbleisteneinstellungen

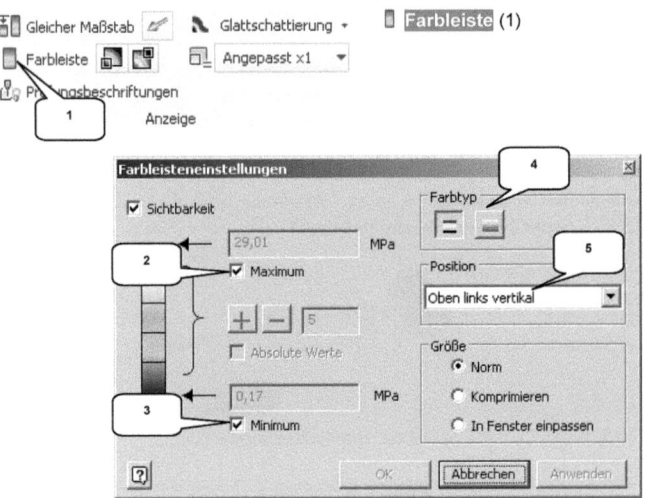

Nach Befehlsstart öffnet sich das Fenster **Farbleisteneinstellungen**. Hier können u. a. der **Maximal**- (2) und der **Minimalwert** (3) begrenzt (Einschränken der Farbverlauf-Bandbreite), der **Farbtyp** von farbig auf schwarz-weiß geändert (4) oder die **Positionierung** der Farbleiste (5) eingestellt werden.

7.3.6 Grundlagen: Gleicher Maßstab

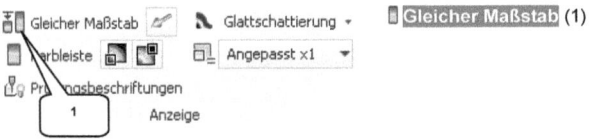

Die Option **Gleicher Maßstab** wird z. B. bei der parametrischen Untersuchung von Bauteilen aktiviert. Die Farbleiste bezieht sich dann nicht mehr auf einzelne Ergebniswerte, sondern richtet sich nach den maximalen und minimalen Ergebnissen parametrischer Sätze.

- Ergebnisanalyse -

7.3.7 Grundlagen: Verschiebungsanzeige

Verschiebungsanzeige (1)

Zur Darstellung der **Verformungen** eines Bauteils kann festgelegt werden, mit welchem Faktor die optisch dargestellte Verformung zur tatsächlich stattfindenden Verformung angezeigt werden soll.

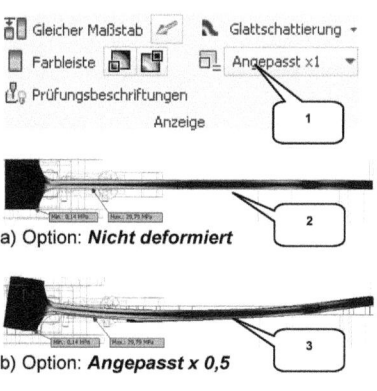

a) Option: **Nicht deformiert**

Die folgenden **Optionen** stehen zur Verfügung:

➢ Option: **Nicht deformiert** (2)
➢ Option: **Angepasst x 0,5** (3)
➢ Option: **Angepasst x 5** (4)

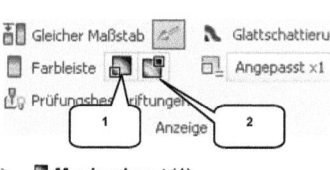

b) Option: **Angepasst x 0,5**

c) Option: **Angepasst x 5**

7.3.8 Grundlagen: Maximal- und Minimalwertdarstellungen

Bei der **Maximalwertdarstellung** kennzeichnet das Programm den Bereich des berechneten Maximalwertes, je nachdem welches Ergebnis im Browser aktiviert wurde (z. B. Spannung oder Verschiebung). Bei der **Minimalwertdarstellung** kennzeichnet das Programm den kleinsten Wert.

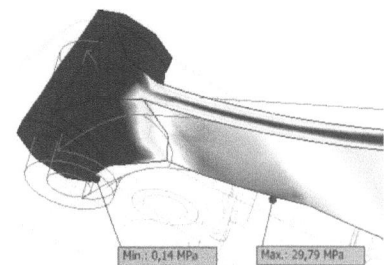

➢ **Maximalwert** (1)
➢ **Minimalwert** (2)

- Ergebnisanalyse -

7.3.9 Maximalwert der Von Mises-Spannung lokalisieren

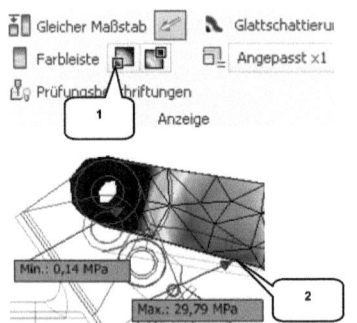

Der Bereich des Maximalwertes der Von Mises-Spannung soll jetzt lokalisiert werden, wofür die entsprechende Option zu aktivieren ist.

➢ Aktivieren: 🗐 *Maximalwert* (1)

Im aktuellen Beispiel wurde der Maximalwert der Von Mises-Spannung an der Position (2) mit ca. **30 MPa**[8] ermittelt.

7.3.10 Grundlagen: Netzeinstellungen und Netzansicht

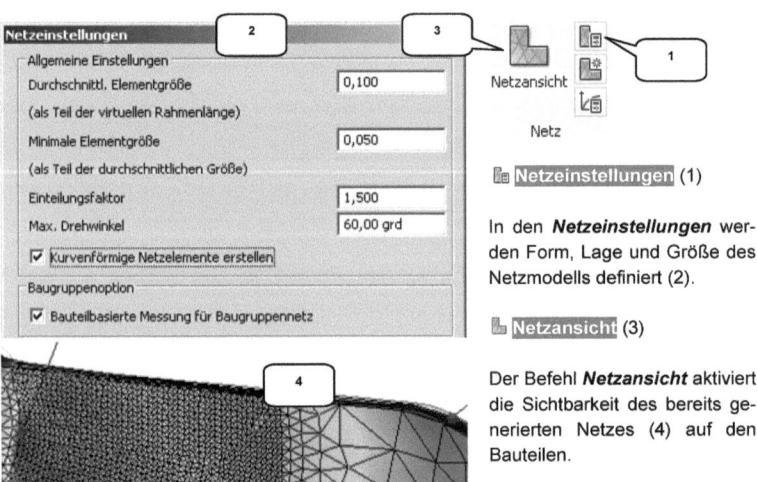

🗐 Netzeinstellungen (1)

In den **Netzeinstellungen** werden Form, Lage und Größe des Netzmodells definiert (2).

🗐 Netzansicht (3)

Der Befehl **Netzansicht** aktiviert die Sichtbarkeit des bereits generierten Netzes (4) auf den Bauteilen.

---

[8] Position und Größe von Maximal- und Minimalwert können stark variieren. Je höher der eingestellte Grad der Netzverfeinerung desto höher auch die jeweiligen Maximalwert. Die vom Programm ermittelten Maximalwerte sollten also immer in Relation zur definierten Netzverfeinerung betrachtet werden und können nicht unbearbeitet in weiterführende Berechnungen übernommen werden.

- Ergebnisanalyse -

7.3.11 Netzdarstellung aktivieren

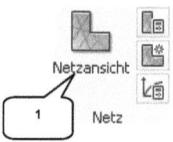

Netzansicht

1 Netz

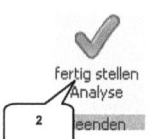

fertig stellen
Analyse
2 eenden

Die allgemeinen Netzeinstellungen müssen nicht erneut überprüft werden, da diese bereits in den *Belastungsanalyse-Einstellungen* (vorangegangenes Kapitel) definiert wurden. Darauf basierend hat das Programm bereits ein Netz erstellt, welches nur noch mittels Befehl Netzansicht (1) aktiviert werden muss. Betrachtet man das Netz genauer, so ist zu erkennen, dass das Netz bei großen Oberflächen relativ grob und bei kleineren Oberflächen (wie z. B. Rundungen oder in der Nähe von Kanten und Bohrungen) etwas feiner generiert wurde. Das Programm entscheidet hier allein anhand der geometrischen Form eines bestimmten Bereiches, bzw. der lokalen Größe einer Oberfläche.

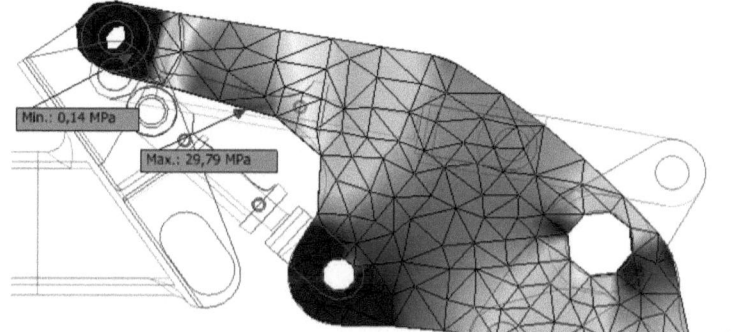

Wie auch in diesem Beispiel ist es allerdings nicht so, dass sehr stark beanspruchte Bauteilbereiche vom Programm automatisch erkannt und dort mit einem feineren Netz versehen werden da lediglich die Bauteilgeometrie dabei eine Rolle spielt. Genau diese Bereiche sind es allerdings, die speziell betrachtet werden müssen und daher auch mit einem feineren Netz zu versehen sind. Leider bietet das Programm keine Möglichkeit, bestimmte Teilbereiche einer gesamten Fläche zu verfeinern. Das ist nur an Bauteilecken und -kanten möglich. Lokal begrenzte Netzverfeinerungen von Flächenbereichen innerhalb einer großen Fläche können ausschließlich dann vorgenommen werden, wenn die Bauteiloberflächen vorab im Modellbereich dafür vorbereitet wurden. Hierfür muss der Bereich der Belastungsanalyse vorerst wieder verlassen werden.

✔ Fertigstellen (2)

D

E

F

G